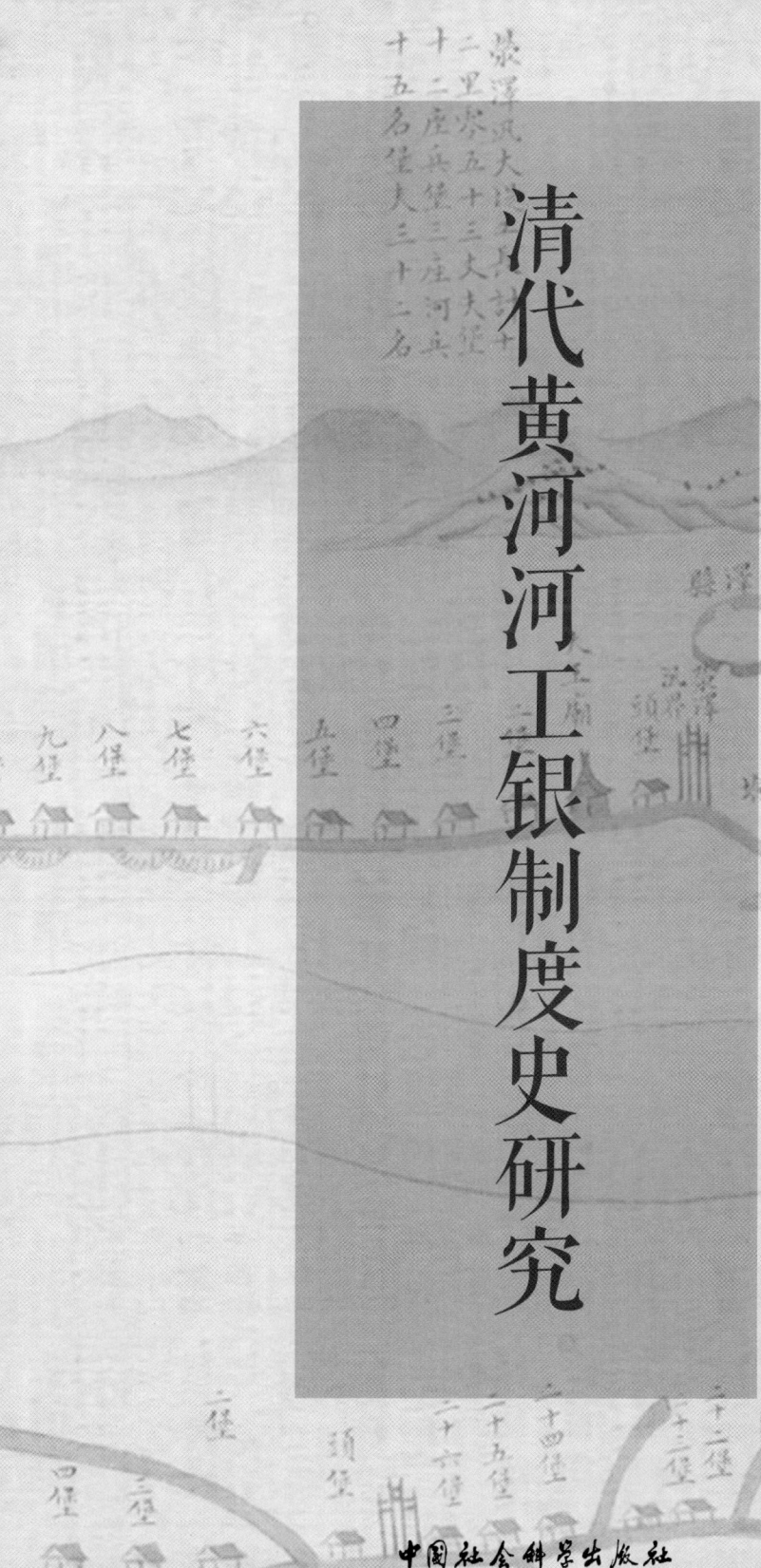

清代黄河河工银制度史研究

潘威　张丽洁　张通 ◎ 著

中国社会科学出版社

图书在版编目（CIP）数据

清代黄河河工银制度史研究／潘威，张丽洁，张通著．—北京：中国社会科学出版社，2020.7
ISBN 978-7-5203-5706-7

Ⅰ.①清… Ⅱ.①潘…②张…③张… Ⅲ.①黄河—治河工程—财政史—研究—中国—清代 Ⅳ.①F812.949

中国版本图书馆 CIP 数据核字(2019)第 275811 号

出 版 人	赵剑英
责任编辑	安　芳
责任校对	张爱华
责任印制	李寡寡

出　　版	中国社会科学出版社
社　　址	北京鼓楼西大街甲 158 号
邮　　编	100720
网　　址	http://www.csspw.cn
发 行 部	010-84083685
门 市 部	010-84029450
经　　销	新华书店及其他书店
印　　刷	北京明恒达印务有限公司
装　　订	廊坊市广阳区广增装订厂
版　　次	2020 年 7 月第 1 版
印　　次	2020 年 7 月第 1 次印刷
开　　本	710×1000　1/16
印　　张	18.75
插　　页	2
字　　数	282 千字
定　　价	98.00 元

凡购买中国社会科学出版社图书，如有质量问题请与本社营销中心联系调换
电话：010-84083683
版权所有　侵权必究

前　言

一　研究意义

自古至今，任何公共水利工程都面临着"建"和"养"的问题，而后者对工程的影响更为重要。历史上许多大型水利工程最终被废弃，其实都是因为没有解决维护问题。而在中国历史上最主要的公共水利事业就是对黄河下游的治理。黄河的问题，从来都不是简单的技术工程或者环境问题，黄河之害其实是环境、政策、技术等多种因素在一系列因果链条中复杂传递、博弈、叠加的后果，这一点应该是过去黄河变迁研究留给我们最为重要和宝贵的一个认识。

那么，这些复杂因素所构成的链条，我们究竟认识了其中的哪些环节？还有哪些没有认识清楚呢？在中国历代王朝中，清政府在黄河修治上耗资空前，经费的及时、足额保障是国家治黄战略落实的重要保障。黄河下游"东河""南河"两段的日常维护（岁抢修）、人员薪酬（河饷）和临时修理（另案工程）等花费之和被统称为"河银"。前两者是维持每年常规性工程和河务机关日常运作的经费，后者则用来临时兴办工程。康熙中后期将岁修银取于地丁银，在征收和开支上都采用定额管理方式，以其进行岁修并支持另案工程兴办，试图使河工经费的收支保持稳定，不必再由中央频繁调拨巨款。其中，施行定额管理的部分是日常维护中的岁修、办料和给饷三项。河工经费在乾隆之后开始增多，至嘉道时期已经成为中央政府财政支出的重要部分,道光十三年(1833)有大臣提出"国家各项经费皆有定额,独河工钱粮不能限之以制",指出了道光时期河工消费的激增和原有定额管理方式的失效。但为什么河银定额管理方式会失效呢?除了贪污腐败问题之外,这个制度本身是否也存在一些内在性的问题,导致其难以持续?这一问题的解决,无疑对清代政治史、黄河史、水利史具有重要的意义。

这一问题的答案在前人研究中,虽然有所涉及,但始终没有给出一个确定的观点。岑仲勉先生所著《黄河变迁史》,在论及清代河工时,曾点出了嘉庆时期河工银中的常项开支倍增现象,但其观点基本认为清代河工银在乾隆后期开始的激增完全由于治河部门中的浪费现象;其后的学者比如王振忠、陈桦、马俊亚、李德楠、倪玉平等,在谈到关于清代河工经费问题时,基本都强调了河道部门严重的贪腐、浪费、挪用、侵吞以及种种陋规。饶明奇简要介绍了清代河工经费管理中的审核和报销程序的规定,学界开始对清代河工经费使用本身情况的关注。在此问题上,饶明奇有比较不同的观点,且比较有启发性,其在《清代河工经费管理》一文中指出清代河工在嘉道时期才开始出现比较严重的贪腐现象,之前并不严重,而且,对于河工经费的迅速增长,河堤规模扩大、物价上涨等其他因素可能也非常重要。但饶文并未就此问题进行更为深入的论证,其观点也缺乏证据支撑,其结论自然也难以为学界广泛接受。

二 学术回顾

黄河水患主要涉及黄河的决口、河道的变迁,以及由此造成的影响,还包括对历史时期的治河方略和有关黄河洪水的调查考证研究。

第一,清代治河方略。

岑仲勉先生在《黄河变迁史》书中重点对历史时期的黄河河道变迁和河患进行了梳理,指出了各个时期出现的问题及应对措施,在河政、治河思想、方法和技术等方面进行了分析。① 张含英在《历代治河方略探讨》中按照历史发展的脉络，记述了历代治河方略的发展，分析了明清时期一些治黄名臣的治河思想。② 李文海、周源在《灾荒与饥馑》中对1840—1919年期间历次较大的自然灾害进行了详细描述和深入分析。③ 史辅成、易元俊、暮平编著的《黄河历史洪水调查、考证和研究》运用历史文献、歌谣、碑刻等资料对黄河历史上的洪水进行研究，主要包括洪水发生时间、水位、历史过洪断面冲淤变化的调查与考证，对洪峰流量的计算，对历史洪水重现期的考证与研究，黄河历史洪水在治理黄河中的作用等。④ 韩曼华、史辅成利用清代陕州万锦滩的涨水尺数资料、清宫档案中关于水情和雨情的记载、地方志和碑文石刻以及实地调查的方法，得出1843年洪水的稀遇程度是千年来所未有的，其重现期为前年一遇，并利用河流淤积物的特征推断出这次洪水来源于陕北皇甫川、窟野河、无定河一带及泾河支流马连河、洛河上游地区。⑤ 方建春在《论晚清黄河水患》中记载了晚清黄河10次大决口的情况，谈论了黄河决口造成的破坏和影响，分析了晚清黄河水患除了客观因素外，还与清政府及其官员的治河思想、方法和态度等主观因素有关。⑥ 通过国家行政管理角度审视清政府黄河治理的研究也较多。夏明方从社会变局和清政府统治效果入手，以铜瓦厢改道后的河政运作为背景，探讨了晚清政府在黄河治理方面的思想及政策和效果及影响等方面的变化。⑦ 贾国静在《咸丰初年黄河丰北决口与清廷应对》一文探讨了咸丰朝军兴对黄河堵口修工的影响，分析

---

① 岑仲勉：《黄河变迁史》，人民出版社1957年版。
② 张含英：《历代治河方略探讨》，水利出版社1982年版。
③ 李文海、周源：《灾荒与饥馑》，高等教育出版社1991年版。
④ 史辅成、易元俊、暮平：《黄河历史洪水调查、考证和研究》，黄河水利出版社2002年版。
⑤ 韩曼华、史辅成：《黄河一八四三年洪水重现期的考证》，《人民黄河》1982年第4期。
⑥ 方建春：《论晚清黄河水患》，《固原师专学报（社会科学版）》1997年第4期。
⑦ 夏明方：《铜瓦厢改道后清政府对黄河的治理》，《清史研究》1995年第4期。

了特殊时期外部政治局势对河务的影响及后果。① 庄宏忠在梳理清代黄淮流域测量水位的志桩及水报运作方式的基础上，探讨了清政府对水环境的监控和管理，对于认识清政府的水环境管理职能提供了新的视角。② 铜瓦厢决口之后的黄河治理以及由此引发的河政之争，学术界也关注较多。韩仲文、颜元亮、方建春、王林等对铜瓦厢改道后的河政之争进行了探讨，黄河改道后清政府官僚内部的矛盾和斗争，以及河南山东直隶三省之间局部利益与国家整体利益的矛盾，都是造成改道后河政之争的因素。③ 唐博和贾国静则探讨了改道后清政府对黄河的控制和管理能力的减弱，河务问题的逐渐边缘化和地方化。④

第二，清代黄河河政研究。

河政体制的研究主要涉及河政体制演变，河政体制的弊端，河务官员的贪污等陋习，河政体制对清代社会的影响等。周魁一在主编的《中国水利史稿》中对嘉庆至咸丰水利事业的衰落进行了介绍。日益混乱的黄河治理是这一时期水利事业衰落的表现之一。此时间段内河道淤积严重，决溢灾害频繁，具体体现在河道日益梗阻，清口淤塞、黄水倒灌，入海尾闾不畅，治河主要依赖堵口。日益混乱的黄河也表现在河政的日益腐败，有河官的频繁更迭，有河官的弄虚作假、贪污成风，有治河经费的大幅激增，有河防事务的松弛，这一系列的河政陋习最终导致了咸丰五年（1855）铜瓦厢改道，黄河夺北路入海，

---

① 贾国静：《咸丰初年黄河丰北决口与清廷应对》，《徐州工程学院学报（社会科学版）》2014年5月。

② 庄宏忠：《清代黄淮流域志桩水报运作研究》，硕士学位论文，陕西师范大学，2012年。

③ 韩仲文：《清末黄河改道之议》，《中和》1942年10月。颜元亮：《黄河铜瓦厢决口后改新道与复故道的争论》，《黄河史志资料》1988年第3期。方建春：《论晚清黄河水患》，《固原师专学报（社会科学版）》1996年第4期。王林：《黄河铜瓦厢决口与清政府内部的复道与改道之争》，《山东师范大学学报（人文社会科学版）》2003年第4期。

④ 唐博：《铜瓦厢改道后清廷的施政及其得失》，《历史教学（高校版）》2008年第4期。贾国静：《黄河铜瓦厢决口后清廷的应对》，《西南大学学报（社会科学版）》2010年第3期。

结束了南流入海的历史。① 郑师渠教授指出道光朝的统治者固守治河通漕的成法，顽冥不化，并且玩忽职守，贪污河费，中饱私囊。日益增加的河费支出使道光朝财政日益拮据，年年泛滥的情形扩大了民众的不满与反抗，加剧了社会的动荡，动摇了清朝封建统治的基础。② 王振忠教授在谈到河政积弊时，指出河工的大部分资金流向了河官的奢侈糜费，腐败的河政体制造成了官员夸大、谎报河防险情，多请公款，借以中饱私囊，致使河防工程险情不断。河官的奢侈淫糜造成了清江浦的畸形繁荣和黄河改道经由的广大农村的萧条境况，同时盐政遭受了破坏性打击，漕运也受到严重的影响。③ 岑仲勉先生对清代的河防进行了分期，认为到了嘉庆时期，河工经费大有增加，并把出现经费增加的原因同样归结于官员的贪污腐败。④ 贾国静博士指出从顺治开始了建置河政体制的步伐，经过康熙、雍正两朝，到了乾隆时期，河政体制趋于完善，但其弊端也日益暴露出来，黄河淤积越来越重，治理的难度加大。河工经费的增加也使争做河官成为当时官员趋之若鹜的现象，但是人浮于事，贪污河工经费，损害了河政体制的行政效率。因此自道光后期起，内忧外患使清政府疏远了河务，东河、南河相关的机构被裁撤，到了光绪时期，河政体制彻底解体。得出这一兴衰过程与清王朝的政治生存状态密切相关。⑤ 倪玉平教授在谈到嘉道时期的财政时，认为河工是财政支出的重要项目，到了嘉道时期，河工费用除了开支大幅度增加，还有工程繁兴的特点。并且认为河工经费开销巨大的原因是河官对经费的大肆侵占。⑥ 金诗灿在《清代河官与河政研究》中选择河官与河政作为研究对象，总结了清代专业河防体系的构建，分析了各个时期河道总督与皇帝、漕运总督、地

---

① 中国水利史稿编写组：《中国水利史稿》（下册），水利电力出版社1989年版。
② 郑师渠：《论道光朝河政》，《历史档案》1996年第2期。
③ 王振忠：《河政与清代社会》，《湖北大学学报（哲学社会科学版）》1994年第2期。
④ 岑仲勉：《黄河变迁史》，人民出版社1957年版。
⑤ 贾国静：《清代河政体制演变论略》，《清史研究》2011年第3期。
⑥ 倪玉平：《清朝嘉道财政与社会》，商务印书馆2013年版。

方督抚的关系，对河官与部院大臣、印官的关系也进行了说明。介绍了清代河官的选任与考成方法，并且分析了清初至铜瓦厢决口前后的河政。① 马俊亚教授从生态环境史的角度，分析了统治者为了保障国家的正常秩序，只能牺牲淮北这一"局部利益"，国家在治河和漕运方略中的政策偏向，破坏了淮北农业生态和农村的经济结构，致使淮北出现了社会形态畸形化和社会结构的异化。② 美国的兰道尔（Randall A. Dodgen）认为，对黄河的管理是古代统治者管理国家的中心任务之一。到了清代，对黄河的控制达到了成熟，然而其中的控制机制相比之前的朝代更加庞大，技术要求更加复杂，财政耗资规模更大。并且通过19世纪40年代两次洪水的案例，评估了国家在治理黄河方面出现了管理危机，行政上也存在严重的缺陷，河政中的腐败就是一重要的表现。③

第三，关于河工问题的研究。

河工问题的研究主要涉及河工技术的演变，河工物料的种类、演变，河工劳役人员，河工经费的使用和管理体制等。

周魁一在《中国科学技术史·水利卷》中，谈到了埽工技术的起源和演进、埽工制作的特点、堵口和抢险技术、河工经费的筹集和使用。④ 姚汉源的《中国水利史纲要》主要涉及水利工程的兴废，对水利与政治经济之间相互影响、相互制约的关系，虽有所涉及，但是并没有从经济发展的角度分析水利史，只是在水利史方面资料的搜集和整理。⑤ 徐福龄、胡一三在《黄河埽工与堵口》中对河工的物料和堵口技术进行了介绍。⑥ 姚汉源在《京杭运河史》中介绍

---

① 金诗灿：《清代河官与河政研究》，武汉大学出版社2010年版。
② 马俊亚：《被"牺牲"的局部——淮北社会生态变迁研究（1680—1949）》，北京大学出版社2011年版。
③ Randall A. Dodgen, *Controlling the Dragon: Confucian Engineers and the Yellow River in Late Imperial China*, Hawaii: University of Hawaii Press, 2001.
④ 周魁一：《中国科学技术史·水利卷》，科学出版社2002年版。
⑤ 姚汉源：《中国水利史纲要》，水利电力出版社1987年版。
⑥ 徐福龄、胡一三：《黄河埽工与堵口》，水利电力出版社1989年版。

了运河的管理机构和夫役,其中也涉及明清时漕河夫役的类型和数量。①李德楠博士利用明清时期水利专著、官修史书、奏折等档案以及地方志等,统计分析了明清时期的河工次数、地点等要素,并且从河工物料、河工人夫和河工经费三个方面对进行了探讨,并且探讨了河工对黄运地区水系及生产生活产生的影响。②陈桦教授通过分析清政府的财政收入和财政支出情况,认为在嘉庆朝以后,清政府的财力逐渐下降,但是河工经费的支出却不断增长,给清政府的财政造成了巨大的压力。到了咸丰朝以后,清政府凭借"厘金"和"洋税"的收入,财政收入有了大幅度的增加,但并没有改变河工经费紧张的状况,究其原因,主要是战乱频繁、吏治腐败等原因,致使正常的河工工程趋于废弛,河务荒废。③饶明奇分析了清代前期,清政府在治河工程方面投入了巨额资金,并且逐步制定了一套管理规章制度,包括工程预算、工程审批权限、经费领取和使用人的资格、工程验收、经费奏销程序等。④

第四,水利社会史研究。

水利社会史的研究主要涉及对地方水利工程的经营和管理,水权的分配,水利设施对地方社会、环境的影响等。

黄宗智讨论了水利与政治经济结构、涝灾与社会经济结构两个主要问题,通过分析水利与两者的关系,作者认为由于排灌的区别,造成了农作物布局的差异,影响了华北地区农业商品化的程度,从而导致了社会分化问题的产生。⑤何业恒在《洞庭湖区水利事业的历史兴废》中对明清时期洞庭湖的水利发展过程进行了论证,提出了该地区的水利工程基本都是小规模的,这些工程的经营

---

① 姚汉源:《京杭运河史》,中国水利水电出版社1998年版。
② 李德楠:《工程·环境·社会:明清黄运地区的河工及影响研究》,博士毕业论文,复旦大学,2008年。
③ 陈桦:《清代的河工与财政》,《清史研究》2005年第3期。
④ 饶明奇:《论清代河工经费的管理》,《甘肃社会科学》2008年第3期。
⑤ 黄宗智:《华北的小农经济与社会变迁》,中华书局2000年版。

权基本都掌握在地方民众手上，反映出了民办的趋势。①熊元斌的《清代江浙地区农田水利的经营与管理》一文，对江浙地区水利工程的经费筹措、组织运营方式，经营和管理模式进行了分析，揭露了当地的经济模式、地方结构以及水利环境等情况。②行龙在《从"治水社会"到水利社会》一文中将以水为中心形成的区域社会称为水利社会，从资源、环境、人口等方面分析区域社会的变化。③因此我们在理解黄河的管理体制，以及在治黄过程中对当地社会和环境产生的影响方面时，可以借助水利社会史的研究方法和思维，为我们的研究提供帮助和思考。通过借鉴水利社会史方面的研究方法，我们可以探讨中牟大工兴作期间，国家对水利工程的控制能力，中牟大工对地方社会产生的影响。

总的来说，对于黄河的研究，关注的问题主要是黄河水患、河道变迁，以及河政体制的研究。对于黄河水患和河道变迁的研究，主要集中在对历史时期黄河水患和河道变迁频率的统计、分析和论证。对于河政体制的研究，主要集中在河政体系的演变、河政体制中存在的腐败问题以及对国家和社会造成的影响。对于单次大规模的河务工作少有涉及。因此对于具体的工程背后的机制、开展过程和运作方式等问题，并不能有直观的了解。而本书主要是在分析气候背景的基础上，结合《中牟大工奏稿》，从具体的河工兴作过程中，通过河工的具体运作来探讨制度运作、执行的过程以及大工过程中的组织关系等。

以往关于河工经费的讨论有两个现象应当引起重视：第一，腐败问题成了所有讨论的焦点，而一些基本问题比如河银的来源、管理方式、数额等并没有被重视；第二，所用材料相对单薄，多数研究使用的是清人笔记、实录和会典中的记录，但这些记录在河银事务的具体

---

① 何业恒：《洞庭湖区水利事业的历史兴废》，《湖南城市学院学报》1987年第3期。
② 熊元斌：《清代江浙地区农田水利的经营与管理》，《中国农史》1993年第1期。
③ 行龙：《从"治水社会"到水利社会》，《读书》2005年第8期。

细节和系统性、连续性方面是比较欠缺的,根据这些材料,很难呈现出清代河银制度及制度运作的面貌,使学界对河银问题的认识尚不够充分。

目　　录

第一章　河务初创：顺治时期河工制度草创 ……………………（1）
　第一节　潘季驯治河与"岁修"设想 ……………………………（1）
　第二节　顺治朝河务所面对的黄河 ………………………………（6）
　第三节　岁修事务中的"分司"与"道" …………………………（10）
　第四节　劳动力来源与管理 ………………………………………（13）
　第五节　岁修经费 …………………………………………………（17）
　小结 …………………………………………………………………（21）

第二章　维系定额：康雍乾时期河银制度的建设 ………………（23）
　第一节　河银定额化的形成过程 …………………………………（23）
　第二节　嘉庆之前东河定额河银制度运作的实态 ………………（28）
　第三节　乾嘉之际维护原有定额做法的失败 ……………………（34）
　第四节　从空间格局角度思考额征河银制度的内在缺陷 ………（43）
　小结 …………………………………………………………………（48）

第三章　定额失效：道光财务危机下的河工用银 ………………（50）
　第一节　清代黄河水文环境重建 …………………………………（52）
　第二节　道光时期黄河水文环境突变 ……………………………（57）
　第三节　道光"河患"实质是"银患" ……………………………（62）
　第四节　"河患"成因：定额河银制度的失效 …………………（70）
　小结 …………………………………………………………………（80）

第四章　千年巨洪：1843年中牟大工 …………………………… (82)
- 第一节　中牟决口前水情及影响 ……………………………… (83)
- 第二节　大工开展前准备 ……………………………………… (89)
- 第三节　施工过程 ……………………………………………… (101)
- 第四节　大工之影响 …………………………………………… (114)
- 本章附录 ………………………………………………………… (120)

第五章　以钞代银："咸丰军兴"背景下的河工用银 ………… (122)
- 第一节　咸丰朝东河河工经费紧缺状况 ……………………… (125)
- 第二节　河钞行用 ……………………………………………… (136)
- 第三节　银钞搭放的意义 ……………………………………… (147)
- 第四节　咸丰朝河政特点 ……………………………………… (155)
- 小结 ……………………………………………………………… (160)

第六章　新河确立：同光时期的河工用银 ……………………… (163)
- 第一节　同光宣时期河政概况 ………………………………… (164)
- 第二节　光绪初年黄河北流新河道的确定 …………………… (172)
- 第三节　光绪年间河务用银规模 ……………………………… (188)
- 第四节　河务"在地化"过程及定额河银制度之尾声 ……… (203)
- 小结 ……………………………………………………………… (221)

结　论 ……………………………………………………………… (225)

附录　清代河工财政史料摘编 …………………………………… (228)

第一章

河务初创：顺治时期河工制度草创

顺治朝作为清政府河务运作的起点，其执行方式和效果对结束明末清初的"河患"乱局、稳定漕运、开创清朝河务管理方式等都非常重要，但学界对本阶段的黄河管理方式却长期忽视。明清两朝对黄河管理都非常重视，万历六年至七年（1578—1579）潘季驯兴"黄淮大工"之后，维持其成果的方式被多次讨论，这些讨论中所提及的设想虽然基本得到了皇帝的肯定批复，但很可能没有得到真正落实。其中，潘季驯的想法集中在保障稳定的白银供给和劳动力供给，接近清代"岁修"的基本特征。但万历之后，明廷无心也无力大力经营河务，这些设想可能多数没有落实。清代治河顺治时期的"岁修"开始于顺治五年（1648），这主要因为汴口工程竣工后，黄河基本恢复了万历七年（1579）潘季驯治河后的流路，黄河主流确定的工作已经完成，并在次年启动了"岁修"。这一阶段的"岁修"工程多数是对大工成果的维护，在项目和金额上都不固定。顺治十五年（1658）之后，对用料规格和价格进行了详细规定，"岁修"具有了定额化真正落实的基础。更为重要的一点，朱之锡最早确定了"按熟地多寡，地之远近"分派埽料和调派民夫的做法，这一做法成为康熙朝及之后额征河银制度标准制定原则的依据，并沿用至咸丰时期河务转向地方化。

第一节　潘季驯治河与"岁修"设想

清代河务在很多方面是对明代的继承与发展，因此在讨论顺治时期的河工之前，还是有必要回顾一下明代中后期的黄河管理方式。嘉靖时期封堵黄河南流诸口，使黄河由分流转向合流，黄河下游由此形成单股河至今。① 黄河合流后泥沙更容易淤积在河道内，这一新格局对日常维护的需求自然较之前分流时期高得多。明代虽然有不少流传至今的治黄材料，但其中记录的内容很多停留在思想或者设计层面，没有成为政府的水利实践行为，而黄河管理细节在这类史料中被记载的其实并不多。根据现有材料来看，明代治黄在嘉靖时期有一个重要转变，嘉靖二十六年（1547），黄河下游由多股转为单股，至万历时期，治黄事务达到高峰。朱衡、潘季驯等著名河臣先后出任总河，尤其是潘季驯在万历六年至七年（1578—1579）兴黄淮大工，"束水攻沙、蓄清刷黄"的基本格局一直延续至清咸丰铜瓦厢决口，以黄河弃淮北流而告终。

隆庆六年（1572），朱衡就明确主张河南地区的黄河要重视定期管理，"隆庆六年 五月 乙酉朔，戊申。工部尚书朱衡等又言防河如防虏（笔者按：疑为'虏'之误），守堤如守边，河南累被水患……因上议夫役、议铺舍、议定期三项。自徐州至小河口，新筑堤三百七十里，设防守夫三千七百名，三里设一铺舍……四铺设一老人统率，昼夜巡视。其期以伏秋水涨时五月十五日上堤，九月十五日下堤。愿携妻子居住……允行"②。这时黄河还没有形成"蓄清刷黄"的格局，朱衡这一建议很可能是针对如何确保嘉靖中期以来黄河单股行水局面。

万历七年（1579）潘季驯兴黄淮大工之后，"束水攻沙，蓄清刷黄"的格局正式形成，值得注意的是，潘季驯所修工程并不能从本质上改变黄河下游"善淤、善决、善徙"的河性，一旦堤坝闸堰等工程出现朽坏，约束黄河河道的能力就会丧失，黄河的漫流或改道就难以避免。因此，保留万历黄淮大工形成的河流局面必须依赖日常性的

---

① 邹逸麟：《中国历史自然地理》，科学出版社2013年版，第196—246页。
② 《明穆宗实录》卷70，隆庆六年五月，"中研院"历史语言研究所1982年校印本，第1691—1692页。

第一章 河务初创：顺治时期河工制度草创

维护，这一点在当时实际已经被认识到。万历七年至（1579—1580）工科就有官员提出建立稳定的日常维护制度，确保黄淮大工成果的建议。这些建议都特别强调了民夫和白银的稳定供应。

> 万历七年 正月 丁未朔，戊辰。工科给事中王道成言：两河修筑遥堤未成……查万历四年，该河臣傅希挚议设堤夫三千七百名，每三里建一铺，一里用十人，而使管河官划地分督，水消则随需帮修，水发则并力防塞，此亦支持终岁长计。其役官夫不复省视，遂贻河决之害，宜于旧堤，按铺责成防守。从之。①

> 万历八年 三月 庚子朔，乙巳。工科给事中尹瑾陈河工善后七款……一定法制以覆岁修……创立里河，岁一挑浚，今狂流既息，积沙未除，外河日深，内河日浅，宜照南旺事例，三年两挑……动支岁修钱粮，多募夫役，一月通完。……徐北至单县界，现修堤坝长一百五十余里，而夫役止七百名……宜仿徐南之例，每里补足十名……一备积储以裕经费，河道钱粮山东河南额派原多，南直河道丰沛至淮扬，延袤千有余里……修葺防守，费用浩繁，及查岁额桩草银两仅二千有奇，加以连年灾沴，征收不满数百，安能支持千里之河，宜从长计议，或河南山东河道银两，或运司挑河盐银，或徐淮多处钞税，或抚按赔罚，多方措处，每岁共凑钱三千两为定额，解储淮安府库，专备两河修费。部臣酌议覆请。上皆从之。②

责成防守、每年筹集固定的修河银两、组织固定额度的劳力等，这些行为已经基本上与清代乾隆时期的"岁修"方式一致，甚至在经费来源上也基本一致，地丁银、税款、河务官员的罚款等。这些都

---

① 《明神宗实录》卷83，万历七年正月，"中研院"历史语言研究所1982年校印本，第1752页（以下不特别注明的注释，其版本与本条相同）。

② 《明神宗实录》卷97，万历八年三月，第1752页。

可以成为明代就已经有"岁修"制度设计的证据，但从后期情况来看，这些设计很可能并没有得到切实的执行。

万历八年（1580）三月，工科给事中尹瑾的"陈河工善后七款"中就记录有"河道钱粮山东河南额派原多，南直河道丰沛至淮扬，延袤千有余里……修葺防守，费用浩繁，及查岁额桩草银两仅二千有奇"① 等内容，潘季驯大修黄淮之后，原有的支持黄河岁修的财政制度马上就面临挑战，由于堤防规模迅速扩大，原有的定额制度不堪使用。首先，明代对黄河下游治理原本就施行的是"定额"管理制度，由山东、河南承担积储"河银"的工作，每年对当时较为废弛的黄河管理提出了定期维修、专人防守、在管理上实现漕运分开的改革方案，这已经产生了定期岁修制度的雏形。明朝管河还有较为浓厚的军事化管理思想和体制，利用集权方式以很低的成本管理黄河，这些材料中有河铺、守夫、预定物料的记录，但都不是雇用或者收买的方式，军事化的低成本管理特征非常明显。

明代虽有"岁修"之名，但无有其实，万历黄淮大工之后虽然有官员提议建立稳定的日常维护制度，但缺乏实行的基础。弘治年间刘大夏治河之后，其所筑堤防正是因疏于维护，百年之后已经不堪使用，由此才有隆万时期的"河患"及朱衡所提议的"堡夫"制度，万历六年（1578）潘季驯之后，新的黄淮格局更加需要长期的堤防维护，万历八年（1580）尹瑾已经意识到潘季驯所行工程在维护上的艰难，这一艰难不是明帝国缺乏力量，而是国家力量难以发挥到河工上，增开财源、补充河夫是手段，其目的还是每年要为丰沛至淮扬凑足三千两白银，而从潘季驯万历十六年（1588）条陈上来看，朱衡、尹瑾的建议虽然被中央政府首肯，但落实情况可能并不理想。

每年三千两白银对明朝来说实在不能说是一个大数目，但对于施行"定额财政"的明朝廷而言，在国家现有的财政支出中再拿出一

---

① 《明神宗实录》卷97，万历八年三月，第1947页。

笔固定性的支出，在实际执行中很可能没法真正落实。这一点潘季驯也有所认识，他在第三次出任总河时提出"岁修"方略，不再主张增开财源，在河南地区，他希望建立一种将堡夫与大堤捆绑的制度，试图利用这一做法解决堡夫的长期稳定问题，"万历十六年 十二月 己卯朔，戊子。工部尚书石星、复总督河道潘季驯题称：……刘大夏于二岸各筑长堤，绵亘千有余里……一河工甚巨，所恃工费止河堡夫银而已，近缘议并入条鞭，有司辄急京运而缓河道，任民逋负，甚至已征而别用，竟不扣还，而河工所以堕惧也。今议从前借用者为数抵还，在民者征解储开封，待不时之用。一，役民用其力者当恤其私，议开、归、怀三郡近堤，设官田地，给堡老六亩，堡夫五亩，不足则以旷工银置产以授之，则民有自家之患，防堤益力矣……一，河南非运河道所经，而河情水情与淮徐无异，固当以治淮徐之法治之，则夫责郡邑长吏，以一当权覆岁修工程以予兴举，增补卷筑以固堤防，所当通行者也。诏如议行"①。而在万历十九年（1591）的魁山支河工程中，潘季驯的这一做法被进一步总结和贯彻。"万历十九年 五月 乙丑朔。癸酉，总督河道潘季驯议开魁山支河，条议四事：一，甃石堤以固保障；一，设长夫以备修守；一，改堤夫以专疏浚；一，信法守以防淤阻。部复，俱如议行。"②

万历潘季驯治河之后，在河南和江苏并没有进一步落实和完善岁修制度，如万历十六年（1588）山阳县计划设立长夫时就暴露出了缺乏完善维护制度的问题，"万历十六年 四月 甲寅朔，癸亥。勘理河道科臣常居敬，会同督臣舒应龙，再上河工一十四款……一设山阳长夫以便河工。盖山阳河工，向皆市侩雇觅，故增减之弊滋，而逃亡莫可禁，议令侩入银官雇，注名立册，按册拨夫，实为长便……俱可议行"③。治河成果不久就因为维护不力而出现问题，万历十六年

---

① 《明神宗实录》卷260，万历二十一年五月，第3848页。
② 《明神宗实录》卷236，万历十九年五月，第4377页。
③ 《明神宗实录》卷197，万历十六年四月，第3714—3716页。

(1588)，黄河又发大灾，潘季驯第三次（也是最后一次）出任右都御史总督河道。面对自己一手创制的黄淮格局，潘季驯也明确意识到这一格局需要长期的维护。潘季驯提出用沿河州县官员催督的方式解决劳动力和物料来源，另一件则是漕、河管理在机构设置上加以区别。"万历十六年 十月 辛巳朔，癸未。工部覆总督河道潘季驯条上河工八事：一，久任部臣……一，责成长令……濒河州县长家督也，调集夫役，备办物料，宜专属之……一，预定工料……河流倚遥堤一线为捍蔽，而风雨剥蚀，车马蹂躏，日就卑荡，宜令每岁修堤，高厚俱以五寸为限"① "万历三十年 三月 癸亥朔，辛巳。吏部尚书覆巡按御史吴崇礼议国家大务，无过漕、河……请覆旧制，设总河道衙门专管河务，仍驻扎济宁；总督漕运衙门仍兼管凤阳巡抚……驻扎淮安……诏曰：可。"② 在万历时期潘季驯治河成功之后，明朝廷就面临着保全治河成果的问题。定期维修说起来容易，但在当时的技术条件下，除非调集大批人力，否则培固堤防、组织防堵物料、挑挖浅滩、更换埽头等工作根本就是一纸空文。可惜的是，潘季驯的这一系列构建黄河日常维护的设想在万历时期就没有得到落实。而万历之后，明廷内忧外患日趋严重，河务自然得不到应有的重视。

第二节　顺治朝河务所面对的黄河

要理清清朝建政之初的河务，必须先了解顺治朝君臣所面对的黄河样貌。崇祯十五年（1642），明军与闯军在开封进行攻守战时，黄河大堤被掘开，结果黄河主流一支由汴河夺涡河入淮，一支走徐州宿迁，一支在封丘—考城一带冲破堤防向曹县、单县逼近；③ 再加上原

---

① 《明神宗实录》卷240，万历十九年九月，第3809—3811页。
② 《明神宗实录》卷381，万历三十一年二月，第6939页。
③ 《顺治四年四月初十河道总督杨方兴恭报流通口大工告成题本》，黄河水利委员会藏，清代河工档案1-2-33-5。

有的徐州苏北一线，当时黄河下游大溜一分为四，其他的中小型决口形成的支流漫流则难以准确统计。黄河下游漫流于鲁豫苏皖一带，河南省城开封饱受水涝之灾。

明末乱局导致黄河沿岸"官窜夫逃，无人防守"，① 潘季驯等建立的黄河下游防御体系全面崩溃〔据顺治五年（1648）七月河南巡抚吴景道汴工告成揭帖中记录，自明季河决而汴城已在波底，全河南注直走亳州、泗州凡六七百里，尽成巨浸，前朝费十五万金犹未告成〕。这种堤防残破、黄流混乱、修河人员大量流散的局面就是顺治时期治黄人员所面对的治河实际情况。当然，更为严重的情况应该还是这段时间对黄河流经地区的控制还未完全建立，官僚机构运作并不顺畅，这一点在黄河河工银筹措时成为河务执行的重要障碍（关于这一点请参阅潘威《清代前期黄河额征河银空间形态特征的初探——以乾隆五十七年的山东为例》一文）。"黄河自古难治，当国用匮诎，地荒民贫之时更为难治"②，顺治时期官僚机构运作不畅，一方面导致政府对社会的管理，特别是田土赋税的征收存在障碍，这导致政府很难有效调拨钱粮资源进行黄河修治。另一方面，官员上下级之间的工作纪律还不明确，潘威一文中曾举例说明当时县级官员在筹措河工用银时的"因循迁就"，地方官员对于应缴纳的河工银矢口否认。③对这一情况最有体会的应该是顺治元年（1644）秋上任的清朝首任河道总督——杨方兴。

杨方兴履职之后，面对这些问题进行了有针对性的工作。杨方兴，本为明广宁诸生，天命七年（1622），努尔哈赤攻取广宁时投入后金政权，被编入汉军镶白旗。④杨方兴履职河道之时，清朝统治刚刚建立，

---

① 《清史稿》卷126《河渠一》，中华书局1977年点校本，第3716页。
② 《工部署部事启心郎康木兔题报》，顺治三年二月初八，清代河工档案1-2-4-11。
③ 潘威：《清代前期黄河额征河银空间形态特征的初步研究——以乾隆五十七年的山东为例》，《中国历史地理论丛》2014年第4期。
④ 《清史稿》卷279《列传六十六》。

人心浮动在所难免。杨方兴在顺治二年（1645）十二月上奏，请求朝廷重新议定黄河神——金龙四大王和运河神——分水龙王的封号，彰显自身和清廷在黄河管理上的权威性。① 顺治四年（1647）十月，杨方兴因流通口竣工再次上奏请求在新坝宽广之处建立黄河神庙。这一做法在河员中稳定了人心，使技术官僚系统能够为新朝服务。同时，金龙四大王和分水龙王体系的重新确立，可能也体现出杨方兴等河务官员对于新朝需要潘季驯所创立黄、淮、运格局才是黄河正流的认知。

顺治二年（1645），黄河在考城流通口决堤，趋曹、单威胁运河。② 顺治三年（1646）二月二十五日，河南管河道方大猷负责开始兴办流通口堵口工程，一年后流通口工程合龙。③ 顺治四年（1647），又针对开封汴河决口，再次由方大猷负责汴河堵口工程，④"顺治五年七月河南巡抚吴景道汴工告成揭帖"中曾提到汴河堵口正是崇祯十五年（1642）决口后走亳州，⑤ 由涡河入淮，这也是崇祯末年以来黄河的主泓所经，因此，汴口工程才是黄河回归故道的真正重要工程。但是其举办时间为何会晚于流通口工程？其实这一现象的主要症结还是在于当时的财政状况，据前引罗、吴二人的奏报来看，顺治二年（1645）杨方兴、方大猷等人就对汴口进行了勘估，并提出了一份造价46900两的工程计划，因为这份预算超出了当时河工能力的承受能力所以没有被工部通过，此时，流通口工程因为规模较小而先期举办，直到顺治四年（1647）初将工程开支降为18750两余，通过山东和淮扬供给白银方才使工程得以筹办。

杨方兴履职河道总督之时，前明势力尚没有完全退出河务，《清

---

① 《河道总督杨方兴为河灵效顺请加褒封揭帖》，顺治二年十二月□日，清代河工档案1-6-21-56-9。
② 《行水金鉴》卷46《河水》，商务印书馆1936年版，第661页。
③ 《杨方兴恭报流通大工告成揭帖》，顺治四年四月，清代河工档案1-4-28-3-1。
④ 《巡按河南监察御史罗国士奏报》，顺治四年四月二十七日，清代河工档案1-3-6-90。
⑤ 《河南巡抚吴景道汴工告成揭帖》，顺治五年七月，清代河工档案3-1-63-2。

实录》中记录了明朝开封府知府李犹龙管理河务的事件。顺治二年（1645），故明开封府知府李犹龙盘踞河岸缮修盘鉴。自称钦命河道，仍用崇祯年号。主事凌馴、所委开封府推官王梦桂，伪造关防共图不轨。和硕豫亲王多铎统率过卫辉。遣内院刑部官捕获李犹龙于军前正法。奏闻。上命并籍其家。① 这次事件虽然很快被平息，但对于顺治元年（1644）刚刚履职的杨方兴而言，李犹龙自称钦命河道，仍使用崇祯年号，这种不合作的态度无疑对力图建立河务新秩序的杨方兴和清政府是一个挑战。

《清史稿·河渠志》中记载，"顺治元年夏，黄河自复故道，由开封经兰、仪、商、虞，讫曹、单、砀山、丰、沛、萧、徐州、灵璧、睢宁、邳、宿迁、桃源，东径清河与淮合，历云梯关入海"。岑仲勉据此在《黄河变迁史》中认为顺治元年（1644），黄河自行流于"明清故道"②。而宋秀元在1983年撰文指出，从清代档案记录的情况来看，顺治二年至四年（1645—1647）进行的堵口工程是黄河归故的真正原因，顺治《河南通志》编纂时产生了"自复故道"的错误说法，进而流传于《清史稿》，并影响到《黄河变迁史》③（《中国历史自然地理》的说法为顺治元年堵塞决口，河复故道④）。实际上，顺治元年黄河下游还处于分流状态，《清史稿》中记录的顺治初年黄河下游流路就是"明清故道"的总体方向，这条流路本来就没有彻底断绝，崇祯十五年（1642）开封河决之后，"明清故道"依旧是黄河入海的流路之一。而顺治三年（1646）考城流通口堵口只是封堵了黄河曹、单方向的漫流，全河主泓依然夺涡入淮，顺治五年（1648）汴口工程建成之后，从清代治河的角度来看，恢复"正确的"黄河流路已经完成，剩下的工作是维持汴口工程的成果。正因如此，"岁

---

① 《清世祖实录》卷13，顺治二年正月，中华书局1986年影印本。
② 岑仲勉：《黄河变迁史》，人民出版社1957年版，第554—558页。
③ 宋秀元：《顺治初年黄河并未自复故道》，《历史档案》1983年第4期。
④ 邹逸麟：《中国历史自然地理》，科学出版社2013年版，第196—246页。

修"才在顺治五年（1648）开始。

第三节 岁修事务中的"分司"与"道"

就目前笔者所看到的材料中，最早的岁修记录为顺治五年（1648）在徐州对长樊大坝进行岁修，顺治五年（1648）之前没有材料可以直接或间接证明当时黄河在进行"岁修"工程。"（顺治五年二月二十四日工部尚书兴能为估计徐州、长樊、城堤、小店等五处黄河五年岁修工程钱粮事揭帖，档案号：清5-2-24-1-110）工部尚书兴能等谨揭为估计徐州黄河五年岁修工程钱粮事，都水清吏司案呈奉本部送工科抄出总河部院杨方兴题前事内称，本年正月初五日，据中河分司谷明登、淮徐道张兆熙会详据淮安府分管徐属河务同知杨作栋呈称，蒙司道牌、蒙总河部院宪牌。估计各属河工蒙此遵依备行徐州督同管河判官谷元彦……将长樊大坝逐一减削外，议用厢边埽二层……"从这段奏折中来看，顺治五年，在黄河徐州段的管理中已经基本形成了"总河—中河分司/淮徐道—淮安府分管徐属河务同知—徐州管河判官"的管理方式，在这次长樊大坝工程中，管河判官对所管辖的河段工程进行勘察，勘察结果上报给徐属管河同知，再上报至中河分司和淮徐道，最后呈交给总河，由总河上报至工部的都水清吏司，最终由皇帝裁定工程及其预算。这一体制继承了明代做法，江晓成通过清代河工官员体系的详尽梳理指出，顺治时期，江苏、直隶和山东形成了工部—总河—管河分司和管河道体系，河南则是工部—总河—管河分司体系。① 在"南河"沿线，有淮扬道、淮徐道（凤淮徐道）②、淮海道③参与河政事务。

---

① 江晓成：《清前期河工体制变革考》，《社会科学辑刊》2015年第3期。
② 《河道总督杨方兴为估计徐州黄河七年岁修工程钱粮事揭帖》，顺治七年六月六日，清代河工档案5-2-24-1-110。
③ 《河道总督杨方兴为奏销清河天妃坝六年岁修工程钱粮事题本》，顺治八年六月十五日，清代河工档案5-2-24-1-017。

康熙年间将管河分司裁并归道,避免了分司与管河道的冗赘,而梳理顺治时期的河工档案我们有了一些新的发现,包括顺治时期,分司和道存在一人兼职的情况,"分司"和"道"的主管官员更换都比较频繁,很难说两者谁更稳定。比如张斌在顺治六年(1649)就既是中河分司又是凤淮徐道。① 当然,更多时候"分司""道"是不同人员分任。② 江晓成认为,"分司"和"道"相比,后者更为稳定,因为"分司"属中央部员,任期一年(顺治十四年改为三年),而"道"任期要久。这一点在顺治时期恐怕不能成立,通过整理顺治岁修档案中保留的分司和道任职情况如表1-1。

表1-1已经比较清楚地反映了"分司"和"道"并不存在明显得任职长短差别,特别是顺治九年到十三年(1652—1656)南河分司始终由王维诚出任,李缙明也至少在中河分司上效力了3年以上,而道的主官似乎也并不稳定,比如淮海道,在顺治九年到十三年(1652—1656)至少换了三人。在朱之锡接手河道总督的时候,中河分司和淮徐道都是比较稳定的,并没有出现分司任职短而道任职长的现象。当然,顺治十四年(1657)杨方兴上奏要求改分司为三年一换应该可以解释李缙明的长期任职,但分司的稳定和道的稳定基本都是在顺治十四年(1657)以后。还有一点值得注意,就是"分司"和"道"在南河沿线的岁修工程中,其工作组合是有变动的,比如清河县顺治六年(1649)岁修是由中河分司和凤淮徐道配合,而桃源县则是中河分司和淮海道共同负责,邳州工程则在顺治十三年(1656)和十四年(1657)分别由南河分司—淮海道和中河分司—淮徐道负责。应该说,顺治时期的岁修管理体制确实存在一定的混乱,但这是相比康熙之后的情况。顺治时期,"分司""道"都不稳定,

---

① 《河道总督杨方兴为奏销清河县黄河六年岁修工程钱粮事题本》,顺治八年七月十九日,清代河工档案5-2-24-1-110-019。

② 《河道总督杨方兴为奏销桃源黄河九年岁修工程钱粮事题本》,顺治十年二月七日,清代河工档案5-2-24-1-110-024。

江晓成提出的观点还有可商榷之处。比江晓成稍早发表的贾国静《清代河政体制演变论略》[1]一文中,虽然同样揭示了"分司"和"道"变化的基本过程,但并没有深入解释其原因(另,贾国静文章中认为嘉庆十六年添设淮海道,但是淮海道在顺治时期就已经存在,且在清初河务中发挥了重要作用)。

表1-1　　　　　顺治时期岁修档案所反映的司道官员[2]

年份	工程地点	分司	道
顺治五年	徐州	中河分司：谷明登	淮徐道：张兆熊
	宿迁	中河分司：刘明俟	凤淮徐道：刘明俟
		南河分司：高明	淮海道：卞三元
顺治六年	清河	中河分司：张斌	凤淮徐道：张斌
顺治九年	桃源、睢宁	中河分司：李本晟 南河分司：王维诚	淮徐道：徐仓（代管）
			淮徐道：胡连佐
			淮海道：任长庆
顺治十年	山阳	中河分司：李本晟	淮海道：卞三元
顺治十三年	邳州	南河分司：王维诚	淮海道：祝文震
顺治十四年	邳州	中河分司：李缙明	淮徐道：李世洽
顺治十五年	宿迁、邳州	中河分司：李缙明	淮徐道：李世洽
顺治十六年	宿迁	中河分司：李缙明	淮徐道：李世洽

那么"分司"最终让位于"道"的原因仅仅是为了追求人员任职稳定吗？笔者认为,除"道"更加稳定之外,清廷的河务工作在建政之后不久就进入了养护为主的阶段,这也许是另外一个非常重要的原因。黄河下游淮扬道、淮海道在顺治岁修中都承担了相当数额的经费,能够提供经费的原因还是在于"分司"和"道"在机构设置

---

[1]　贾国静：《清代河政体制演变论略》,《清史研究》2011年第3期。
[2]　本表根据黄河水利委员会藏清代河工档案,顺治五年至顺治十六年（1648—1659）的96份岁修题本、奏报整理而成。

上的差别，"道"原本只是"分巡兼管河道"，直到乾隆九年（1744）淮扬道、淮徐道才被中央政府明令"专管河道"，在此之前"道"对于河务的最主要意义还是在于解决经费筹措和管理。至乾隆《大清会典》时"凡经费，各工有修防之费……江南以河库道，河南以开归陈道、彰卫怀道，山东以运河道，直隶以天津道、通永道、永定河道、清河道、大名道，掌其出纳，岁要其数于河道总督核实奏销，侵蚀者论"①。"道"能够发挥经费管理的作用，关键在于其具有道库，这就有了钱粮管理的功能，由于清廷的河政初创时间很短，顺治五年（1648）"岁修"行为就开始表明在政府看来，顺治五年之后的河政就是要维持住既有格局，这种情况一直到咸丰五年（1855）铜瓦厢决口才结束。

从顺治朝清代治河的主体方略其实在杨方兴时代就已经确定为延续潘季驯的做法，这样清初的河工创制阶段就比较短暂，工程检视的重要性很快就让位于筹集钱粮。因此，能够提供财政和财政管理支持的"道"，其重要性自然会上升，分司的所谓"冗赘"地位也就日益凸显，最终"道"取代"分司"而成为黄河管理的重要部门。

第四节　劳动力来源与管理

岁修所用劳动力的方式在档案中有清晰记录，如顺治五年（1648）闰四月工部尚书兴能为估计宿迁五年岁修工程钱粮事揭贴中所引总河部院杨方兴题：本县黄河南岸自谷堆头起至彭家堡王家庄止，北岸自晏公庙起至古城堰头止修补缺口并帮修补筑堤工，共估用土工银七千六百九拾两七钱二分五厘，又董口系重运进口紧要之处，两岸各坝议用埽防护，除筑缺口土工草料，均系浅夫营做、采取，不

---

① 《乾隆朝会典》卷75《工部》，清文渊阁四库全书本，第681页。

计钱粮……这段材料中就明确指出顺治五年宿迁岁修中使用的是不计薪酬的劳动力。而与其相对应的是"募夫"行为，即采取雇用方式调集民夫。

从档案的统计结果来看，顺治时期募夫所占比例是很低的，以单次工程项目统计，38例项目中，只有9例全部或部分使用了雇用民夫，这9例为：顺治五年（1648）徐州长樊大坝月堤修筑工程和小店新筑月堤、顺治九年（1652）清河县天妃坝外堤岸和睢宁县武官营遥堤东水口筑月堤，同年在祥符县的常家寨工程、顺治十年（1653）原武县赵家庄加高旧堤、顺治十三年（1656）山阳县新沟外河抢修和虞城县新筑土楼月堤、顺治十四年（1657）祥符县清河集修防。另外，顺治十七年（1660）祥符县魁星楼堤工和顺治九年（1652）徐州城堵塞月河决口所使用的是兵丁，这不能作为一般劳动力考虑，且奏折中仅仅有这一次记录，可见当时绝大部分岁修事务还是依托免费劳动力。募夫一般都用在工期紧急的项目中，如顺治五年徐州长樊大坝月堤修筑工程和小店新筑月堤都是限期百日完成，募夫工作积极性相对较高，有利于顺利完成既定的抢工任务。

免费劳动力名目繁多，包括徭夫、浅夫、游夫、乡夫、额夫和民夫。目前尚不能说明不计钱粮的劳动力是依据何种标准来划分的。强征劳动力承担的工作种类繁多，从筑堤、堵口、采集物料到制作绳索、木桩等杂务都要参与，这无疑是对沿河百姓的一大沉重负担。如顺治十年（1653）原武县黄河"岁修"中，就出现了逃夫、旷夫事件，当地因此还受到了赔罚河工银的处罚①，类似情况肯定不止一件。河南在明末清初之时饱受战火蹂躏，再加上黄流泛滥，民众亟待休养生息，这时确实应当尽量不要干扰百姓。但河防若不坚固，豫东皖北就一天不得安宁，国家漕运也无法施行，顺治时期的这种做法实有无

---

① 《河道总督杨方兴为奏销原武十年岁修工程钱粮事揭帖》，顺治十一年四月二十七日，清代河工档案11-12-14-4。

奈之处。

　　民夫主要来源于怀庆府所辖河内、济源、修武、武陟、孟县和温县（据牛平汉《清代政区沿革综表》），开封府所辖封丘、荥阳、密县、襄城、临颍、郾城和禹州，归德府所辖虞城和夏邑。① 结合地图可以发现，民夫来源地集中于河南中部地区，结合题本中的记录可以发现，民夫来源于这一地区是"旧例"②，其形成过程尚不得而知，但通过比对提供经费地区和提供劳动力地区可以发现，在清初治河实践中，似乎已经出现了某种区域分工。顺治十六年（1659），这一格局被打破，随着工程量增大，抽调民夫如果过于集中则会对地方造成很大的压力，而在过大的地区摊派劳动力也不现实。

　　岑仲勉先生《黄河变迁史》中曾提出，河道总督朱之锡设因地远近以次调夫的办法。但岑先生未给出这一观点的例证。③ 实际上，朱之锡主政河务期间确实在顺治十六年（1659）四月的一份上奏中提出过类似调集民夫的做法。顺治十七年（1660）二月二十七日河道总督朱之锡为估计仪封三家庄十七年岁修工程钱粮事……至于应用人夫，总计十七年南北两岸岁修各工人夫行令开封府查照所属州县，地方远近，熟地多寡，从公分派。如开属不足，通融再调别府协济，经该厅县造册呈详前来本道逐细查核……④朱之锡在民夫调用方面力图打破之前过度集中于怀庆、开封的做法，在民夫调用标准上也提出了"地方远近、熟地多少"。综合考虑地方距离工程的距离和当地农业发展程度，实际上这一做法是兼顾效率与公平，对于保证民夫的持续性、及时性投入非常重要。劳动力报酬在当时也不固定，顺治五年（1648）长樊大坝岁修中，每方土工银为九分；而次年的郑州堤工，

---

① 牛平汉：《清代政区沿革综表》，中国地图出版社1990年版。
② 《河道总督朱之锡为估计仪封三家庄十七年岁修钱粮事》，顺治十七年二月二十七日，清代河工档案17-2-27-1。
③ 岑仲勉：《黄河变迁史》，人民出版社1957年版，第554—571页。
④ 《河道总督朱之锡为估计仪封三家庄十七年岁修钱粮事》，顺治十七年二月二十七日，清代河工档案17-2-27-1。

每方则为一钱；顺治十七年仪封县岁修则每日给银一钱五分。顺治五年，每方土工银九分①，这与康熙开始的岁修物料例价银是一致的。

顺治十七年（1660）祥符县魁星楼堤工和顺治九年徐州城堵塞月河决口所使用的是兵丁（每日给银四分），这不能作为一般劳动力考虑，且奏折中仅仅有这两例记录，可见当时绝大部分岁修事务还是依托民夫。募夫一般都用在工期紧急的项目中，如顺治五年徐州长樊大坝月堤修筑工程和小店新筑月堤都是限期百日完成，募夫工作积极性相对较高，有利于顺利完成既定的抢工任务。免费劳动力名目繁多，包括谣夫、浅夫、游夫、乡夫、额夫和民夫，这些名目的劳动力在工程中都"不计钱粮"。这些不计钱粮的劳动力是依据何种标准来划分的？遗憾的是，这一问题目前并没有在文献中找到答案。但根据这么多名目的免费劳动力而言，当时可能并没有非常明确的河工劳动力分类体系，前明体制、临时措施、谣夫习惯等，都成为保障劳动力供给的制度依据。

顺治时期，清政府尚未摆脱财政困难的局面，而战争、营建等多项工作都需要大量民夫，无偿征发劳力的现象在当时清政府的统辖区内普遍存在。陈锋指出，清朝建政之初就大量无偿征发劳动力用于军事运输、工程修建等方面。② 但这一做法对当时的民众来说无疑是巨大的负担。顺治十年（1653）原武县黄河"岁修"中，就出现了逃夫、旷夫事件，相关官员因此还受到了赔罚河工银的处罚。③ 显然，这种强征劳力的行为难以持久，对于每年都要进行的"岁修"而言，这种做法无法保证劳动力供给。

强征劳动力的行为在康熙初年才受到遏制，劳动力商品化有助于

---

① 《河道总督杨方兴奏顺治十年睢宁县武官营厢埽岁修钱粮事揭帖》，顺治十一年十二月，清代河工档案11-12-14-15。
② 陈锋：《清代财政政策与货币政策研究》，武汉大学出版社2008年版，第28—44页。
③ 《河道总督杨方兴为奏销原武十年岁修工程钱粮事揭帖》，顺治十一年四月二十七日，清代河工档案11-12-14-15。

持续性地集结人力。顺治时期，国家还未完全稳定，强征民夫的做法可以理解，但岁修制度的建立需要持续性的劳动力供给。很明显，强制性的调用民力难以持久。康熙九年（1670），清廷规定雇用的日薪为银六分，《清圣祖实录》卷三十二"九月，工部议覆、河道总督罗多疏言、修河工程、额用协夫三万四千八百余名。请于江南、山东、两省佥派协济。查佥派夫役、恐道远民艰、又官吏借端滋扰、不便准行。其协济夫役、应行召募。查旧发工役银、每日四分、今加给二分、则工程不致违误。得上谕曰、河工关系重大。时近冬寒，势不容缓。倘临期应募无人、复行佥派、必致迟误。著该督先行竭力召募、尽所得人夫供役。如万不能得、就近量行佥派协济、仍一面作速题明。该管官员、务须加意抚恤、不得借端科扰、困累小民"①。据上谕所说为旧发工役为每日四分，现在开恩再加二分。可是康熙九年（1670）之前的资料记录中，仅有顺治九年（1652）徐州城工程中有每日给银四分的记录，但这个待遇是给临时调来兵丁的伙食补贴。康熙九年之前雇募民夫每日结算都在一钱五分左右。康熙十二年（1673）三月，中央政府再次明发上谕，改签派为雇募，基本完成了修河劳动力雇募的转型。② 但这一过程中，政府所订的标准其实并不是参照已有的民夫标准，而是兵丁标准。康熙皇帝一方面承认了河务中劳动力商品化的发展趋势，另一方面还是用政策限定了劳动力商品化的进一步发展，其用工薪酬的制定被刻意压低，这应该是朝廷基于财政承受能力上的考虑。

第五节　岁修经费

至迟在顺治中期，清廷河务部门对"岁修"和"大工"已经有

---

① 《清圣祖实录》卷32，康熙九年正月，中华书局1986年影印本，第457页。
② 潘威：《清代前期黄河额征河银空间形态特征的初步研究——以乾隆五十七年的山东为例》，《中国历史地理论丛》2014年第4期。

了明确的功能区别和经费管理区别，顺治九年（1652）正月二十八日吴景道朱源决口甚大揭帖：顺治九年正月十三日准总督河臣杨方兴会稿，据管河道方大猷呈决口工程遵旨查议……题请照岁修钱粮原止供每岁修补之用，若有大工必须另请钱粮，此从来旧例也……①而此时距"岁修"开始才过去了四年，以此观之，顺治时期的河务经费管理制度的建设速度不可谓不快。

雍正二年至七年（1724—1729），河道总督先分为总河、副总河，再改为江南河道总督与河东河道总督，将黄河下游大体分为河南—山东段与江苏段，"东河""南河"之名遂生。由于南河与大运河多有重合与联通，这一段黄河的变化直接影响漕运，自然会受到更多的重视，这样就造成了"重南河而轻东河"的局面。但从顺治时期38次"岁修"所耗经费格局来看，清代"重南河而轻东河"的现象在顺治时期就已经非常明显。

虽然大多数劳动力无偿使用，但顺治时期的"岁修"工程依旧要耗费大量白银。河工耗银主要包括购买和制作物料，临时征调船只、车辆等工具、人员食宿等。从已经整理的档案来看，东河与南河在经费来源上存在很大的差异。南河主要靠淮库提供岁修银两，比如宿迁县在顺治五年（1648）、顺治十四年至十六年（1657—1658）的岁修，就从淮库支取了总计约一万五千两白银。河南境内工程款项来源则主要在于地方，在顺治初年，河南沿黄州县已经有了库存河银制度，而且每年还会征收河银，如顺治五年河内县有见征河银的现象，顺治五年的岁修，阳武、兰阳、封丘、祥符共耗费白银一万四千九百九十六两。② 其中封丘县库储河银共支付了四千六百两四钱，是这一年度"岁修"工程的最重要财源。顺治七年（1650）祥符县时和驿

---

① 《河南巡抚吴景道奏朱源决口甚大揭帖》，顺治九年正月二十八日，清代河工档案2-14-1-7。

② 《河道总督杨方兴为奏销续估顺治五年河南各县兴修工程钱粮事题本》，顺治六年十一月三日，清代河工档案5-2-24-1-09。

堤工"岁修"时，封丘县库储河银支付了六千三百零八两九钱二分七厘，占整个工程用款六千九百六十三两七钱的90.6%。① 杞县县库也是重要的河银来源，顺治十年（1653）原武县赵家庄旧堤"岁修"所用四百一十五两白银全部由杞县县库提供。②

清代有专门的河库和河库道台管理黄河岁修经费。顺治时期，黄河岁修所用经费由沿河州县提供，比如顺治五年黄河宿迁段河堤修补所用银七千六百九十两七钱二分五厘，就是在淮库河银内开支。③ 而宿迁县董口一工所用的二百五十九两五钱六分五厘白银则是用宿迁县库储顺治三年、四年（1646、1647）的岁修存剩银。而河南境内的岁修经费则主要来源于封丘、祥符和杞县，这三县提供了河南境内岁修的绝大多数经费。从档案记录中来看，这三县当时已经有了库储岁修河银的做法。

河南在明清鼎革时期是明军、闯军的重要战场，双方从崇祯十四年到十七年（1641—1644）在河南府、归德府、开封府多有攻守。清军入山海关之后，闯军也把河南和山西作为防御清军的主要战场。清军的政治军事力量渗入河南不会早于顺治二年（1645）六月，因为这一年六月初清廷派遣户部右侍郎王鳌永招抚山东、河南。同年七月，清廷开始向河南选派官员，建立行政秩序；八月之后在怀庆府、卫辉府设置了总兵，派兵驻防。这也就是说，顺治二年清政府才开始在河南建立统治秩序，过了五六年，当地就有县政府具有了岁修河工银的积储。

在顺治五年的汴口工程中，吴景道就计划调用河南库储的岁修河银一万两，另从山东河银内调用了八千七百五十余两。④ 顺治九年

---

① 《河道总督杨方兴为奏销祥符时和驿顺治七年题本》，顺治七年十二月二十四日，清代河工档案5-2-24-1-113。
② 《河道总督杨方兴为奏销原武顺治十年岁修工程钱粮事揭帖》，顺治十一年四月二十七日，清代河工档案5-2-24-1-113。
③ 《工部尚书兴能为估计徐州黄河岁修五工钱粮事揭贴》，顺治五年二月二十四日，清代河工档案1-15-6-1。
④ 《钦差巡抚河南地方等处地方提督军务兼理河道都察院右副都御史吴景道恭报会估汴河决口工程钱粮》顺治六年，清代河工档案1-25-7-12。

（1652）的祥符大王庙工程中，岁修河银支付了部分的工程款，大王庙堵口原估计用银规模为三十三万余两，其中河南开封、杞县、封丘三库支出了两万七千八百余两，而山清、扬州、徐属、大名四库承担了十一万六千三百余两。但当时承担河工银任务的州县毕竟有限，且征收和管理可能都还不顺畅，如潘威曾经指出顺治初年各地对上交河工银存在着拖延现象。① 而在顺治时期，河工部门为应对经费不足，也存在援引明代做法的现象，如顺治十四年（1657），杨方兴在封丘大王庙堤工中就对明代潘季驯和万恭治河期间从兵部、工部临时筹款用来建设大工的做法也会加以援引。②

顺治十四年（1657）三月，杨方兴乞休，上念其劳，以原官加太子太保致仕。③ 同年，朱之锡接任河道总督一职。朱之锡是在当年上任的第二任清廷河道总督，此时，顺治初年黄河下游流路散乱的局面已经基本结束，河务部门的运作也较为顺畅，黄河治理需要更加制度化、体系化，特别是经费筹集需要尽快结束较为无序和混乱的状况。顺治十五年（1658），朱之锡对埽的规格做出了明确规定，大埽不过一丈，套埽不过八尺，并发前朝修防埽个文册互相参酌。这一做法看似简单，实际对"岁修"制度化的落实非常重要。埽是清代河务中大量使用的护岸工具，朱之锡不仅对埽的规格进行了规定，对埽料的来源也进行了规定"各县十六年分岁修合用埽料听该道行令开封府查照所属州县离河远近熟地多寡酌量分派"。④

康熙十五年靳辅治河之前黄河下游虽然疏于治理，但顺治时期毕竟建立起了一些河务成例，在人员、物资和经费调用上为康熙时期的

---

① 潘威：《清代前期黄河额征河银空间形态特征的初步研究——以乾隆五十七年的山东为例》，《中国历史地理论丛》2014年第4期。
② 《顺治十四年正月河道总督杨方兴为封丘大王庙堤工钱粮事揭帖》，1657年，清代河工档案14-1-7。
③ 《清世祖实录》卷109，顺治十年四月，中华书局1985年影印本，第852—859页。
④ 《河道总督朱之锡为估计祥符黄河北岸常家寨十六年岁修工程钱粮事揭帖》顺治十六年三月二十日，清代河工档案1-14-6-111。

靳辅治河奠定了坚实基础。

小　结

　　河工开支，特别是每年都要施行的岁修工程，经费的定额化才能保证河务能对接到国家的财务系统上。但要实现这个目标，需要满足以下条件：第一，河务所用材料的规格有相对统一标准，否则核算难以落实；第二，河务人员的待遇、物料银、运脚银、雇夫银等要固定数额；第三，这一点可能比较特殊，万历一条鞭法施行之后，地方官员在考成的压力下往往重京运而轻河工，河工储备因此受到影响，故而岁修难以维持。这是潘季驯无法落实河工定期维护的直接原因。

　　顺治时期的岁修工程不仅在自然环境层面初步稳定了黄河下游流路，更为制度的执行确立了多个原则和成例。饶明奇认为，清朝虽然没有在河务方面建立起一套成文法，但是成例弥补了这一缺陷，援引之前案例是皇帝和官员制订和执行河务方略时的重要依据。① 顺治时期的岁修确立了许多河务上的民夫雇佣、物料筹集成例。这些成例在之后的河务中发挥了重要作用，比如顺治时期岁修中雇佣劳动力的价格以土方量计算，大约每方九分白银，这一定价标准之后一直被沿用。而调用民夫和物料的"地方远近，熟地多少"原则也一直持续至咸丰时期。②

　　"明清故道"的历史从明万历"黄淮大工"到清咸丰"铜瓦厢决口"，前后276年，是历史上治河规模最大、技术水平最高的时期，同时也是"河务"专业化、治河要素商品化的时期。明代在黄淮大工之后，官员多有建立"岁修"制度的议论，但是在明代官私史料中极少发现关于河政财源的讨论，而如何设定官职却成为讨论的中

---

　　① 饶明奇：《清代黄河流域水利法制研究》，黄河水利出版社2009年版，第49页。
　　② 潘威：《清代前期黄河额征河银空间形态特征的初步研究——以乾隆五十七年的山东为例》，《中国历史地理论丛》2014年第4期。

心。只关注顶层设计而忽视基层建设难以有效管理黄河这样的多变型河流。在传统王朝国家体制之下的"河政",其优势在于能够集中力量施行大型水利工程,这一点魏特夫认为其是"东方专治主义"的源头;然而,其弊病也很明显,由于其从属于政治,持续性的维护反而成了一个令中央政府为难的问题。在集权体制下,理论上可以通过君主的绝对权威贯彻治河方略,但在河务实际执行层面,持续性的投入导致高层命令必须通过具体的财务、劳动力管理方式才能落实,单纯依靠行政命令不可取,当然,完全依靠商品化的做法也很困难,不单单是在清代,就算在当前,这一点恐怕也需要有法治下的健全市场体制才能良性运作。

第二章

维系定额：康雍乾时期河银制度的建设

顺治朝开始，黄河维修就开始向定期化发展，河银耗费日渐增长；河银在康熙后期开始与地丁银挂钩，由此衍生出专门的河库道制度和考成制度，原有的随意摊征、拖欠和地方府县的消极态度得到了一定程度的控制。乾隆后期清政府用于治理黄河的经费增长，但清政府已有的定额河银制度实际执行并不理想。乾隆中后期至嘉道年间，河南省定额河银制度经历重建的过程，即帮价银在乾隆中期出现，末年又被废止；嘉庆初年再次被提出，嘉庆中后期提出筹款生息的举措。初时帮价银由各州县摊征，而后由官员捐廉，最终筹款生息的方式使帮价银征收得以稳定下来。至少在东河地区，额征河银过度依赖少数州县承担，其他州县承担的额度太小，更为重要的是，灾害更多的地区承担了更多的河银任务，这些空间上的特征直接影响了额定河银的足额按期完缴。额定河银由于存在收缴上的巨大问题而使这一制度缺乏可持续性，在物料价格不断上涨、雇用民夫取代签派的背景下，养护工作面临着日益严峻的挑战。

第一节 河银定额化的形成过程

顺治一直到康熙后期之前，河工所用钱粮来自黄运沿线的直隶、山东、河南、江苏和浙江，其动用的款项有藩库银、盐课银和临时向盐商等商贾摊派等，并无相对固定的数额。顺治三年（1646）二月八日工部左侍郎杨文魁等人联名上奏，就当年的河工厢埽经费筹措向中央请示，卷埽等夫计日论工无定数者也。敕部作速酌议应动何项钱粮，州县零解缓不及事，必须行山东布政司动支方克有济。①

卷埽是黄河下游经常性的维护事务，可见，顺治时期修治黄河的钱粮还没有相对固定的来源，在原有经费不敷使用时，需要临时请旨动用哪方面的经费来接济河工。这与康熙雍正时期河工经费有相对固定来源有很大的不同。顺治六年（1649）三月内该职题前事，"窃照黄运两河各有额设夫役以供修浚，而各夫工食每岁每名或十二两或十两八钱或七两二钱及五六两不等……每年有此项而无定额，占役银两二三两年具应查追解库，自三年题准，四年为始，工食一一还夫，夫役名名着工，四年以后则无此项。每年止将裁停旷工二项另造一册，随岁报奏交……题明在案续于顺治十年正月初五准工部咨，为河工日繁，河帑不敷，乞留原项河银以济急需……该职等看得裁停、旷工银两原系河工节省，应于河工项下动用，向因河患稍宁，准咨解部，今值河工紧急，工大费繁，四五年以后银两原系河夫工食，请留为河工之用，以河银济河工，事属两便……俟河患稍宁，仍从前例，解部可也……"以上是顺治九年末河道总督杨方兴的一份奏折，这是目前所见资料中最早提出以专门的河银进行黄河治理的说法②，据此可以推断，在顺治早期，河工经费尚没有形成专业化，剩余银两要缴还中央。

户部尚书戴明说曾在顺治十二年（1655）上奏，顺治二年（1645）以来，各地拖欠的河工银两扣除蠲免缓征等达到了近十九万两，承担河工经费的五个省中，除直隶外的四个省有近一半的州县拖欠了应该缴纳的河工银。③ 地方官员对河道总督的催交指令也往往因

---

① 《顺治三年二月八日杨文魁奏折》，《河道钱粮》第1册，1646年，黄河水利委员会藏，资料号：清1-33-6。
② 《顺治九年十二月河道总督杨方兴奏折》，《河道钱粮》第1册，1652年，黄河水利委员会藏，资料号：清1-26-8。
③ 《顺治十二年十二月户部尚书戴明说、河道总督杨方兴奏折》，《河道钱粮》第1册，1655年，黄河水利委员会藏，资料号：清1-（2）-8-021。

循迁就,甚至置之不理,顺治五年(1648)三月三十日户部尚书巴哈尔上奏"河道钱粮出自北直并山东河南江南浙江四省,地方辽阔,每一行文不下数十纸,而仅遭搪塞……"顺治十二年(1655)二月初十河道总督杨方兴在整理河工银时曾经申斥"……查该县(按:山阳县)八年起至十二年止……尚欠二千四百四十四两零四毫九丝……各年未完如许,何故申称丝毫无欠"。清初国库收入尚不充裕的时候,这种拖欠是政府难以承受的。①

江南河道总督赵开心顺治十年(1653)五月二十三日上奏中记录了扬州府江都县经绅士民条议,减去额外银至十七万两的事件。② 这种摊派与嘉庆道光时期的捐纳报效具有很大的不同,捐纳报效是政府出卖官员铨选资格换取白银,需要现银,不可跟政府讨价还价。③ 而顺治十年发生在江都府的这次河工经费的强行摊派,政府既没有出卖铨选资格,甚至连价钱都可以商量,尚无规矩可言。

总之,顺治时期,中央以额外征收的形式向直鲁豫江浙五省摊派河工经费,是河道钱粮的主要来源,开支没有定数,拖欠现象非常严重。财政体制的缺陷是当时河工紊乱的主要原因。

康熙之前,岁修与另案工程中的民夫使用大多为佥派,即为政府服徭役,如果额定协夫人手不足,则需要临时添加民夫数量,称为协济民夫,是政府雇用的劳力。

> 康熙九年九月。工部议覆、河道总督罗多疏言、修河工程、额用协夫三万四千八百余名。请于江南、山两省佥派协济。查佥派夫役、恐道远民艰、又官吏借端滋扰、不便准行。其协济夫役、应行召募。查旧发工役银、每日四分、今加给二分、则工程不致

---

① 《顺治五年三月三十日巴哈尔奏折》,《河道钱粮》第1册,1648年,黄河水利委员会藏,资料号:清1-8-41-7-9。
② 《顺治十年五月二十三日赵开心奏折》,《河道钱粮》第1册,1658年,黄河水利委员会藏,资料号:清1-9-33(3)-2。
③ 伍跃:《中国的捐纳制度与社会》,江苏人民出版社2013年版。

违误。得上谕曰、河工关系重大、时近冬寒、势不容绥。倘临期应募无人、复行佥派、必致迟误。著该督先行竭力召募、尽所得人夫供役。如万不能得、就近量行佥派协济、仍一面作速题明。该管官员、务须加意抚恤、不得借端科扰、困累小民。余依议。①

康熙十二年三月。工部议覆、河南巡抚佟凤彩疏言、河工派夫、贻累地方。请动支钱粮、雇夫供役。即于河南八府一州之地、每亩派加厘毫、即可补项。应如所请。得上□日、按亩加派、甚属累民。著以河库钱粮、雇觅夫役。如钱粮不敷、具疏题请。②

康熙十二年（1673），中央正式下令，取消了佥派政策，由河库开支民夫工银，完全以雇用方式招募民夫。稳定的白银供给在治河工作中的作用自然变得更为重要。东河和南河虽然有额定的堡夫和河兵，但首先这两者的数量不足，且河兵只负责抢修工程，不负责平时维护，而堡夫则要承担众多工作，包括巡防河堤、制作修河器具、搜集物料等。河南山东的额定堡夫总数最多不超过1700人，分散于河南、山东的千里黄河大堤之上，大概每堡只有2名堡夫。③ 这样的人手配置显然无法应对修防、堵口等工作，而在缺乏机械设备的传统时代，云集人力是治河顺利完成的基本保证。所以，随着康熙初年人夫使用逐渐形成雇用行为，河道钱粮不仅要支付官员河兵俸饷、购买物料，还要担负雇用人夫的作用，河工行为与白银的关系变得更加紧密。

康熙时期施行的"永不加赋"政策使国家的田赋数额大致被固定下来，地丁银成为清中央政府最为稳定的收入来源，河工经费开始与地丁银挂钩，短时间内拖欠现象明显减少，但汇报、核算等措施尚贯

---

① 《康熙朝实录》卷34。
② 《康熙朝实录》卷41。
③ 金诗灿：《明清河工堡夫问题研究》，《华北水利水电学院学报（社会科学版）》2012年第1期。

彻不力。康熙五十五年（1716）户部尚书穆和伦针对康熙三十八年到五十四年（1699—1715）的河工经费问题进行了详细的报告，特别指出了河工经费当时仍旧缺乏详细的报告制度（向中央政府提交花销清单和工程清单），康熙五十一年至五十四年（1712—1715）的90万两白银没有造册送交中央政府；河工用银也经常出现"缓不济急"的情况，其中特别指出"将明年（按：康熙五十四年）江苏额征河工银以康熙五十一年地丁银奏销核实，蠲除银七千一百八十二两一钱五分九厘零，请于各属于本年地丁银内拨补解库……岁修大工额银三十万两于五十四年备齐……"①此时将地丁银解入河库似乎尚属一种临时措施，应该尚未形成制度。

雍正时期的一系列财政改革使地丁银成为中央政府相对最为稳定的收入来源，且数额逐渐固定下来，地丁银成为包括河工在内的政府各项常例支出的最主要银两来源。盐课银至晚在乾隆初年之前，已经每年有额定数目拨付河工建设，但目前看到的材料尚未发现山东所处的东河在嘉庆朝之前能够得到两淮盐课的补贴，山东地区的河银开支在嘉庆朝之前在很大程度上依赖于境内的州县地丁银。②

乾隆后期，河银制度已经历了数次改革，河工也基本束缚了整个黄河下游。但额定河银却没有发生改变，由于堤防加长、险工增多以及物价上涨等因素，河工开支已经成为中央和沿黄各地方政府的沉重负担，嘉庆时期的河工经费开销更是一路飙升，嘉庆元年至五年（1796—1800）的河工经费就耗去了3000万两白银，原先的额定河银早已不敷使用。额定的银数连岁修办料都难以完成，可能从乾隆中期

---

① 《康熙五十五年□月□日穆和伦奏折》，《河道钱粮》第1册，1716年，黄河水利委员会藏，资料号：清1-2-33。

② 上海书店出版社编《清代档案史料选编》第四册收录了嘉庆十七年汇核各直省钱粮出入清单，其中盐课项中列有山东盐课银要照例拨解河工并库部一万六千五百两五分白银，但这笔经费在河道钱粮册中却从未出现，怀疑这笔经费是协济南河的岁修、发饷和办料等常规性事务，与东河无涉，否则河道钱粮册中应该有明确记录。笔者初步判定乾隆时期，山东的非临时性工程银还是主要来源于地丁银。《清代档案史料选编》（第四册），上海书店出版社2010年版。

开始，帮价行为已经开始在东河和南河地区推行，成为一种河工用银的惯例，原有的定额河银制度出现了动摇的迹象。

第二节　嘉庆之前东河定额河银制度运作的实态

关于东河在清代定额河银制度的形成过程，笔者在此前文章中已经基本梳理明确①，自康熙时期明确了从地丁银中划拨河工银和用雇用取代徭役，清代的黄河相较于前代，更加依赖白银的供给，这是清代黄河管理发展史上一个重要的变化。为了使黄河事务处在中央政府财政能力的管控范围之内，特别是康熙时期靳辅治河之后，黄河的基本格局被确定下来，政府日益需要稳定的财政制度来运作黄河管理。

清政府设计了一套定额河银制度，对于这一制度，我们不应将其仅仅理解为将河工用银数额予以固定，还包括经费来源的固定，管理部门的固定，开支项目的固定等。但实际上，清政府的所谓定额设想是很难实现的，所谓的定额制度仅仅是中央政府的一种设想，在河工实践中基本没有被真正落实。定额制度的建立和保持需要多方面的共同协调才能保证河工有银可用，同时又不给政府带来太大的财政负担。第一个方面是核算，第二个方面是考成，实际上，康熙末期开始制定河银与地丁银挂钩的定额制度时，本身解决了河工用银的来源问题，但核算与考成直到雍正时期才开始建立制度。雍正十二年（1734）八月二十日河南山东河道总督朱藻奏请设立山东河道库，专门管理东河的经费。②"都察院金都御史总督河南山东河道奴才朱藻奏，为东省河工钱粮仰请循例归并道库以专责成，以便稽查，窃查东省河工钱粮自正项河银而外又有军徭、浅溜、闸坝等兵夫工食之不

---

①　潘威：《清代前期黄河额征河银空间形态特征的初步研究——以乾隆五十七年的山东为例》，《中国历史地理论丛》2014年第4期。

②　《雍正十二年八月二十日朱藻奏折》，《河道钱粮》第2册，1734年，黄河水利委员会藏，资料号：清1-10（2）-1。

一，又有帮贴、裁旷、遇闰加增之不同，所收之银则有直隶、江南、山东三省远近不齐，所解之处则有内部南工及东省各衙门多寡之不等，而各项钱粮向例俱解储运河厅、东昌府两库，名为河库，凡经收支解俱由该府厅为政，其余若黄河泉河以及捕泇上下六河厅兵夫工食并大小挑酌募帮贴银两，亦俱由各该厅夫收，俟有盈余始解归河库应用，此东省历来之成规也。唯是正杂均系钱粮丝毫均关国帑。今款项既属繁多，头绪又复百出，而意府厅之自收自支自解，其中保无有不肖，属员轻出重入，克扣侵挪，肥私误工情，况各员之中每年不无升迁事故，其间交代盘查文移往胥吏乘机舞弊捏领混冒俱未可定，是以该府厅凡有收解动用即令报名备案。……奴才伏思河库之有河银犹藩库之有正赋也，总河之有河道犹督抚之有藩司也，通省钱粮既以藩司为总汇之地，则通工钱粮也应以河道为统领之司，查豫省河工钱粮俱解储管河道库汇收汇储，入则有案可稽，分解分支；出则有数可核，经手属之大员，掌司定有专责，法至密而意至善也，今山东曹东道既经改为通省管河道可否？仰请皇上照豫省之例，将运河厅、东昌府两库及黄河、泉河、捕河、泇河、上河、下河各厅银两俱归储山东管河道库，嗣后凡有征收河工一切正杂钱粮饬令径解道库存储……"

雍正九年（1731）南河率先设立了专门的河库道①，雍正十二年（1734），河道库制度在东河也建立起来，东河河银算是有了相对独立的核算机构，简化了用银手续，提高了办事效率。河道库的建立更重要的目的在于政府落实定额制度的设计，乾隆初期，对于河工的很多开支细目，政府都建立了明确的规定，如乾隆十年（1745）开始，河南岁修的办料银两经中央政府核准为八万五千两，其中额征三万六千两，另外四万九千万两为拨补荒缺银。② 但雍正、乾隆时期的河库

---

① 《乾隆三十四年河东河道总督李弘奏折》，《河道钱粮》第4册，1769年，黄河水利委员会藏，资料号：清1-10（2）-2。

② 《乾隆二十三年正月十五日河东河道总督白钟山奏折》，《河道钱粮》第6册，1758年，黄河水利委员会藏，资料号：清1-10（2）-2。

道设计是有缺陷的，从以上所引史料和乾隆时期的多份奏折中反映的情况来看，当时并没有要求就超出额定的开支进行核算，实际上，直到道光十五年（1835）才由道光皇帝下令对每年的超额银两进行独立核算①，这一财务管理上的重大漏洞竟然就在康雍乾嘉时期存在着，但是雍正和乾隆初期正是河南大堤建设的主要时期，在建设为主的阶段，日常管理制度建设的忽略也许并不是特别奇怪的事。总之，雍正、乾隆时期的河库无法达到中央政府希望的用银稳定有常的目的。

  一般认为，乾隆中期之后河工用银大幅度增长之后才出现经费紧张的情况，"本朝河防之费，乾隆四十三年后始大盛"②，这条材料在很多研究中被使用，但对《河道钱粮册》的解读却发现，在此之前东河、南河都出现了额定经费不足的情况。江南河道总督完颜伟在乾隆七年（1742）九月初八日的一份奏折中指出，乾隆二年至乾隆七年（1737—1742）两江报灾停缓州县共欠解河工银达二十七万两③，乾隆二十年到二十二年（1755—1757）则拖欠了十八万七千两。④ 乾隆三年（月日不详），河东河道总督白钟山上奏，已经指出当时物料价格已经上涨到超出原有标准的程度，"黄沁两河岁抢工程应用料物每年请拨银五万四千两，于八月发办，十月办完……豫省秋秸价值每斤定银七毫实属不敷，请酌量稍增，经王大臣议请嗣后河南岁抢修料物每斤给银九毫……"⑤ 但是在乾隆初期，东河河库的收支还有存银，比如乾隆三年，河东河库存银有近十二万两，"臣查得河南山东河道总督白钟山将乾隆三年岁报河道钱粮造册具题前来……一实存银

---

  ① 《道光二十三年九月十六日河道总督钟祥奏折》，《河道钱粮》第11册，1843年，黄河水利委员会藏，资料号：清1-10（2）-11。

  ② （清）欧阳兆熊、（清）金安清撰，谢兴尧点校：《水窗春呓》，中华书局1984年版，第63页。

  ③ 《乾隆七年九月初八日完颜伟奏折》，《河道钱粮》第6册，1742年，黄河水利委员会藏，资料号：清1-10（2）-2。

  ④ 《乾隆二十三年正月十五日白钟山奏折》，《河道钱粮》第6册，1758年，黄河水利委员会藏，资料号：清1-10（2）-2。

  ⑤ 《乾隆三年白钟山奏折》，《河道钱粮》第2册，1738年，黄河水利委员会藏，资料号：清1-10（2）-2。

十一万九千七百五十六两二分二厘……"① 东河河库到乾隆中期，经费紧张情况进一步显著，"文渊阁大学士吏部尚书兼管工部事务臣史贻直等……抄出河东河道总督张师载题……查乾隆二十五年应造岁报河道钱粮并做过工程造册具报……查册开旧管银二十二万四千六百零八两零，新收银八万九千一百一十二两二钱，二共银三十一万三千七百二十两二钱零……一实存银二十一万七百九十七两零，内给发各厅预备乾隆二十六年岁抢修办料银二十八万三百零一两零"②，乾隆二十五年（1760）河东河道总督张师载岁报河道钱粮时旧管银为二十二万四千六百两左右，当年又收银八万九千一百两零，总共有现银三十一万三千余两，但扣除掉兵饷、堡夫工食和岁修工程银后，只剩下了二十一万余两，相比乾隆初期，存银额还是增加了将近一倍，但开支额度却增加更多，而下一年（乾隆二十六年）的岁抢修办料银则需要二十八万余两。在乾隆四十三年（1778）黄河大水之前，河东河库入不敷出的问题其实已经开始暴露。

乾隆二十七年（1762），黄河河工用银的征收又出现了一个变化，这使东河财政上的脆弱性进一步暴露出来。顺治时期黄河下游的东河、南河修缮经费来源于"北直并山东、河南、江南、浙江四省"③，涉及直鲁豫苏浙五地，东河、南河岁修经常会在物料和款项方面进行"协济"的做法。④ 这一制度到乾隆二十七年（1762）被打破，原各省之间的河银协济逐渐被打破，为了便于核算和调拨银两，

---

① 《乾隆六年三月十八日哈达哈奏折》，《河道钱粮》第5册，1741年，黄河水利委员会藏，资料号：清1-10（2）-2。
② 《乾隆二十七年九月二十九日史贻直奏折》，《河道钱粮》第5册，1762年，黄河水利委员会藏，资料号：清1-10（2）-2。
③ 《顺治五年三月三十日巴哈尔奏折》，《河道钱粮》第1册，1648年，黄河水利委员会藏，资料号：清1-10（2）-1。
④ 《清代档案史料选编》第四册收录了嘉庆十七年汇核各直省钱粮出入清单，其中盐课项中列出有山东盐课银要照例拨解河工并库部一万六千五百两五分白银，但这笔经费在河道钱粮册中却从未出现，山东盐课协济河工可能是嘉庆时期才出现的行为，笔者初步判定乾隆时期，山东盐课并未被用于东河的非临时性工程，主要经费还是主要来源于地丁银。《清代档案史料选编》（第四册），上海书店出版社2010年版。

各省开始自理境内黄河之岁修，而岁修所用料物也主要靠自己境内提供。①

> 文渊阁大学士吏部尚书兼管工部事臣史贻直奏……内阁抄出江南河道总督高晋奏……乾隆二十七年七月十五日奉该部议奏钦此钦遵于七月三十日户部将原抄咨送到部……江南黄运两河每年修防银两向编江南州县地丁项下征收，解赴河库道济用……每遇特恩豁免及突重请蠲请缓并坍荒无征常款河银缺少不能如数解足，多于布政司库纳正项钱粮，内动拨……例应司道查详，具题俟部知道准始行解交，其中又有缓征之项不在拨补之例，须俟带征始解……查河工钱粮奏销时虽为另计考成，但同为田地正赋不过并征分解，与其由州县分解河库道，遇有短少又由布政司详题拨补，何如令州县将额征河工之银统解布政司，兑收其河工钱粮，即由河工之银由布政司每年春夏二季照额于司库正项银两内，委员解交河库，如遇蠲免并荒缺之数由司据实造册，毋庸请补，径征河银之州县亦即并入布政司地丁项下统按分数核计，以定考成，如此则每年河银可以如期起解……江苏省厅解河工岁支钱粮共二十万三千六百三十两零，内江宁布政司所属六府州额征银八万三千一百八十五两零，又直隶河南山东三省应解江南河银改归江南淮扬二府属征解银九万九千八百二十八两零，苏州布政司所属五府州额征银二万零六百一十七两零，现据江宁苏州各布政司恭恳圣恩准河银径由布政司解交，不必州县分解，不但河工得以及时济用，而河库与藩库各免借补移催之烦，再直隶河南山东向有应解江南河工银九万九千八百二十八两零，因隔省解交不便，业已改归江南之淮扬二府在于所属地丁内起解……查徐州府所属萧县、丰县、砀山三县尚有起解山东河道闸夫工食银一千零

---

① 《乾隆二十七年七月十五日史贻直奏折》，《河道钱粮》第5册，1762年，黄河水利委员会藏，资料号：清1-10（2）-2。

八十两,向因该三县荒灾蠲缺不能照额清解,屡准山东河臣咨催补解,臣现行司查明历年所缺银数题请拨补,查闸夫工食原难悬待东省垫支,江省解补亦费周折,请照山东解赴江南河银改归江南起解之例,将江南应解山东之闸夫工食径归山东河道就近酌款济用,其丰萧砀三县应解山东闸夫工食径解本省藩库充饷,实为妥便……①

表面上看,河南山东不用再协济南河,是有利的,但实质上这一做法的后果就成了各省自管境内河工,受影响最大的首推河南。综合乾隆后期和嘉庆时期多名河东河道总督和河南巡抚的奏折可以发现,当时官员已经指出了这种"自理"对东河的不利影响,比如穆和兰、李奉翰等:(1)江苏滨海滩涂之地盛产芦苇,徐州府有石料,物料丰富,而河南全靠收买秸秆和麻,料贩常常借大工之际抬高物价;(2)江苏境内有浒墅关、扬州、淮安三关常项和盐课银,财源丰富,河南境内无常关银;(3)江苏境内水网发达,运输成本低,而河南遇有临时工程只能在工地上游所在地区利用黄河顺流运输大宗材料,逆水而上和远距离陆路运输都成本太高且不稳定。

河南山东等地物料、财源都比较缺乏,这种种因素,使得东河相对南河在岁修和临时性工程方面更加依赖以地丁银为基础的额定河银供给,而南河河库道从乾隆三十年(1765)一直到咸丰之前都有几十万两的存银规模(据《河道钱粮册》统计),如乾隆三十七年(1772)江南河库有存银85万余两②,但东河却没有这么大的存银规模。究其原因,与其不同的财务基础有关,东河相比南河更加依赖所在省份的地丁银征收,但地丁银本身具有很大的不稳定性,"河银系

---

① 《乾隆二十七年七月十五日高晋等奏折》,《河道钱粮》第5册,1762年,黄河水利委员会藏,资料号:清1-10(2)-2。
② 《乾隆三十八年十月初六日吴嗣爵上奏》,《河道钱粮》第7册,1773年,黄河水利委员会藏,资料号:清1-10(2)-2。

各州县征解，每年二月开征，四五月内始得解齐，遇有荒歉则无从着手……"①乾隆四十五年（1780），河南巡抚荣柱专门上奏中央，因为乾隆四十三年（1778）河南黄河泛滥成灾，地丁银被宽免以赈灾，只好恳请中央从邻省调拨60万两白银维持河务，"河务一项有应赔应销及加价挑河办料之分，共用银四百万两余……而乾隆四十三年地丁钱粮蒙恩宽免，乾隆四十四年地丁钱粮蒙恩缓征……仰恳圣恩即于附近邻省库银再为赏拨六十万两，赐解豫接济……"地丁银的弊端使依赖其的白银稳定性供给难以持续。东河的脆弱性由此可见一斑，这一脆弱性并非工程质量的问题，而是财政基础不坚实，河务没有稳定的保障。

第三节 乾嘉之际维护原有定额做法的失败

乾隆二十七年（1762）改制之后，东河财政上的脆弱不久就充分显现出来，河南地方和乾隆、嘉庆两代帝王围绕河银加价进行了博弈，最终，以加价为目的的帮价银从"潜规则"变为河工正项。这其实表明一直到嘉庆时期，中央政府还在维持河工定额化的想法，即便这个美好的设想已经被证明是难以落实的。早在乾隆五年（1740），河南险工数量已经"十倍于圣祖之时"②。黄河管理已经出现了一个微妙的变化，由于建设性工程停止，维护性事务日益占有重要地位，沿河官员的筹款能力其实要远远重要于其具备多少工程知识，因为河工已经严重依赖于白银供给，笔者认为，其程度要甚于对水利知识和技能的依赖。

乾隆二十七年（1762）改制后不久，东河原本的用银紧张似乎进一步加剧了，改制之前，东河的民间料物都是向民间（很可能是料贩

---

① 《乾隆三十一年二月初一日李清时奏折》，《河道钱粮》第7册，1766年，黄河水利委员会藏，资料号：清1-10（2）-2。

② 《豫河志》卷5。

为主的民间力量）按例价收购，在政府层面上不存在帮价现象。乾隆三十年（1765），河南巡抚乾隆阿思哈"奏准动款，官为代办，其帮价银两事竣核实在于沿河三十二州县地粮内摊征还款……"① 官府正式开始了帮价行为。

乾隆四十三年（1778），黄河出险较多，"用料日繁，帮价因以递增，从前每粮银一两派征运费钱六十九文者，今则几及银三钱，以全河之帮价尽归三十二州县摊征未免稍形偏重……查沿河州县连年岁事不登，正项钱粮均蒙恩缓征，帮价即随同暂缓……所需帮价不得不于司库垫发……沿河各属自乾隆四十四年至五十年共有未完帮价银六十八万两，现在大河工程每年需料较之从前几及数倍，其帮费亦遂增多……河防所以利民，合省均沾之利益……仰恳皇上天恩俯准将司库垫发历年未完银六十八万两于通省各属分作六年摊征还款并请嗣后每年帮费银两亦于通省州县按粮摊征……"② 料物采购运费派征增加令原先的沿河州县不堪重负，河南巡抚毕沅由此提出将帮费银的摊征变更为通省摊征。③ 这里需要注意的不仅是通省，还有"按粮"，即河工经费的征收要符合承担州县的实际财政状况，这样就必须有适当的灵活性。

乾隆五十一年（1786），帮价行为又出现变动。河南巡抚毕沅上奏，"自五十一年为始，将历年垫发未完银两改于通省各属分作六年均匀摊征清款，嗣后每年垫发过帮价银两即于通省州县内按粮摊征，是以五十一年以后每年办料垫发过帮价银俱在次年通省地粮内摊征造册"④。又乾隆五十六年（1791），河南巡抚穆和兰上奏称，"……窃

---

① 《乾隆五十六年十二月二十日穆和兰上奏》，《河道钱粮》第7册，1791年，黄河水利委员会藏，资料号：清1-10（2）-3。
② 《乾隆五十一年三月十五日毕沅奏折》，《河道钱粮》第7册，1786年，黄河水利委员会藏，资料号：清1-10（2）-2。
③ 同上。
④ 《乾隆五十六年十二月二十二日穆和兰奏折》，《河道钱粮》第7册，1791年，黄河水利委员会藏，资料号：清1-10（2）-2。

照豫省黄河南北两岸岁修抢修各料物向系民间自行办运，止给例价，原无帮价银两，后因乡民运交艰难，乾隆三十年经前任抚臣阿思哈奏准动款，官为代办，其帮价银两事竣核实在于沿河三十二州县地粮内摊征还款，自四十三年以后，险工较多，用料日繁，帮价递增，各属频岁不登，积欠未完帮价银六十八万两余，复经升任抚臣毕沅奏准自五十一年为始，将历年垫发未完银两改于通省各属分作六年均匀摊征清款，嗣后每年垫发过帮价银两即于通省州县内按粮摊征，是以五十一年以后每年办料垫发过帮价银俱在次年通省地粮内摊征造册，咨部在案，所有五十三年司库垫发代办，五十四年料物帮价银两应在五十五年地粮内征还，先于本年三月据调任布政使景安等查明用过实数造册请咨经臣循照旧章，批饬各属……一面咨报户部存案，嗣于本年八月经钦差兵部侍郎吉庆奏准嗣后帮价银两务须奏明方准于通省摊征，如不奏明即同私派等因，兹于本年十二月初九日接准户部咨覆，以五十四年岁料帮价银两未便，仍照五十一年奏明之例办理……司库垫发五十四年岁料帮价等项共银十六万八千两，按照五十五年通省地粮银三百二十八万一千二百三十两令均匀摊派核计每粮银一两该摊帮价银五分一厘，前经循例造册详请咨部系在未奉新例以前，今既奉户部行令补行奏明，应将乾隆五十四年岁料帮价摊征银数具详请奏"①。自乾隆五十一年（1786）起，朝廷对帮价行为有了进一步的规定，将已经由司库垫支的帮价银在下年全省地粮内均匀摊征，帮价银的摊征方式制度化了。但对于官员征收帮价银的实际情况尚无严格的规定和要求，帮价银征收效果仍不理想，且每年需征帮价银尚无固定额度。

乾隆五十六年（1791），河南南北两岸的岁修办料银虽然有帮价的支持，但还是无法满足工程的需要。"河东河道总督李奉翰奏为循例……查工部议奏豫省黄河南北两岸应当办料银两先于乾隆十年题准每年拨发额征河银三万六千两余，拨补荒缺银四万九千两余，共银八

---

① 《乾隆五十六年十二月二十二日穆和兰奏折》，《河道钱粮》第7册，1791年，黄河水利委员会藏，资料号：清1-10（2）-2。

万五千两余分给开归、河北二道预备岁料在案,嗣后南北两岸预办岁料如出原题八万五千两之数应令该督等据实奏明,拨给以重帑项等因奉旨依议……臣查此项料物例于每年八月内新料登场之后乘时采办,今据开归道苏尔芳阿详称,豫省黄河南岸要工林立……预办来年防工料物应发价银除照例详拨荒缺等项外尚需拨发河南藩库银七万两乘时采办……河北道陈大纬详称,北岸黄沁两河要工捍卫豫东二省……所备防工料物应发价银除分拨荒缺等项外应请循例添发司库银二万两以资赶办……豫省黄河两岸应备来年秸草、蔴觔、橛木等项……与抚臣穆和兰面为筹商……所有预备五十七年料物拨发司库银两缘由理合循例会同河南抚臣穆和兰具奏"①,帮价银并没有改变该年办料拮据的情况,河务依然要藩库银的接济。

乾隆五十七年(1792),河南巡抚穆和兰上奏"每年请以三十万两为帮价定额,以乾隆五十八年为始归入地粮银内分款并征,计每正银一两加增银不过九分有零";其中还提到帮价银分配使用问题,"其每年应征帮价银三十万两,内以二十五万两作为岁修抢修之率,每年额余五万两节省之项,俱另款存储司库以备缓急之需,倘遇紧要险工必须用河臣与臣会同奏明,再行动支,若储项不敷,借款垫给,俟有征存额余银两仍归还至各案未完银内"②。乾隆五十一年至五十六年(1786—1791),帮价银的征收数额仍旧时多时少,并不固定。穆和兰请求将帮价银的征收额度取一较为固定和恰当的数额进行征收,以三十万两为固定数额,这实际上就是要将这种临时性的财政做法纳入原有的河工财政体系之内,在原有体系之内,非临时性的工程都必须有固定的白银数额。对原有帮价征收采取固定额度,实际上是对这一长期存在行为制度化的一种发展。奏折还提到原来帮价银出现

---

① 《乾隆五十六年九月十三日李奉翰奏折》,《河道钱粮》第7册,1791年,黄河水利委员会藏,资料号:清1-10(2)-3。
② 《乾隆五十七年二月初四日穆和兰奏折》,《河道钱粮》第7册,1792年,黄河水利委员会藏,资料号:清1-10(2)-2。

征收不利的情况与地方官的催征不利是有关系的,"该地方官视为无关考成并不上紧催征,各该管上司既不严定章程于前,复不及早清厘于后",也说明帮价银开始征收时并没有很严格的规定,地方官对此并不重视。另外,还提到以后征收帮价银时,"该州县自必各顾考成如期报解,不敢再有拖延"①,意味着此后帮价银的征收要同官员的考成相关联,官员则应尽力催征,力图提高其征收成效,旨在减少征收过程中出现拖欠的现象。从一定程度上来说,对帮价银采取定额征收以及帮价银征收效果同官员的考成相关联对帮价银的征收是有益的。穆和兰在这份奏折中对帮价银的征收和支配使用等方面都有了较为系统的规划,实质是将帮价银同实际所需物料的具体银数相脱离,将其征收划归至地丁项下征收,使其固定。这些规划都是比较合理、可行的,帮价分摊至地丁项下的额度较为合理,能在一定程度上保证帮价银的有效征收。这样一系列的规划,是帮价银定额化朝制度化趋势发展的表现。但穆和兰这份对帮价银有较为系统规划的奏折当时并未被批准。

穆和兰乾隆五十七年(1792)二月初四日奏折被户部以"于沿河州县内按数摊征尚属近理,至通省州县与沿河者较远,全于河工无涉亦令一体均摊,虽为众擎易举起见,但事理实未妥协,当仍摊归沿河州县为是"②的理由驳回,认为由通省均摊帮价银对于与河工关系不是非常紧密的州县来说是不公平的,同时要求"乾隆四十三年以后历任自巡抚至州县各员按照在任,暂月日着落分赔以示惩儆,以示公平"③,此时清政府对河南河工中帮价银的存在持否定态度。乾隆皇帝在乾隆五十七年(1792)三月十八日批复奏折中就已经提到"帮价银前经降旨概行停止",意味着帮价银征收已被认为是不合理的,

---

① 《乾隆五十七年二月初四日穆和兰奏折》,《河道钱粮》第7册,1792年,黄河水利委员会藏,资料号:清1-10(2)-2。

② 《乾隆五十七年四月十七日户部批复》,《河道钱粮》第7册,1792年,黄河水利委员会藏,资料号:清1-10(2)-2。

③ 同上。

再征帮价银会给百姓带来新的负担，官员购买物料时应该遵守"不得丝毫派累民间"这一原则。① 表面上看，这一说法是为了维护所谓的"公平"，但实质却是维持既有的东河开支数额，若随意加价的口子一开，那么其他固定性和临时性的开支就会援引此例，河工经费的上涨可能超出中央政府的预期。

对当时的河务官员而言，除增加河工经费之外，似乎没有其他方法解决河工的问题，这也证明了之前的观点：对当时的河务官员而言，筹款比水利技术重要。这一行为显示出最高决策层并不希望河工经费增长的态度，中央的态度和河务执行实践中围绕加价问题的矛盾日益突出。

征收帮价的行为在乾隆五十七年（1792）已告停止，当时帮价银实际征收对象仍是百姓。自此以后豫东黄河秸料的采购也是只给例价每垛四十五两，豫省南北两岸各厅岁料每年定为五千垛。嘉庆四年（1799），吴璥奏明"每年于通省各官养廉内摊捐银十二万五千两，每垛添给帮价银二十五两，连例价共银七十两，令沿河州县承办并经司道详明"②。此时，帮价银主要体现在采购物料经费上，其来源则转至通省官员的养廉银上，由沿河州县承办。帮价银的再次被提出从侧面可知原给例价银其实无法满足黄河修防各项工程的物料购买需求。

嘉庆十一年（1806），吴璥上奏称因沿河州县离河较远，购买物料不便，又请求物料采办改由河厅承办。至嘉庆十六年（1811）长龄等上奏称：

> 春夏雨泽延期，民间补种晚秋，已属较迟，而秋汛内大河异

---

① 《乾隆五十七年三月十八日上谕批复》，《河道钱粮》第7册，1792年，黄河水利委员会藏，资料号：清1-10（2）-2。
② 《嘉庆十六年九月初十日长龄、李亨特、同兴奏折》，《河道钱粮》第8册，1811年，黄河水利委员会藏，资料号：清1-10（2）-7。

涨滩地，所种高粱均被淹没，秫秸歉收。兹据开归、河北、兖沂三道会详，现当发办岁料之时，该道等详加体察近堤处所，秫秸收成歉薄，又值江境邳、砀两厅逼近豫东地方，该处秫料每斤例价本系银二厘，兹李家楼复有大工，需料甚多，料贩人等趋利，纷纷前往且复抬价居奇，愈加昂贵……豫东黄河又无苇柴芦荻等项可购，必须远在百余里之外购买秫秸，每垛银七十两购买秫秸已属不敷，而远路运送更属拮据……详请每斤酌增价银五毫以资购运，而实工储……本年黄河大涨为数十年来未有之浩大，沿河滩地悉数被淹……应如该道所请每斤暂请酌增银五毫，连例帮二价共银九十五两，仍系从前原定之数，并未多增。①

这年因黄河涨水严重，秫料歉收，部分距离较远的地方在原来例、帮价银计七十两的基础上置办物料变得拮据难办，例价银则由原来的四十五两增至七十两，例、帮价银则增至95两。而此时物料帮价银的存在也不能从根本上解决经费短缺的现状，请求增加料价银也是应对原发例价银不足问题的办法之一。嘉庆十四年（1809），河务官员还在请求增添河工用银，但还是被嘉庆皇帝拒绝，如河东河道总督吴璥奉议因妄行条奏增添河工岁料帮价银两降三级留任。②

嘉庆十七年（1812），河东河道总督臣李亨特、河南巡抚长龄上奏请求"豫省河工岁料帮价停止捐廉，援照东省筹款生息"③。"臣等核计道府厅州县养廉以十二万五千两之数摊扣岁料帮价已在七成以上，再加摊赔军需核减三成，是养廉业经全数坐扣……河工丞卒养廉本少，自扣缴七成帮价，每年所领仅止一百数十两……须免其扣廉，

---

① 《嘉庆十六年九月初十日长龄、李亨特、同兴奏折》，《河道钱粮》第8册，1811年，黄河水利委员会藏，资料号：清1-10（2）-7。
② 《嘉庆十四年六月二十八日费淳奏折》，《河道钱粮》第5册，1809年，黄河水利委员会藏，资料号：清1-10（2）-5。
③ 《嘉庆十七年九月初三日李亨特、长龄奏折》，《河道钱粮》第7册，1812年，黄河水利委员会藏，资料号：清1-10（2）-7。

俾公用有资……"① 从长远来看，将帮价银转至官员养廉银下的做法实际也是欠妥的。养廉银制度本是清初统治者为消除因实行低俸政策造成官员养赡不足、吏治糜烂的困境而采取的一种经济调整机制。②它是对清朝官员低俸的一种经济补偿，一般来说养廉银是原俸银数的两倍至一百多倍。③ 然而帮价就占去了官员养廉银的七成，官员俸禄严重缩水，官员为政的积极性会受到影响，反而滋生贪污腐败的风气。奏折中提出的援照山东省"筹款生息"的具体做法是：

> 今豫省岁料事同一律，而帮价仍系通省捐廉办理，未免向隅，惟查河南藩库现无闲款银两可动，臣等再四筹商，查有豫省衡家楼大工案内加价银七百四十三万五百七十二两三钱八分六厘，系在原拨陕西、山东、江宁、江苏、安徽、江西、广东等省并两淮、两浙、长芦、粤海关及本省报捐监生等款银两动用，奏明摊征还款内，除奉准部咨核减银十五万四千九百九十七两五钱九分六厘，实征银七百二十八万二千五百七十四两七钱九分，自嘉庆十二年为始分作十年带征，每年计征银七十万两余，已征报部银二百五十七万二千八百五十七两六钱八分，尚未征还银四百七十万九千七百一十七两一钱一分，内有原发粤海关银一百万两尚未征还，此款系旧借摊还之项，无关本省年额正赋，仰恳皇上天恩俯准照东省章程准将此项银两作为豫省岁料帮价生息成本，以七十万两交两淮盐政，三十万两交长芦盐政，各令交商按月一分生息，每年计得息银十二万两，遇闰加增息银一万两，如蒙允准，臣等即饬藩司将本年秋季测报征存银二十万三千零五十一两二钱六分七厘扣存司库，再俟本年秋冬及嘉庆十八年摊征衡工银

---

① 《嘉庆十七年九月初三日李亨特、长龄奏折》，《河道钱粮》第7册，1812年，黄河水利委员会藏，资料号：清1-10（2）-7。

② 李凤鸣：《清朝养廉银制度及其功能弱化的原因分析》，《内江师范学院学报》2004年第5期。

③ 冯元魁：《论清朝养廉银制度》，《复旦学报》（社会科学版）1991年第2期。

> 七十九万六千九百四十八两七钱三分三厘，即可凑银一百万两委员分解两淮、长芦盐政转发殷商承领，自嘉庆十九年为始，逐年将息银解豫以备岁料帮价之用……①

将原来河南省衡家楼大工的加价银中原发粤海关的一百万两作为河南省岁料帮价的生息成本，交由两淮盐政和长芦盐政，预计可得息银至少十二万两。原豫省帮价银为每垛秸料二十五两，若按照原来秸料五千垛计算，帮价银总额为十二万五千两（同原在通省官员养廉银下摊征数目），现在按照"筹款生息"的方法后可产生的息银基本可以覆盖帮价银数额，能较好地解决帮价银征收中存在的经常性的拖欠问题。筹款生息是比较实际的做法，既不用原来从百姓身上摊征之法，官员养廉银内的摊征也可省去，帮价银的来源变得更加稳定而有保障。

帮价行为的发展在乾隆至嘉庆年间经历了较为复杂的过程，虽然在乾隆年间有定额的趋势，乾隆末年被废止，至嘉庆年间再次提出。从中可发现，原有额拨河工经费其实很难满足河工修防各项支出，还需额外"开源"，帮价只是弥补河工经费短缺的手段之一。帮价反复的这个过程实质是清政府为重建定额河银制度所作的努力。实际帮价银在乾隆年间的征收是极为困难的，存在的拖欠现象极为严重，其摊征对象虽然经历多次变更，始终未能脱离从沿河州县摊派的做法。而不论是乾隆年间的从沿河州县摊征，还是嘉庆初年施行的由官员养廉银分担，都不能使得帮价银的来源稳定下来。

清政府虽然努力试图用定额管理的制度控制河工方面的开支，但实际经费支用仍然不能做到"限之以制"②，乾隆、嘉庆之交围绕帮价银的讨论可以看出，实际上所谓的定额目标是难以真正实现的。它

---

① 《嘉庆十七年九月初三日李亨特、长龄奏折》，《河道钱粮》第7册，1812年，黄河水利委员会藏，资料号：清 1 - 10（2）- 7。

② 潘威：《清代前期黄河额征河银空间形态特征的初步研究——以乾隆五十七年的山东为例》，《中国历史地理论丛》2014年第4期。

只存在于政府的规定中，在河工实践中，定额制度实际上不断被调整，不仅仅是"额"不定，甚至来源都不定。清中央政府希望的定额制度是建立在清朝的农业经济上的财政制度，这不可能稳定，而乾嘉之际帮价银却是建立在某种早期金融体系之上，河南利用盐政系统生息，山东则更是利用民间钱庄生息。① 这一做法相对依赖农业收成的地丁银要稳定的多。帮价银的做法不仅突破了原有定额在数目上的限制，也试图突破以农业经济为基础的财政制度的束缚。

第四节　从空间格局角度思考额征河银制度的内在缺陷

2004年出版的《清代孤本内阁六部档案续编》第18册中收录了河南山东河道总督李奉翰关于乾隆五十七年（1792）东河收缴额定河银的奏报。② 这份奏报详细列出了乾隆五十七年东河各州县卫所应缴纳的河银数额和实际缴纳的数额，成为我们研究额征河银制度在空间投影的理想材料。结合上文所列出的雍正十二年（1734）朱藻奏报中所提到的"运河厅、东昌府两库及黄河、泉河、捕河、泇河、上河、下河各厅银两俱归储山东管河道库"，据此可以认为，乾隆五十七年的情况基本就是帮价银制度执行前东河河银征收的时态。从定额制度内部观察这一经费行为，我们可以发现其中存在诸多内在性的矛盾，这与潘威在山东地区揭示的情况具有很大的相似性，其中"多灾州县多交河银"和"河工银认缴集中在少数州县"这两个问题，河南和山东地区基本一致，这些内在性的缺陷导致了这一制度实际上难以运作。

---

　① 潘威：《清代前期黄河额征河银空间形态特征的初步研究——以乾隆五十七年的山东为例》，《中国历史地理论丛》2014年第4期。
　② 国家档案馆藏《清代孤本内阁六部档案续编》第18册，全国图书馆文献缩微复制中心2004年版，第262—280页。

为更好地体现这一制度的空间特征，我们在本书中使用了一些基本的专题地图制作技术，以可视化方法呈现额征河银制度在河南、山东两地的具体形态。这里我们利用的是 CHGIS（中国历史地理信息系统）中 1820 年的县级政区数据。利用地理信息系统软件 ArcGIS，我们可以将这份奏折中的额征河银记录转为更便于理解和分析的地理数据（见图 2-1）。

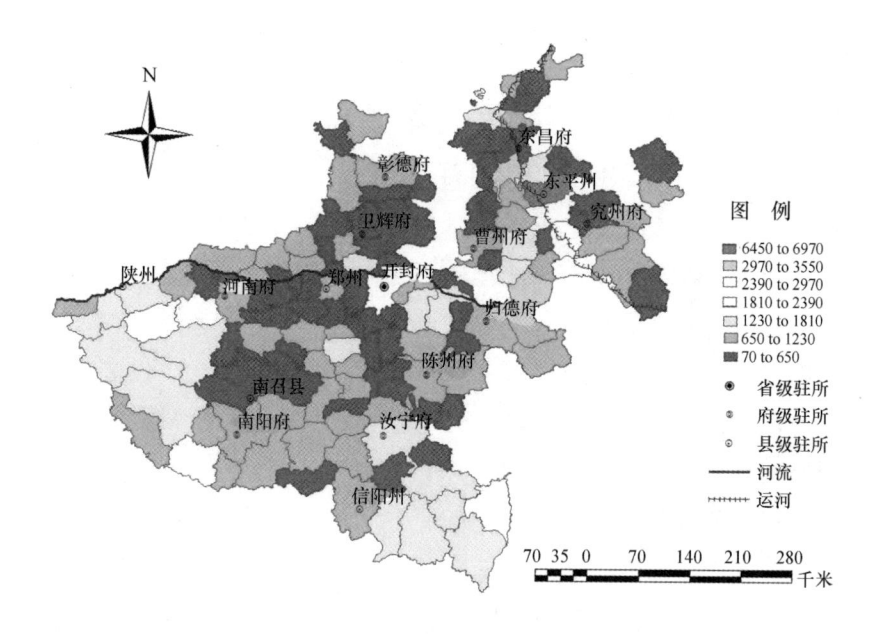

图 2-1 东河额征河银在相关州县内的征收额度

我们将额征河银的额度分为 7 级，包括河南全境和山东西南部，共统计了承担额征河银任务的 149 个县级政区。其中山东地区的 7 个府全部位于山东西部和西南部的黄运地区，在缴纳河银的州县中，以东平州为最高，每年需缴纳额征河银六千九百七十两，东平、单县、曹县、阳谷这四个州县份额最大，占山东额征河银的一半。从河南省额征河银的空间分布来看，承担额征河银较重州县的分布在区域上极不平衡。征收额度最高的地区主要在三个区域，分别是豫西的陕州、河南府以及豫西南南阳府的西北部；豫省东南部的光州；开封府与归德府交界处的祥符县、杞县以及睢州。河南完解的州县不到1/2，而这一指标在山东也就是65%左右。① 由此可见，额征河银的完成状况是比较低的，地丁银并不能很好地支持东河每年的额定开支。

额征河银从征收层面就极不稳定。这一制度不仅因为少数州县承担了大多数额征任务，也和这个制度的空间形态关系密切。比如山东河银认缴额度较高的州县基本都位于黄运两河形成的一个夹角地带，这个地区处于大运河、南四湖和黄河之间，由于地势低平，此处很容易发生洪涝灾害。随之而来的，就是政府征税的困难，连带的问题就是额征河银的拖欠现象。额征河银的征收却变得越来越困难。

任何制度都是在具体地区的具体时段上运行的，不能脱离一定的自然和人文背景探讨制度的优劣。在实际环境中，东河额征河银都建立在农业收成之上，而农业收成和严重的旱涝灾害关系密切，旱涝灾害往往导致地丁银的损失或拖欠。我们将《中国近五百年旱涝分布图集》中河南省安阳、洛阳、郑州、南阳和信阳这五个站点自乾隆时期的极端灾害进行统计，即旱涝等级中"1"（最涝）和"5"（最旱）的出现频率进行统计。② 图集中旱涝分布图的"每个站点代表现在行政区划的1—2个地区（或历史时期1—2个府）的范围"③，即图集中出现的点应该是代表该点及其周边的一个区域，该点的数据也可以看作该点及其附近区域的情况。

图2-2已经很清晰地展现出了灾害较重的地区承担了更多的额征河银。而为表现额征河银征取与灾害之间的矛盾程度，我们设定

---

① 国家档案馆藏《清代孤本内阁六部档案续编》第18册，全国图书馆文献缩微复制中心2004年版。
② 中央气象局科学研究院：《中国近五百年旱涝分布图集》，地图出版社1981年版，第325—329页。旱涝等级分布图采用五个等级表各地降水情况，分别是：1级—涝、2级—偏涝、3级—正常、4级—偏旱、5级—旱。
③ 中央气象局科学研究院：《中国近五百年旱涝分布图集》，地图出版社1981年版，附·说明。

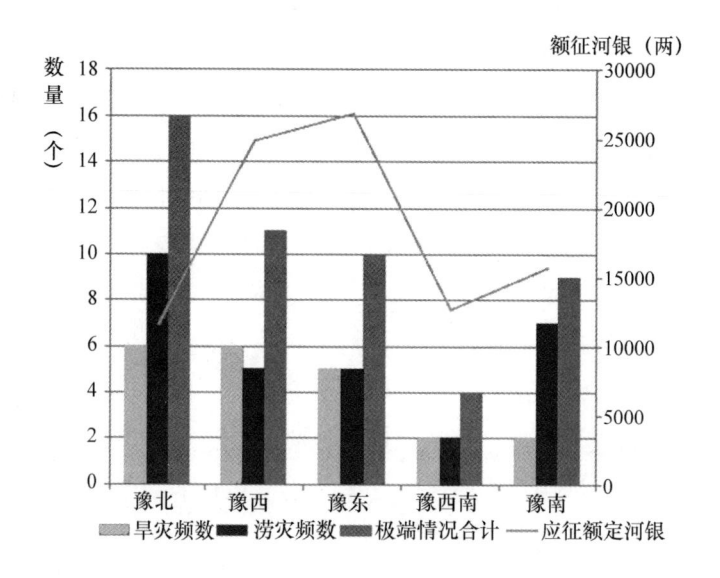

图 2-2 河南乾嘉时期旱涝频率及乾隆五十七年额征河银统计

"矛盾指数"的概念。我们认为，在需要缴纳额征河银的区域，某地若灾害最多，而征税最少，这种情况为"理想合理情况"；某地若灾害最少，而征税最多，我们认为这种情况亦为"理想合理情况"。因为只有在这种条件下，既有利于保证河银的缴纳，又有利于减轻人民负担。若某地灾害重，征税也重，则既不利于河银的缴纳，也不利于人民负担的减轻。相反，若某地灾害轻，征税也轻，也不利于河银的缴纳，同时不利于河银征税区的公平。我们将研究区域内149个县级政区按照额征河银的额度，从多到少排序，最大值为1，以此类推，最小值为149。将研究区域内149个县级政区按照极端灾害的数量，从多到少排序，最多者为1，以此类推，最小值为95（其间存在并列情况）。它们的关系大致是这样的，也就是说在"合理情况"下，灾害排序与额征河银排序之和为149。那么，在实际情况中，灾害排序与额征河银排序之和，偏离108这个值越大，则距"合理情况"越远。我们认为这两者的矛盾也就越大。于是我们将一地的灾害排序数值与额征河银排序数值相加,得到一个和,然后用 108 减去这个和,取其距平。我们称这个距平的值为"矛盾指数"。而"矛盾指数"过大或者过小,都不利于额征河银的征取。若值等于 0,则为"理想合理情况"。若矛盾指数大于 0,则说明该地负担度大于"合理情况",负担过重。若矛盾指数小于 0,则说明该地负担度小于"合理情况",负担过轻。基于以上工作,我们将 107 个州县的矛盾指数分为 7 级,绘制专题地图(见图 2-3)。在这 7 级中,正负 10 之间,接近 0,也就是接近"合理情况";低于这个区间的值,分成 3 级,这些州县的矛盾指数为负,表示负担过轻;大于 10 的值,也分成 3 级,这些州县的负担过重。

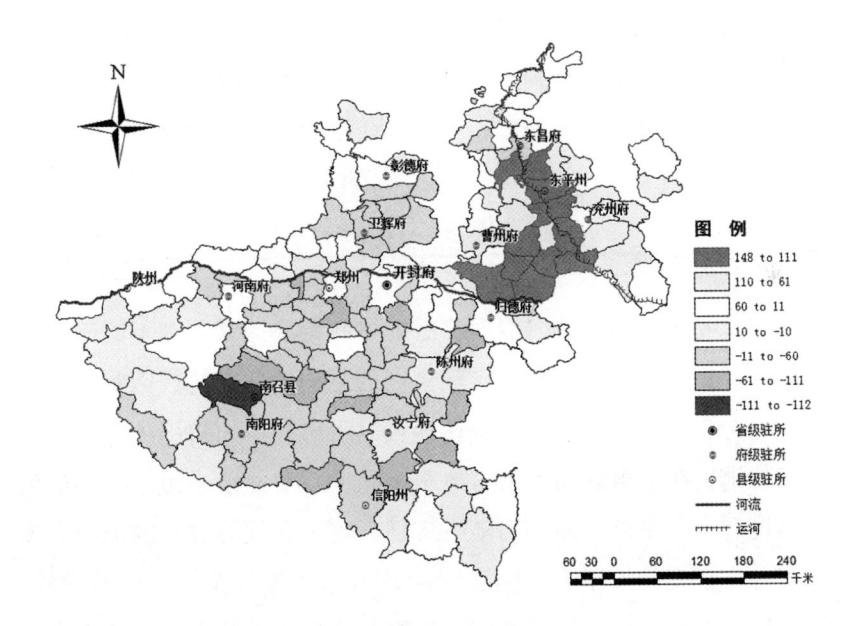

图 2-3 "矛盾指数"在东河地区的分布

灾害较重的州县河银负担更重,额征河银分布格局和灾害分布地区存在严重的不合理情况,这样的格局对清政府定额河银制度的平稳、有效运作构成一定的威胁。首先,从额征河银的空间分布看,河南省额征河银的分配额度存在沿河州县以外的州县分配额度更高的现象。黄河治理工程需费的增多与各州县可承担缴纳河银的能力之间存在极大的矛盾。部分易出险的沿河州县承担着较高征收额度，尤其是在河南省境内荥泽至虞城的南岸堤工和武陟至考城的北岸堤工段，而"在武陟到徐州这七百余里的河段上，清初到铜瓦厢决口之前共发生约一百四十余次的河决"①，这些地区恰是经常遭受黄河泛滥影响的区域。通常在黄河遇严重旱涝灾害时，尤其是涝灾时沿河州县面临着更大的威胁，随着黄河治理工程的增多，河工需费加增，河务亦变得更加艰难。而无论是旱灾还是涝灾都会影响农业生产，地丁银及额征河银的征收均会受到影响，民众负担加重。在这种情况下，政府会在部分地区或大范围内进行蠲免，以纾民力。清朝的蠲免主要在清前期，而以乾隆年间为最盛时期。② 但无论是普蠲、恩蠲或是灾蠲都必然会对地丁银的征收产生影响，定额河银征收亦难以保障。

小　　结

以往研究中忽略了黄河治理背后的财政制度因素，本书的工作只是刚刚揭开这个领域的一角，定额制度的结构性问题的成因和影响等还需要更为深入地研究。从本章论述可以得出如下的初步认识：

河工用银在康熙后期开始与地丁银挂钩，由此衍生出了专门的河库道制度和考成制度，原有的随意摊征、拖欠和地方府县的消极态度得到了一定程度的控制。乾隆后期清政府用于治理黄河的经费增长，但清政府已有的定额河银制度实际执行并不理想。乾隆中后期至嘉道年间，河南省定额河银制度经历重建的过程，即帮价银在乾隆中期出

---

① 王京阳：《清代铜瓦厢改道前的河患及其治理》，《陕西师范大学学报（哲学社会科学版）》1979年第1期。
② 经君健：《论清代蠲免政策中减租规定的变化——清代民田主佃关系政策的探讨之二》，《中国经济史研究》1986年第1期。

现，末年又被废止；嘉庆初年再次被提出，嘉庆中后期提出筹款生息的举措。初时帮价银由各州县摊征，而后由官员捐廉，最终筹款生息的方式使帮价银征收得以稳定下来。至少在东河地区，额征河银过度依赖少数州县承担，其他州县承担的额度太小，更为重要的是，灾害更多的地区承担了更多的河银任务，这些空间上的特征直接影响了额定河银的足额按期完缴。额定河银由于存在收缴上的巨大问题而使这一制度缺乏可持续性，在物料价格不断上涨、雇用民夫取代签派的背景下，养护工作面临着日益严峻的挑战。以农业经济为基础的地丁银难以满足河工这种具有持续、稳定用银需求的国家事业，乾隆二十七年（1762）改制使东河的财政脆弱性日益凸显，额定河银制度从征收层面就难以落实。额定河银制度的内在性缺陷使得河工开支上涨过快，最终成为国家财政的负担。

清朝政府在黄河上的营建使河工成为国家政治、财政的重要组成部分，重大国家的大型公共水利工程要重建设，更要重视养护。康乾时期的大规模营造使得黄河下游基本被束缚于大堤之内，但这一庞大的工程体系超出了国家的河银供给能力，帝国的水利雄心并不完全受科技水平和经济能力的限制，更是深刻受到财务能力的限制。清朝经济的基础是农业，但农业的不稳定性决定了地丁银征收的起伏，再加上清朝并不进行国家财务上的统筹，以黄河流经地区的地丁银是难以维持黄河治理的，这也是东河相对南河财务状况更加紧张的原因。在乾嘉之际东河试图突破农业基础的财务系统对黄河管理的限制，但这些因素在历史上实在太少了，难以改变本质。为了维护大型公共工程的持续运作，其他配套的制度必须跟进，在大规模兴修各类公共工程的今天，历史上的教训是需要引起深刻反思的。

第三章

定额失效：道光财务危机下的河工用银

"嘉道中衰"是一个国际性的学术问题，以往研究多从国家财政、军事、行政能力的恶化入手，将道光中衰与中国白银的大量损耗、军队丧失战斗力和政府腐败相联系。近年来，环境因素也开始进入学者们的视野，朱浒与黄兴涛作了较为全面的总结。① 在"道光时期的财政或经济窘境与当时环境背景的关系"这一问题上，李伯重、李玉尚、倪玉平等学者的观点在学界具有相当的代表性。李伯重先生认为寒冷气候导致了中国东部地区普遍的农业歉收②，李玉尚则认为道光时期的寒冷气候造成了黄渤海渔业资源萎缩③，倪玉平等认为道光三年（1823）"癸未大水"之巨额损失成因于旱涝急转。④ 也有学者试图用坦博拉火山爆发⑤解释嘉道时期的社会经济衰落。杨煜达等通过解读嘉庆九年（1804）云南大饥荒，明确了坦博拉火山的爆发

---

① 朱浒、黄兴涛：《清嘉道时期的环境恶化及其影响》，《中国高校社会科学》2016年第5期。
② 李伯重：《"道光萧条"与"癸未大水"——经济衰退、气候剧变及19世纪的危机在松江》，《社会科学》2007年第6期。
③ 李玉尚：《海有丰歉：黄渤海的鱼类与环境变迁（1368—1958）》，上海交通大学出版社2011年版。
④ 倪玉平、高晓燕：《清朝道光"癸未大水"的财政损失》，《清华大学学报》（哲学社会科学版）2014年第4期。
⑤ 也称"坦博拉事件"，1815年印尼松巴哇岛坦博拉火山发生喷发，被地质学界认为是人类有史以来规模最大的一次火山活动。

引发云南农业减产，导致了大规模饥荒。① 但嘉庆九年（1804）云南大饥荒之外，鲜有类似现象出现在中国其他区域，其是否具有全国性的影响需谨慎判断。同时，近年来日益成熟的气候模拟方法也指出，坦博拉事件对气候的影响不会超过五年，特别是喷发后三年之内是火山灰气候效应的集中存在时段。② 在这三年中，华北、两湖和西南地区都出现了转干现象。但道光时期的主要灾害很明显是水灾，而非旱灾，基于这一认识，道光时期的经济社会衰落与坦博拉事件的关系仍须进一步讨论。

已有研究虽然揭示了环境因素在道光朝整体社会经济衰落中的重要作用，但有两个比较重要的方面仍需要继续探讨。其一，气候、水文等环境要素的"突变"与其他类型的波动需分别对待。传统社会，在短时间内（数年之内）完成的环境状况改变无疑对社会具有更明显和直接的影响，而以往研究并没有注意辨析道光时期环境变化的突发性、变化幅度等情况，导致已有研究尚不能在机制层面厘清环境与历史的关系。其二，气候—社会的关系不能用简单的"敲击—回应"模式来解释。实际上，气候之于社会的作用机制目前仍缺乏讨论，现有研究基本是灾害的环境背景阐释，缺乏历史学独有的长时段看待问题，并分析其机制特点。本章尝试以19世纪中期黄河水患与财政制度的关系为研究对象，为以上两个问题的解决提供实证性的研究案例。

道光时期大规模水灾频发、国家财政危机重重、水利制度运转不畅等，仅举几个例证就可以一窥道光皇帝治下中国的沉重水患，1823年长江中下游和华北"癸未大水"、1841年成都平原大水灾、1843年黄河下游大水灾等，都是历史罕见的洪涝灾害。因此，就本阶段而

---

① 杨煜达、满志敏、郑景云：《嘉庆云南大饥荒（1815—1817）与坦博拉火山喷发》，《复旦学报》（社会科学版）2005年第1期。
② Gao, C., Y. J. Gao, Q. Zhang, C. M. Shi. *Climate Aftermath of the 1815 Tambora Eruption in China*, Journal of Meteorology Research, 2017, 31: 28–38.

言，造成种种社会经济损失的环境因素除了相对寒冷的气候之外，水环境恶化应是更为直接的致灾原因。在诸多水利因素中，黄河下游对中央财政的影响无疑最为显著，但以往的研究多是强调从河务部门贪腐对河工巨额开支的影响。在这些研究中，研究者往往将现代水文学中的黄河一般水文特性代入历史上的黄河，而缺乏当时实际的黄河水环境特征。这样的研究方法自然不能观察到清代黄河水文环境所存在的变化，也就更不可能真正揭示出这一变化与清廷治黄实践的关系。同时，这样的研究也缺乏对黄河河工用银制度的细致观察，对这一制度的规定和实际执行上的变化也缺乏应有的认识。

黄河下游"善淤、善决、善徙"，单股行水相较于多股分流更容易导致决口。明嘉靖十六年（1811），特别是潘季驯治理黄淮之后，黄河下游彻底形成了单股河。这一格局经过清顺治时期杨方兴等早期河务官员的治理，黄河下游单股行水的局面维持到了清末。单股行水并不符合黄河河性，地质时期以至历史时期，黄河下游就在华北大平原不断南北扫荡，并分为多股主流入海。潘季驯所构建的黄淮体系其实是需要定期维护的一个体系，要保证其运转良好，就必须有专门针对一系列工程的维护制度。而在清代，这一制度的基础就是稳定而及时的白银供给。由此，就可以初步发现黄河水文环境变化与治黄财务之间存在联系的一些线索。本章即在论证19世纪中期黄河中游存在气候突变的基础上，揭示道光"河患"的实质和成因，正确评价气候因素在其中所发挥的作用，并讨论河工银定额制度失效与河工开支持续升高的关系。

第一节 清代黄河水文环境重建

目前河流古径流量的重建工作主要依靠树轮宽度进行，这就将几乎所有历史上的流量重建结果限制在了河源段，而中下游存在大规模人类活动的地区，其天然林很早就被取代而缺乏进行古径流量重建的代用资料。因此,扩大代用资料范围是解决这个问题的重要途径之一,以志桩尺寸记录和雨分寸记录为代表的清代高分辨率档案资料在弥补现有资料体系不足方面具有重要的作用。

志桩尺寸记录:明代水利学家万恭所著《治水筌蹄》中最早提出了布设黄河报汛站点的设想,清康熙年间开始在黄河沿岸的兰州、青铜峡、陕县和徐州等多处设置报汛站点。乾隆三十一年(1766)之后,在江南河道总督李宏的主持下,志桩报汛行为有了明确的规范,每年汛期记录涨水高度,此类记录保留在清代河道总督及地方督抚奏报中,成为重建过去河流水文的宝贵资料。目前,水位志桩的原始记录已经难以获得,所能见的记录主要保留在清代河道总督、直隶总督、两江总督以及河南、山东、江苏等地方官员的奏报中。本章中需要强调的是兰州府城志桩记录的发现,这在之前的研究中都未被使用过,本套资料的整编复印件保存在甘肃省水利厅中。而其他站点的记录基本保存在黄河水利委员会档案室中。清代的黄河志桩尺寸记录已经在多个研究中被使用,基于其重建的近300年黄河中游逐年径流量序列具备了和上游树轮记录进行对比讨论的基础,使黄河上中游具有了构建多站点径流序列的资料基础(见图3-1)。

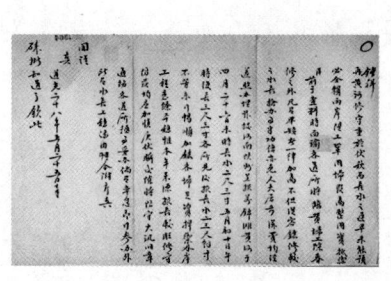

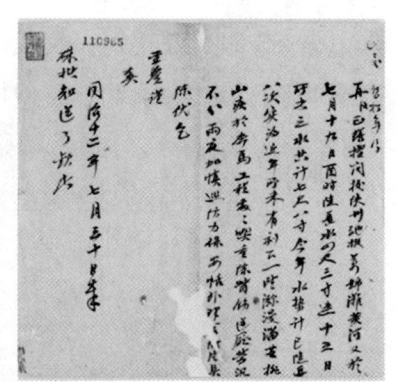

图3-1 保留在清代奏折中的志桩尺寸记录

雨分寸记录：6—10月是华北各河流的主汛期时间，流域内雨量的多寡将直接影响到黄河中游流量的丰枯状况，黄河流域清代降雨量重建以"雨分寸"记录为最理想资料。"雨分寸"是清代地方官员向皇帝呈报的降雨情况，记载了雨水在农田中的入渗深度，由地方官员测量后通过奏折上报中央政府。乾隆元年（1736）之后的记录最为系统。本区"雨分寸"以西安、太原、运城、临汾、洛阳五点的资料最为理想，郑景云等已经得出了1736年以来黄河中下游地区的逐年降水量序列。本书特别使用了各站点夏秋两季（6—10月）的降雨量数据。重建的降雨量数据可以用来补充志桩记录的缺漏年份，具体研究方法可参见研究。

民国器测黄河水文记录：黄河上中游的现代水文器测记录开始于20世纪初，本研究中使用了黄河上中游共65个站点（名称略）的水文记录，包括了水位、流量、流速、含沙量、降雨量等多种指标。由于这一阶段黄河上中游没有大型水利工程的扰动，故而是建立天然状态下径流量（m^3/s）—累积涨水高度（m）、径流量（m^3/s）—降雨量（mm）回归方程最主要的资料。1960年，三门峡水利工程竣工后迅速导致黄河龙门—潼关段发生溯源淤积[①]，河床基底抬高，因此近50年的水文数据并不能作为反推清代情况的依据，1919年陕县观音堂水文站与万锦滩志桩断面情况基本一致[②]，选取陕县水文站保留的1919—1950年水文记录，将其汛期涨水高度H（m）和三门峡断面径流量R（$10^8 m^3$）建立相关关系（如图3-2，通过α=0.05显著性检验），据图3-2可以推算出1766—1911年三门峡断面径流量R（$10^8 m^3$），并与1912—2000年的实测数据衔接。

[①] 中国科学院地理研究所渭河研究组：《渭河下游河流地貌》，科学出版社1983年版。
[②] 高治定、马贵安：《黄河中游河三间近200年区域性暴雨研究》，载黄河水利委员会勘测规划设计研究院编《黄河流域暴雨与洪水》，黄河水利出版社1997年版，第48—56页。

在黄河中游的汛期径流量已有数据中，最重要的成果是王国安等人 1999 年重建的结果，但已有序列在重建方法和资料的使用上都存在一些问题，如王国安等利用《中国近五百年旱涝分布图集》中的旱涝灾害模拟降雨量插补径流量，这种对旱涝灾害等同于降雨量丰歉变化的理解是值得商榷的，这一做法很可能导致最后得到的径流量序列存在问题。更重要的是王国安等人所建立的"涨水高度—径流量"模型对 4 米以下的涨水高度解释能力较差，其所得出的径流量数值需要修正。

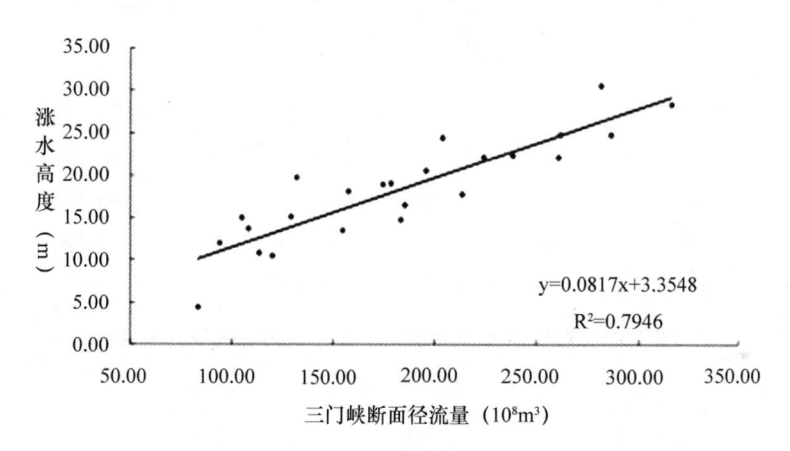

$y=0.0817x+3.3548$
$R^2=0.7946$

图 3－2 涨水高度 H 与三门峡断面径流量 R 相关关系

具体修正方法是首先得出近 50 年汛期内黄河中游五点雨量与三门峡水文站径流量之间的关系；再利用郑景云等提出的"入渗深度—降雨量"模型计算中游五点（西安、太原、临汾、运城、洛阳）1736 年以来的面平均汛期降雨量；将降雨量与中游流量建立关系，在实际操作中我们发现，1957 年以来中游五点的汛期雨量与兰州—三门峡区间增水量存在较为明显的线性关系（见图 3－3）。因此，本书利用王金花等以唐乃亥断面为基流，将唐乃亥基流加上湟水流域和大红原地区树轮和兰州以上历史旱涝记录重建出了 1736 年以来黄河兰州断面的径流量作为三门峡以上汛期流量的基流，而兰州—三门峡区间内的增水量可以根据降雨量进行重建，这样就能获得三门峡断面的汛期径流量（见图3-4），如公式［1］。

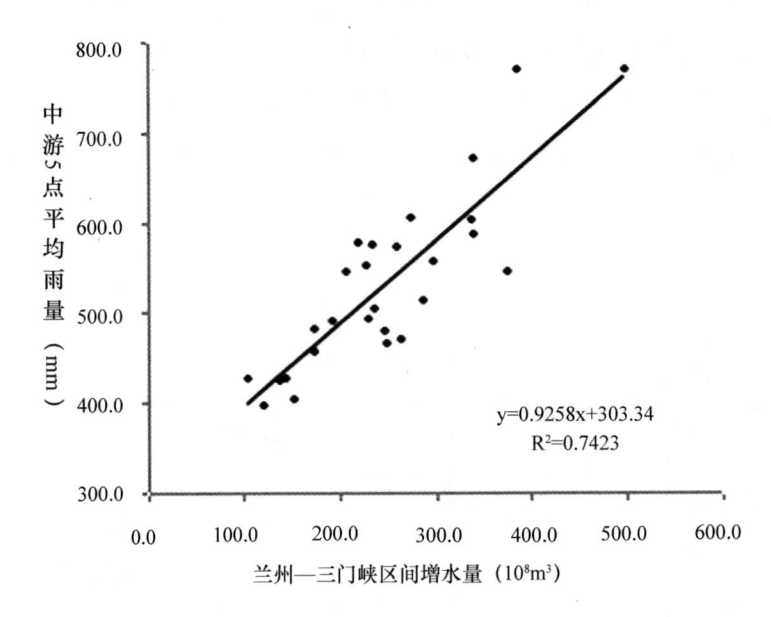

图3-3　1957—2004年黄河兰州—三门峡区间增水量与中游降雨量关系

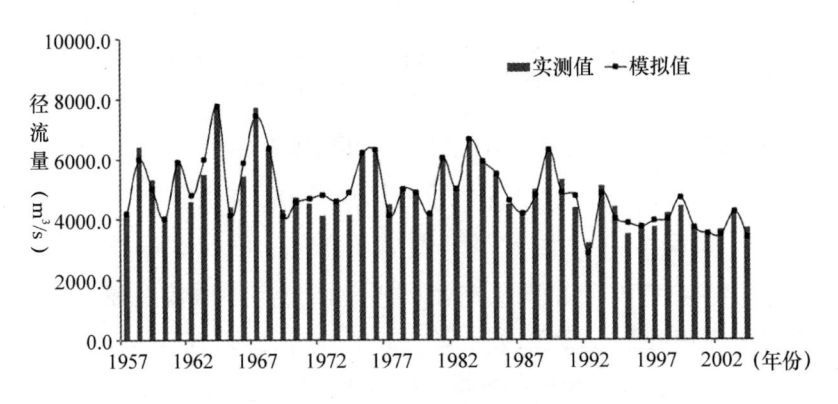

图3-4　黄河三门峡断面1957—2002年径流量实测值与模拟值

$$R_{三门峡} = R_{兰州} + R_{兰州—三门峡} \qquad [1]$$

研究时段内，唐乃亥、兰州、青铜峡和三门峡汛期径流量平均值分别为（m³/s）199.38、268.32、333.26 和 533.30。变差系数 Cv 揭示出各站点径流量数值变化的稳定程度，Cv 值分别为 0.219、0.175、0.199 和 0.213，从中可以发现唐乃亥和三门峡具有相对较高的不稳定性，这可能说明黄河河源段和黄土高原段对气候变化具有更强的敏感性。唐乃亥由于位处黄河河源段，其汛期水量补给包括冰雪融水和降雨，因此，温度和降雨的改变都会影响本断面的汛期水量大小；而三门峡断面，特别是青铜峡—三门峡区间，其水量主要来源于黄土高原汾河、渭河两大水系的补给，此区域降雨具有较大的年际差异，由此导致三门峡断面水量的不稳定（见图 3-5）。

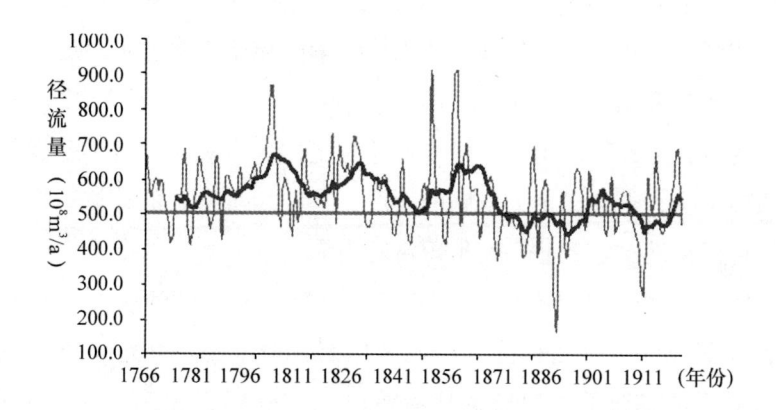

图 3-5　三门峡断面 1766—1911 年汛期径流量序列

第二节　道光时期黄河水文环境突变

"河患至道光朝而愈亟"[①]，道光皇帝面对的黄河是一条流量突然快速增高、汛期不稳定且"悬河"发育的河流，其水文环境于治河

---

① 《清史稿》卷 383，《列传·一百七十》，"张文浩、严烺、张井传、吴邦庆、栗毓美、麟庆传、潘锡恩"传。

者而言可谓十分棘手。黄河水文环境首先在于其汛期径流量，黄河主要产流区在黄土高原，渭河、汾河流域基本位于大陆性季风气候区，具有较大的年际差异，即每年由于季风强度的波动导致降雨量存在多寡变化，而黄土高原地区的渭河、汾河水量基本全部来自降雨，这直接导致黄河汛期的洪峰规模、频率等出现相应变化。以往研究受制于资料限制，只能依靠河源段的树木年轮重建径流量。而史辅成等人对清代黄河志桩报汛制度和数据的研究提供了黄河兰州、青铜峡、三门峡等地的汛期径流量数据。① 这一数据对认识乾隆中期之后的清朝黄河水情至关重要。

数据问题解决之后，需要讨论"突变"概念。在气候、水文等环境要素的长时段变迁研究中，"突变"无疑是基于统计学的一个概念。实际上，历史自然地理研究中统计学的使用由来已久，从《中国近五百年旱涝分布图集》至今从未间断。统计学中的 M—K 检验方法：优点在于计算时不需要样本遵循一定的分布规律，也不受少数异常值的干扰。得益于个人电脑的发展，这种相对复杂的计算工作如今已经可以借助一定的软件在很短时间内完成。

19 世纪四五十年代，青铜峡到三门峡之间的黄河区段流量突然增大（其原因很可能是黄土高原地区暴雨增多），由此导致了三门峡以下河段遭遇了大规模的连续洪峰，这一阶段是清代道光时期，这一时期的历史文献记录大量出现了黄河洪灾的记录，比如道光二十二年（1842）的祥符大水、道光二十三年（1843）的中牟大水等，致使豫东、皖北等地区出现严重洪涝灾害。观察图 3-6 和图 3-7 可以发现，这几次水灾都是黄河三门峡站点汛期流量的峰值。但这次突变在其他站点并未发现，因此，我们可以推断，在 19

---

① 史辅成、易元俊：《黄河历史洪水调查、考证和研究》，黄河水利出版社 2012 年版；潘威、郑景云、萧凌波、闫芳芳：《1766 年以来黄河中游与永定河汛期径流量的变化》，《地理学报》2013 年第 7 期；庄宏忠、潘威：《清代志桩及黄河"水报"制度运作初探——以陕州万锦滩为例》，《清史研究》2012 年第 1 期。

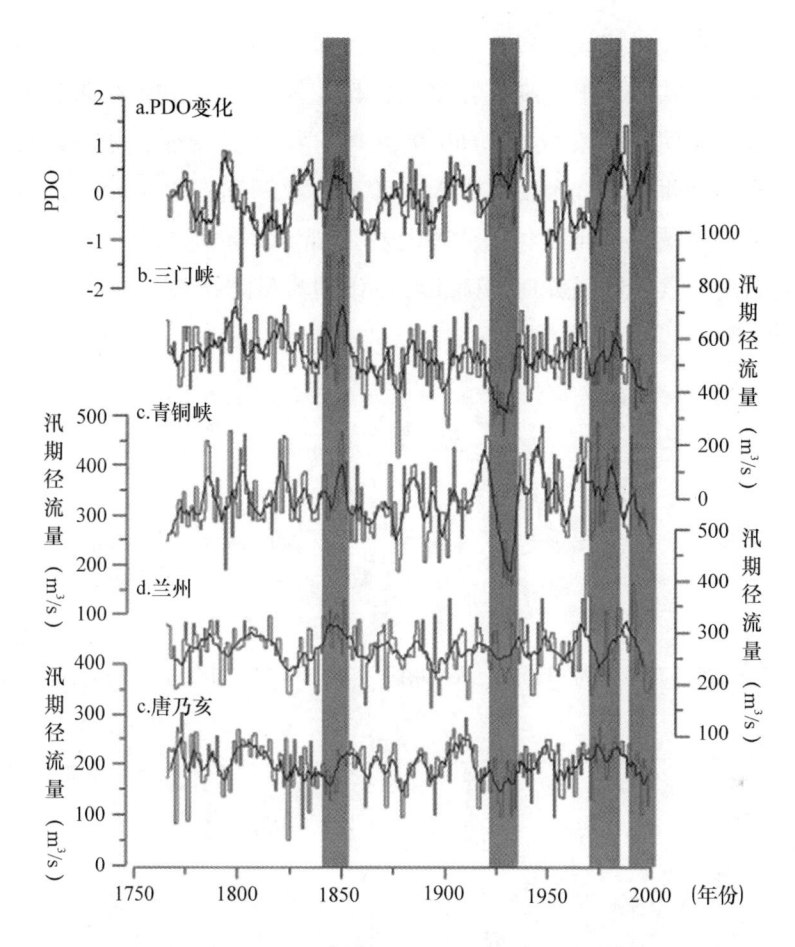

第三章 定额失效：道光财务危机下的河工用银　59

图 3-6　黄河上中游汛期径流量与太平洋年代际振荡（PDO）
的波动过程（1766—2000 年）

世纪中期，黄河在青铜峡—三门峡区间很可能有一次突然的暴雨增多过程，导致三门峡断面出现异常的大规模洪峰。可以认为道光时期的"河患"首先是黄土高原暴雨量突然增大的结果；黄河上中游河段水量的突变时间关系到河流水文变化的关键性时间节点，在近 300 年中，三门峡以上三个站点都显示出 18 世纪中后期是一个上游径流量普遍存在突变的时段（见图 3-6），而这一变化应该并未影响到三门峡断面；而唐乃亥和兰州在 20 世纪 60 年代和 90 年代的突变在青铜峡和三门峡河段都没有反映出来；而19世纪40年代中期出现在三门峡断面上突变点在以上河段也不存在，笔者在研究中发现，这段时间的突变放在1766年以来的黄河上中游变化中，只有唐乃亥和兰州还存在突变。青铜峡和三门峡断面在这一阶段虽然都出现了流量减少的现象，但并不是突变现象。黄河在青铜峡—三门峡之间的河段，在道光时期确实存在汛期流量"突变"的现象（见图3-7）。

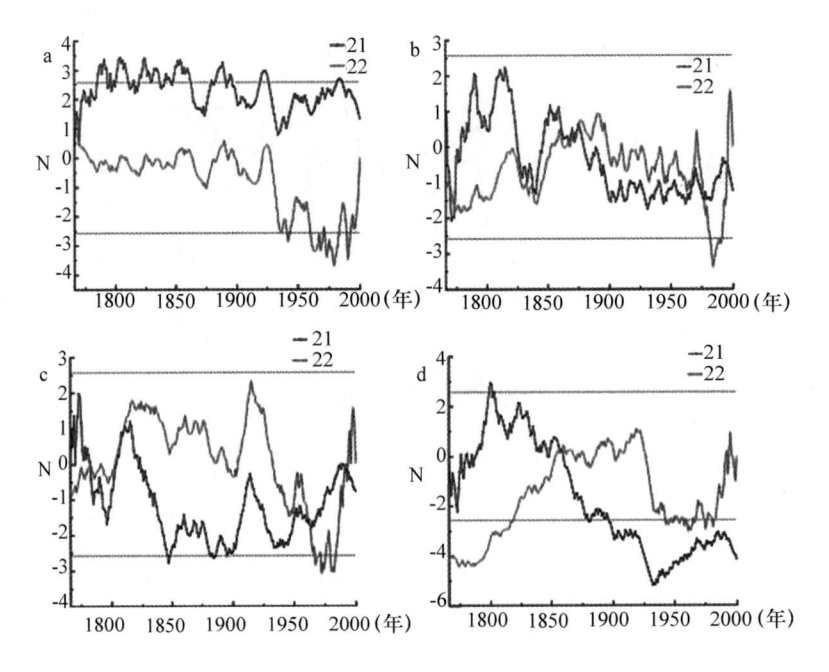

图3-7 黄河上中游4个断面的M—K检验（a：唐乃亥；b：兰州；c：青铜峡；d：三门峡）

历史文献记录也印证了统计分析结果"国初以来承平日久，海内殷富为旷古所罕有……至道光癸未（1823）大水，元气顿耗，无岁不荒"[①]。1841年的祥符大水、1843年的中牟大水等，致使豫东皖北

---

① 《清史稿》卷121《食货志二》，"赋役"。

等地区出现严重洪涝灾害。对比图3-5可以发现，这几次水灾都是黄河三门峡站点汛期流量的峰值。但这次突变在其他站点中并未被发现，因此，我们可以推断，19世纪中期，黄河在青铜峡—三门峡区间很可能有一次暴雨突然增多的情况，导致三门峡断面出现异常的大规模洪峰。我们可以认为道光时期的"河患"首先是黄土高原暴雨量突然增大的结果。

除了流量的"突变"之外，汛期开始时间也变得很不稳定。黄河入汛时间总体上与长江中下游梅雨的结束时间相连续。中国东部季风雨带大概在4—5月登陆华南、6月静止于江淮形成梅雨、7月北跃入华北地区。根据潘威等人的研究，1820—1830年代黄河中下游入汛时间极不稳定，过早与过迟的现象非常集中，如道光七年（1827）黄河中游在4月末（表中4/6代表4月的第6个候，即4月25—30日，下同）就入汛，而1847年则在9月底方才入汛。这种汛期到达时间的不稳定也表明当时季风雨带的不稳定，这种不稳定的现象极易引发大涝或大旱。[1] 汛期流量的突然增加和汛期到达时间的不稳定已经对清朝的治黄事务造成严峻挑战，黄河下游流量过程是典型的多峰型，即流量升高的直接原因为洪峰规模增大或频率增加，这无疑给河防带来沉重压力。

与此同时，黄河下游"悬河"的发育也溯源而上到了河南境内，"再查河工用料之多寡总视工程之平险，如大河水小溜顺，新工无甚增添，则用料不致过多，备料即可渐省。近十余年来豫东黄河总因河底垫高，险工林立，统计每年除奏办岁添各料外，大汛添办料垛于防险银内支发者为数尚多"[2]，地貌条件的变化加剧了黄河下游的洪涝致灾风险（见表3-1）。

---

[1] 潘威、庄宏忠、刘楠：《1766—1911年黄河中游汛期建立时间研究》，《干旱区资源与环境》2012年第5期。

[2] 《河东河道总督严烺道光六年八月二十五日为河南险工林立添拨物料奏》，《河道钱粮》第7册，1826年，黄河水利委员会藏，资料号：清（1）-21-3-12。

表 3 – 1　　　　1766—1911 年长江中下游梅雨结束时间与
黄河中游汛期开始时间

Yr	T_CJ	Rsmx	Yr	T_CJ	Rsmx	Yr	T_CJ	Rsmx	Yr	T_CJ	Rsmx	Yr	T_CJ	Rsmx	Yr	T_CJ	Rsmx
1766	6/4	/	1791	7/2	6/6	1816	/	/	1841	7/2	8/2	1866	/	/	1891	6/4	7/5
1767	6/6	7/4	1792	7/2	8/1	1817	/	/	1842	/	/	1867	/	7/2	1892	7/4	8/3
1768	7/4	/	1793	7/1	7/3	1818	/	/	1843	6/4	5/2	1868	6/6	/	1893	7/4	7/3
1769	6/6	7/6	1794	6/6	7/6	1819	6/5	5/3	1844	6/6	4/3	1869	6/4	7/6	1894	/	6/6
1770	6/5	6/6	1795	7/4	7/5	1820	7/1	6/3	1845	/	3/4	1870	7/2	/	1895	/	4/6
1771	6/6	7/4	1796	6/5	6/5	1821	/	7/1	1846	7/3	/	1871	/	/	1896	6/5	6/5
1772	7/1	7/3	1797	7/4	6/5	1822	7/1	6/4	1847	7/1	9/6	1872	6/6	8/5	1897	6/5	7/3
1773	7/2	7/2	1798	6/5	10/2	1823	7/3	/	1848	6/5	/	1873	7/1	/	1899	7/3	7/3
1774	7/2	/	1799	7/6	/	1824	6/6	/	1849	6/5	/	1874	7/5	/	1900	7/5	/
1775	6/4	/	1800	7/1	9/1	1825	7/3	6/1	1850	6/4	5/5	1875	6/5	7/1	1901	6/5	/
1776	6/6	/	1801	6/6	7/3	1826	7/2	6/4	1851	7/2	6/2	1876	7/4	7/2	1902	7/4	7/4
1777	7/5	/	1802	6/6	6/5	1827	6/6	4/6	1852	/	/	1877	7/2	7/5	1903	7/2	8/6
1778	6/4	/	1803	6/4	7/5	1828	7/1	7/1	1853	/	6/3	1878	7/1	6/5	1904	/	7/4
1779	7/4	9/1	1804	7/2	/	1829	/	5/5	1854	7/4	/	1879	6/6	7/2	1905	/	/
1780	6/5	7/3	1805	6/6	/	1830	6/6	6/5	1855	6/5	/	1880	/	7/5	1906	/	/
1781	7/5	/	1806	6/5	8/3	1831	/	/	1856	/	7/1	1881	/	7/5	1907	6/5	7/5
1782	7/3	/	1807	6/6	/	1832	/	/	1857	/	/	1882	7/2	9/1	1908	7/1	7/6
1783	/	/	1808	7/1	6/6	1833	7/2	9/2	1858	/	/	1883	6/6	7/5	1909	7/1	7/5
1784	7/1	8/2	1809	7/1	6/6	1834	7/4	7/2	1859	7/5	6/3	1884	6/6	10/3	1910	7/3	7/4
1785	6/6	7/1	1810	6/5	8/4	1835	6/6	/	1860	7/4	6/5	1885	7/1	8/1	1911	7/3	9/2
1786	7/2	5/5	1811	/	/	1836	7/3	5/6	1861	6/6	6/6	1886	6/5	7/2		7/2	6/6
1787	7/2	/	1812	/	/	1837	6/6	7/3	1862	7/2	7/6	1887	6/6	/			
1788	7/2	7/3	1813	6/6	7/1	1838	7/1	6/2	1863	7/6	/	1888	6/4	6/5			
1789	6/5	/	1814	6/6	7/3	1839	6/5	5/6	1864	7/4	/	1889	7/2	7/4			
1790	7/3	6/6	1815	7/3	10/3	1840	6/6	6/3	1865	7/3	5/6	1890	6/6	7/1			

（资料来源：潘威、庄宏忠、刘楠：《1766—1911 年黄河中游汛期建立时间研究》，《干旱区资源与环境》2012 年第 5 期。

注：Yr：年份；TcJ：长江中下游梅雨结束侯；Rsmx：黄河三门峡站主汛期开始侯）

第三节　道光"河患"实质是"银患"

黄河水环境的恶化如何与国家财政相联系了呢？这就必须指出清

代治黄相较于之前历朝的一大特点——商品化程度加深，高度依赖白银。

康熙十二年（1673），雇募取代了签派政策，修河民夫在制度上需用白银招募。"康熙十二年三月，工部议覆河南巡抚佟凤彩疏言，河工派夫贻累地方。请动支钱粮雇夫供役。即于河南八府一州之地、每亩派加厘毫即可补项。应如所请。得上□日按亩加派甚属累民。著以河库钱粮雇觅夫役。如钱粮不敷、具疏题请。"① 在工业时代之前，云集人力是进行大规模水利工程的重要保障，清代治河之所以能够调集巨量人力，与其铜瓦厢改道前用白银购买劳动力的行为是分不开的。顺治时期，募夫尚未形成定制，民夫通常来源于强征，这种劳动力不计钱粮，但结果是逃跑事件时有发生，相关官员也会受此连累而被罚俸，如顺治十年（1653）原武县修河时的大规模逃夫。② 而雇用民夫执行之后，史料中就再未出现"逃夫"的现象。雇募民夫是清代"赋役货币化"的重要组成部分，这一做法还是符合明代以来社会总体发展方向的。

修河所用物料的商品化成为定额河工银开支的重要组成部分。对修河物料的收买在顺治时期就已经存在，如顺治四年（1647）河道总督杨方兴等人重新制定汴口工程时就有物料银。之后，物料银逐渐有了定规，乾隆三年（月日不详）河东河道总督白钟山奏"黄沁两河岁抢工程应用料物每年请拨银五万四千两，于八月发办，十月办完……豫省秋秸价值每斤定银七毫实属不敷，请酌量稍增，经王大臣议请嗣后河南岁抢修料物每斤给银九毫……"③ 而嘉庆十三年（1808）工部奉旨编修《钦定河工则例章程》中，则有修河物料规格和价格的详细记录，这里仅仅用河工上用量最大的秸秆、麻和芦苇加

---

① 《康熙朝实录》卷41，康熙十二年三月。
② 《河道总督杨方兴顺治十一年四月二十七日为奏销原武十年岁修工程钱粮事揭帖》，《河道钱粮》第1册，1654年，黄河水利委员会藏，资料号：11-12-14-4。
③ 《乾隆三年（月日不详）河东河道总督白钟山为黄沁岁修请拨银两折》，《河道钱粮》第2册，黄河水利委员会藏，资料号：清1-10（2）-2。

以说明,如表 3-2 所示。实际上,当时修河时的物料,从石料到秸秆乃至石灰、米汁都有明确价格,并有专门的"料贩"为河务部门负责代为采办。

表 3-2　　　　　　黄河南河段嘉庆时期部分物料价格

地点	物品	价格(两/斤)	地点	物品	价格(两/斤)
丰萧二厅	秸料	0.002	山海二厅	海柴	0.003543
铜沛厅	秸料	0.0022	丰北厅	槃	0.03
睢邳运三厅	秸料	0.0023	萧南厅	槃	0.03
邳睢二厅	湖芦	0.0025	铜沛厅	槃	0.03
运河、宿南北三厅	湖芦	0.0025	睢南厅	槃	0.03
江防厅	江柴	0.0026	邳北厅	槃	0.03
扬粮厅	江柴	0.0026	桃南北二厅	槃	0.033
宿南北二厅	秸料	0.0029	宿南厅	槃	0.033
外河厅	海柴	0.002933	宿北厅	槃	0.033
扬河厅	海柴	0.002946	运河厅	槃	0.033
桃南北二厅	秸料	0.003	中河厅	槃	0.035
扬河厅	江柴	0.003	里河厅	槃	0.039
外中里河三厅	秸料	0.0031	外河厅	槃	0.039
中河里河二厅	海柴	0.00318	山安厅	槃	0.039
高堰厅	秸料	0.0033	海防厅	槃	0.039
桃南北二厅	海柴	0.00334	高堰厅	槃	0.039
高堰厅	海柴	0.00334	山盱厅	槃	0.039
山盱厅	海柴	0.00336	扬河厅	槃	0.039
山盱厅	秸料	0.0034	扬粮厅	槃	0.039

更为重要的组成部分是为管理巨额河务白银所建立的管理制度,这套制度很快成为河务运作的核心。顺康时期,工部拥有河工银核算的最终权力,而雍正九年(1731)和十二年(1734)南河、东河分别设立了专门的河库道,其作用在于"通工钱粮以河道为统领之司"①,河道总督的财政权力扩大。乾隆初期朝廷对河工开支有了明

---

① 《乾隆三十四年江南河道总督李弘为乾隆三十三年江南河库道剩余银两奏》,《河道钱粮》第 2 册,1769 年,黄河水利委员会藏,资料号:清 1-10(2)-2。

确的数额，如河南的每年办料银为 8.5 万两。① 至道光十五年（1835）又增加了超规银两的核算。②

还有一个反面的证据可以说明白银对清代治河的决定性作用，咸丰军兴之后，河工用银被挪作军费，"自军兴以来，司欠累累，河库即悉索早空，工员亦挪垫力竭，前两年犹籍捐输聊以支应，近则地方兵荒相继，凋敝异常，招徕不易，势将束手"③，咸丰十一年（1861）河东河道总督黄赞汤奏称"现查各道厅挪垫之款司库尚未拨还，是已筋疲力尽，无处再行措借，以致辛酉年岁料至今尚未设厂采购，司库应发料价屡催不发，转瞬桃汛经临，何以堵筑？"④ 此时清廷为应对河工用款而发行"河钞"，自咸丰三年至十一年（1853—1861），河工拨款以"银三钞七"或"银二钞八"形式拨发（《河东河道总督奏事折底》），其结果是物料无法筹措。如"壬子年（按：1852年）应划不敷之银尚未拨清，癸丑年（按：1853年）划拨之项丝毫未拨，以致各道库无银垫发，其前请银票六万两虽专放河工之款，但核之应发料价所短较巨，是以桃汛已交，展限届期秸麻仍难办竣，焦灼万分，当此军务紧急需用浩繁原不敢冒昧奏催，但奴才职司河务，防河正所以防匪……请旨敕下河南山东两抚臣严催两藩司并运司将河工料麻价银及帮价划拨不敷等项赶紧筹款陆续分别拨发，俾可勒限各厅星夜采购于五月内堆齐。"⑤ 由于白银的有效供给出了问题，导致河工无法开展。"强征"人力与物料在制度基础和社会基础上都是不可能

---

① 《乾隆二十三年正月十五日河东河道总督白钟山为乾隆二十四年预拨银两以备修防奏》，《河道钱粮》第2册，1758年，黄河水利委员会藏，资料号：清（1）-10（2）-2。
② 《道光二十三年九月十六日钟祥奏折》，《河道钱粮》第11册，1843年，黄河水利委员会藏，资料号：清（1）-10（2）-11。
③ 《咸丰七年闰五月二十二日河东河道总督李钧请拨银两以备修防奏》，《河道钱粮》，1857年，黄河水利委员会藏，资料号：清（1）-28-9-11。
④ 《咸丰十一年二月初二日河东河道总督黄赞汤请添拨款项以备秸料奏》，《河道钱粮》，1861年，黄河水利委员会藏，资料号：清（1）-28-9-26。
⑤ 《咸丰四年三月二十一日河东河道总督奴才长臻跪奏为黄河各厅承办岁储因司库钱粮未能接济展限届期仍难购竣请旨敕催速拨俾资赶办而重修防》，《河道钱粮》，1854年，黄河水利委员会藏，资料号：清（1）-29-2-3。

被贯彻的做法。

此外，本书尝试用近年来史学界积极采用的"数字人文"方法来分析白银在顺治到道光时期河工中的作用。将黄河水利委员会所藏《河道钱粮》类档案进行手工录入（这一工作我们持续了近9年），得到了近40万字的河工银资料长编。将这些文本输入VOYANT软件，以"银两"为中心词，分析其与其他文本中高频词（重现次数超过30次的词汇）的位置关系，与"银两"存在关联关系的词汇数量为"关联词数量"，两者比值为关联度，用百分比（%）表示。试图通过这一操作反映出文本中"银两"与其他内容的紧密程度，分析结果如表3-3所示。

表3-3

时段	高频词总量	关联词数量	关联度（%）
顺治	66	5	7.58
康熙	46	4	8.70
雍正	56	3	5.36
乾隆	58	29	50.00
嘉庆	62	27	43.55
道光	71	43	60.56

这一分析结果虽然不能完全揭示白银在河务中的中心地位，但至少能够反映出奏折文本中，银两与其他事务之间日益紧密的联系。顺康雍时期的关联度还不高，但乾隆之后，银两很明显与其他事务的结合更加紧密。乾隆时期是清代治黄诸多制度成熟的时期，嘉道时期维护前代治河成果，对于白银的依赖性更高。

清代治河相较于前代最大的成就之一是"岁修"制度的建立与完善，"岁修"使黄河在清代大多数时间内稳定于苏北一线，而"岁修"的最重要保障其实是河工银制度。劳动力和物料都必须依靠购买，这使得千里黄河基于万两白银，既有其成功的一面，自然也有其脆弱的一面。

道光"河患"之重是历史上少有的，这一点似无须重复论证。①"河患"不仅是水灾，更是中央财政的沉重负担。康熙和乾隆时期河工开支平均在每年200万两左右。②陈锋认为，康熙时期河工开支200万两与当时户部存银数量大致吻合③，尚不会造成很大的财政压力。乾隆时期的河工开支已经不足。江南河道总督完颜伟在乾隆七年（1742）九月初八日的一份奏折中指出，乾隆二年至乾隆七年两江报灾停缓州县共欠解河工银达27万两④，乾隆二十年到二十二年（1755—1757）则拖欠了18.7万两⑤。清代治河费用飙升始于乾隆后期，"本朝河防之费，乾隆四十三年后始大盛"⑥。进入道光朝之后，河务耗银的规模则更为巨大。道光八年（1828）十月二十九日的一道上谕中记载"河工需费为度支之大端，近年例拨岁修、抢修银两外，复有另案工程名目，自道光元年以来，每年约共需银五六百万余两"。如果按照清朝每年的财政收入为4000万两，从乾隆时期的200万两到道光时期的500万—600万两，河工经费占据财政收入的比重由5%增加到14%—20%左右。⑦

关于河道耗费巨大的问题，道光皇帝屡有上谕，告诫臣工要遵守

---

① 德国学者郭士立在《帝国夕阳：道光时代的清帝国》（［德］郭士立：《帝国夕阳：道光时代的清帝国》，赵秀兰译，吉林出版社2017年版）一书中认为，"道光时期中国没有大的自然灾害，至少比嘉庆时期自然灾害要轻"，这一观点真不知道作者从何得出。

② 其中康熙时期数据来源于汤象龙的《鸦片战争前夕中国的财政制度》（载《中国近代财政经济史论文选》，西南财经大学出版社1987年版）；乾隆时期数据则来源于魏源的《圣武记》。

③ 陈锋：《清代财政政策与货币政策研究》，武汉大学出版社2008年版。

④ 《乾隆七年九月初八日河道总督完颜伟奏折》，《河道钱粮》第2册，1742年，黄河水利委员会藏，资料号：清1-10（2）-2。

⑤ 《乾隆二十三年正月十五日江南河道总督白钟山奏折》，《河道钱粮》第2册，1758年，黄河水利委员会藏，资料号：清1-10（2）-2。

⑥ 欧阳兆熊、金安清撰，谢兴尧点校：《水窗春呓》，中华书局1984年版，第63页。

⑦ 倪玉平：《试论清朝嘉道时期的财政收支》（载《江汉论坛》2018年第2期）中认为嘉道时期中央岁入还能维持在近4000万两的水平。咸丰初年检查国家财政，朝廷收入中地丁银岁额是3200万，但道光末年实际征收只能维持在2800万—2900万的规模。

国家财政制度并体谅朝廷财力。这一点已经能够反映出道光对河工耗银快速上涨的压力。虽然此时清政府财政相较于晚清时期尚未"山穷水尽",但就道光皇帝本人来说,河工是清王朝政治合法性的重要体现①,在财政压力的重负之下,河务工作仍必须进行。即便在咸丰军兴,清廷倾尽全部财力支持战争的情况下,河工拨款依然存在(虽然用银钞搭放的方式进行)。

"道光二年(1822)又谕、各省河道岁修抢修工程。均有定额。其另案工程。动用在五百两上下者。分别奏明咨部。所以昭核实而重帑项也。乃本年豫省河工另案。动拨银至一百余万两之多。如果工程尽归核实。钱粮何至逐渐递增。河工情形。随时不同。其工用既有增加之年。即应有减少之年。若每岁有增无减。伊于胡底。国家经费有常,该河督并不加意撙节,殊负朕委任之意。嗣后遇有应办工程。著该河督随时实力稽查。毋得率听属员怂恿。致滋浮冒。如有多开工段。宽估虚报等弊。即行严参惩办。傥扶同徇隐。一经发觉。该河督恐不能当此重咎也"②。

道光十二年(1832)"又谕、吴邦庆奏称、拟于今冬明春将工程次第办理。就一年用项而论。银数不免稍多等语。国家经费有常。以河工岁修等项支用业已不赀原期保护安澜。即费用亦所勿吝。兹据该河督奏称、堤滩紧要。拟俟各厅汛绘图呈送后、将各工程于今冬明春次第办理。所用银数不免稍多。该河督身任河防。自宜经画周详。修理各工。如果隐患自此渐消。岁修自此渐省。著有成效。斯为办理得宜。断不可以曾经奏请为词。致糜帑项。务于慎重河防之中。寓撙节经费之意。傥将来工无实效。帑致虚糜。惟该河督是问。懔之慎之。将此谕令知之"③。

---

① 贾国静:《"治河即所以保漕"——清代黄河治理的政治意蕴探析》,《历史研究》2018年第5期。
② 《清宣宗实录》卷205,道光二年十二月。
③ 《清宣宗实录》卷221,道光十二年闰九月。

道光十五年（1835），"壬辰。谕内阁、栗毓美奏、例拨防险银两。支用已完。请照近年酌减银数。循例添拨一摺。东河于每年例拨防险银两外。遇有不敷。向准酌量情形。奏请添拨。以备抢险之用。本年大河来源甚旺。秋汛方长。据该河督查看情形。豫省十三厅埽坝如林。工需紧要。所有防险银两。支用已完。自应豫筹储备。著准其照酌减银数。循例于河南藩库添拨银二十五万两。以资备防。俟霜降后。如有余存。仍奏明归还原款。并将先后拨过司库银两。及抢办大汛各工。用银总数。核实报销。此项添拨银两。虽系循例请拨。该河督务须督率工员。认真估办。逐细亲查。无任稍有丝毫浮费。加意撙节。可省则省。不得动援成案。岁以为常。务期实用实销。毋稍浮冒。至东南两河另案工程。近年动用帑项滋多。国家经费有常。总须力求裁减。以杜虚縻。嗣后两河另案工程奏销银数。著工部按照开报销册。逐款钩稽。将每年动用各款。开具简明总数。于年终汇奏一次。以重度支而昭核实"①。

除皇帝本人的意见外，当时的官员也有提出河工耗银过大的言论。如潘威在《清代前期黄河额征河银空间形态特征的初步研究——以乾隆五十七年的山东为例》中指出，道光十三年（1833）有大臣提出"国家各项经费皆有定额，唯河工钱粮不能限之以制"②。魏源甚至发出"夷烟者，民财之大漏卮；河工者，国帑之大漏卮"③的呼声。可见，在道光二十三年（1843）中牟大工之前，朝野内外已经形成了"河工开支是国家财政大量消耗的最主要因素之一"的认识。

而道光二十年（1840）之后，除了鸦片战争之外，河工开支更是清廷财政的重要负担。尤其在19世纪40年代，黄河在豫东、苏北地

---

① 《清宣宗实录》卷269，道光十五年七月。
② 《皇朝经世文编》卷30，转引自潘威《清代前期黄河额征河银空间形态特征的初步研究——以乾隆五十七年的山东为例》，《中国历史地理论丛》2014年第4期。
③ 魏源：《筹河篇》。

区连年决口，1841—1843年的决口分别发生在祥符和中牟，导致黄河河南段河防体系崩溃，全河改道由涡河、颍河入淮，徐州以下基本断流，而此时正是黄河径流量突变的拐点。据《道光中牟大工奏稿》中的记录，道光二十三年（1843）仅修缮中牟决口就花费了1206万两白银，而道光二十三年户部存银只有993万两。① 这一次工程如果不动用各省经费和粤海关银，中央政府根本不能完成此次堵口。而当时黄河已经漫流豫东皖北一带，如果不是政府在该地大量招募民夫，施行"以工代赈"，中原腹地骤起千万灾民，其后果难以想象。因此，此次大工的举办是非常必要的。

但通过观察河工用银的实际操作过程我们可以发现，河工开支已经伸向了清政府固定性收入的绝大部分项目。道光二十四年（1844）为举办"中牟大工"，地丁银、常关银、粤海关银、捐盐银等清王朝财政名目的所有项目皆被动用。山西、江苏、江西、浙江、山东、山西、安徽、福建、陕西、湖南、湖北、江西、河南皆有供银。② 虽然"中牟大工"属临时性大工，在制度上并不像"岁修"那样受额定河工银控制，但是像这样规模空前、来源地域广泛、名目占据清廷账面的用银方式，还是给清廷财政带来了沉重负担。

要之，至道光时期，河银消耗已经影响到绝大多数清政府的固定性收入，其规模已经令朝野上下将国家财政亏空归咎于治河。道光时期河工之所以成为朝廷讨论的重点，其实早在19世纪40年代豫东洪涝频发之前就已经存在，"祥工""中牟大工"大大加剧了这一过程。所谓"河患"从本质上来讲是国家财政上的"银患"。

第四节 "河患"成因：定额河银制度的失效

19世纪40年代黄河径流量突然增大，自乾隆三十年（1765）至

---

① 史志宏：《清代户部银库收支和库存统计》，福建人民出版社2009年版。
② 据黄河水利委员会所藏《中牟大工奏稿》一书整理，资料号：清（2）-2-4。

今的黄河径流量变迁史上具有重要的意义。19世纪40年代前后，黄河由相对丰水突然转变为流量顶峰之后又转为整体流量较之前有所下降。黄河水文环境在道光时期的异动直接造成了"祥工"与"中牟大工"这样的"另案大工"，这类工程不设用银额度，确实会在短时间内消耗大量政府库储白银。但上文已经明确表示，清政府在河工上的开支增大并非道光时期才发生，实际有一个较为漫长的过程。在黄河水文环境"突变"之前，河工开支上涨已经存在。

在这一过程中，用料方式的变化也加大了河银开支，主要是碎石抛护技术的广泛应用。"工部谨奏为遵旨议奏事。嘉庆二十一年九月初三日，内阁抄出江南河道总督黎奏称'江境黄河工程，向来得徐州护城石工外应用碎石抛护，并于埽外抛砌碎石甚为得力。近年以来各厅营临黄河迎溜埽工于埽外，用碎石抛护，无不挑溜开行。工程即见平稳，前任河臣先于铜沛等厅办理，试有成效，臣接任以来，随时查看，讲求抛护碎石工程实堪化险为平，虽办理之时不免多费，而办成之后，每段碎石即可盖护各埽，永远存站。即经年隔岁，间有蛰矮量为加抛，较之埽工二三年后柴质朽腐，即见蛰塌，厢修不已者，实为节省。是以近两年来，准令各厅办用碎石抛护要工节经奏奉。圣鉴在案，所有采运方价，各厅向无定例，唯铜沛厅各工离山较近，向来购办定有例价。其余各厅办用碎石，离山远近不已，随时就采办情形核给方价，多寡不同。至十九年起，各厅购办碎石渐多，臣督饬各道，将各厅采运碎石远近难易情形逐加确核，分别酌中定价，较之从前有减无增'等因，嘉庆二十一年八月二十八日奉朱批'工部议奏，钦此。'臣等查南河各厅采用碎石方价向未核定，成规唯铜沛厅各工需用碎石准有成价。其余各厅遇有需用碎石之案，向系该河督于报销册内声明。离山道路里数远近，分别船运、车运，核给方价。并每方每里船运脚价银三分，车运脚价银八分，包砌碎石，每方用夫三名，今既据该河督奏称，埽外抛护碎石甚为得力。各厅采运方价，请酌定成规以便遵循……嘉庆二十一年九月二十二日奏，本日奉旨：'依议。

钦此.'"① 黄河在徐州段原本就有石工，康熙十五年（1676）治河的靳辅在其《治河方略》中记录了黄河徐州段石工②，其具体做法是徐州段埽外抛砌碎石，以保护堤埽。嘉庆时期其他河段多有仿效。嘉庆二十一年（1816），黎世序等人就已经将石料费用定额化。因此，在道光河工开支增大的前提下，该措施确实发挥了一定的作用，但应该不是主要作用，或者说，物料使用上的变化并非道光河银开支上涨的最本质原因。首先，碎石抛护虽然增加了河工开支，但在文献中没有针对这方面用银规模过大的记录，对碎石的使用普遍还是持肯定态度；其次，河工开支作为清廷财政的常项开支，只要能置于有效定额制度之下，还是在清廷财政承受能力之内，这也是上文所指在南河各厅使用石料时，河务部门制定例价的原因。从制定例价的过程而言，工部与河道总督确实做了很细致的工作。如嘉庆二十一年（1816）九月二十二日工部关于河道总督黎世序呈报石料定价清单奏中称"江南河道总督黎……采办碎石方价仅称某厅离山远近……并未将该厅离小道路里数若干，分别开明其如何酌中定价之处。臣部无凭查核，应令该督将各厅离山道路里数详细查明开单，覆奏到日再行核办……"工部对道路里程的把握尚且如此要求，在传统时代，对这一定价措施的确认可以说非常细致了。还有一点需要说明，即碎石使用中会将上一年所剩余的材料留到今后若干年（秸料则容易腐朽，不能长久存储），比如道光十四年（1834）河东河道总督吴邦庆查核当年黄运粮河各道奏咨另案用银总数比较上三年银数折"……统计黄河十五厅，该年所镶埽工已比十三年省银十二万余两，尚有存工碎石值价银十五万余两。若再将带办工程扣除，则所省实多……"③

清代在河务上施行"定额河银"制度，即非临时性工程都设用银

---

① 《钦定河工则例章程·河工修筑事宜奏折卷之十五》，《中国水利史典·黄河卷三》，中国水利水电出版社2015年版。

② 靳辅撰，崔应阶编：《治河方略·黄河旧险工图》。

③ 《河道钱粮》第14册，黄河水利委员会藏，资料号：清1－14（1）－14。

额度以控制其开支规模。笔者认为，道光时期河银造成中央政府财政负担的本质因素是定额河银制度的失效，次要原因是19世纪40年代的水文环境突变。从总体来看，临时性大工没有定额制约，但这类工程并非常见，更不是连年发生，对清廷财政的压力也是暂时性的。而清代财政最严重的问题还是对定额的常项支出失去控制。如果从定额制度执行这一角度来看待康熙至道光时代的河政运作，我们可以发现康雍以至乾隆前期是定额制度的确立阶段，乾隆后期至嘉庆朝定额制度逐渐动摇，道光之后，定额河银制度已经趋于崩溃。本书以黄河河南、山东段（清代称"东河"）为重点论述对象来讨论定额制度动摇的过程。

清代定额河银制度的形成过程，笔者在前文中已经基本梳理。① 自康熙时期明确了从地丁银中划拨河工银和用雇用取代徭役，清代的黄河相较于前代，更加依赖白银的供给，这是清代黄河管理发展史上的一个重要的变化。为了使黄河事务处在中央政府财政能力的管控范围之内，特别是康熙时期靳辅治河之后，黄河的基本格局被确定下来，政府日益需要稳定的财政制度来运作黄河管理。雍正十三年（1735），河道库制度在黄河全面设立，河银才有了专门的管理机构。② 乾隆二十七年（1762），东河、南河的"协济"被破除。③ 各省开始自理境内黄河之岁修④，河南是受影响最大的地区。综合乾隆后期和嘉庆时期多名河东河道总督和河南巡抚的奏折可以发现，当时

---

① 潘威：《清代前期黄河额征河银空间形态特征的初步研究——以乾隆五十七年的山东为例》，《中国历史地理论丛》2014年第4期。

② 《乾隆三十四年李弘奏折》，《河道钱粮》第2册，1769年，黄河水利委员会藏，资料号：清1-10（2）-2。

③ 上海书店出版社编《清代档案史料选编》第四册收录了嘉庆十七年汇核各直省钱粮出入清单，其中盐课项中列有山东盐课银要照例拨解河工并库部一万六千五百两五分白银，但这笔经费在河道钱粮册中却从未出现，山东盐课协济河工可能是嘉庆时期才出现的行为，笔者初步判定乾隆时期，山东盐课并未被用于东河的非临时性工程，主要经费还是主要来源于地丁银。《清代档案史料选编》（第四册），上海书店出版社2010年版。

④ 《乾隆二十七年七月十五日史贻直奏折》，《河道钱粮》第2册，1762年，黄河水利委员会藏，资料号：清1-10（2）-2。

官员已经指出了这种"自理"对东河的不利影响，比如穆和兰、李奉翰等都指出了这一政策的问题，即江苏财源丰富，而河南财源不足。

这一政策使东河相对南河在岁修和临时性工程方面更加依赖以地丁银为基础的额定河银供给，而南河河库道从乾隆三十年（1765）一直到咸丰之前都有30万—40万两的存银规模（据《河道钱粮册》统计），如乾隆三十七年（1772）江南河库有存银85万余两①，但东河却没有这么大的存银规模。究其原因，与其不同的财务基础有关，东河相比南河更加依赖所在省份的地丁银征收，但地丁银本身具有很大的不稳定性，"河银系各州县征解，每年二月开征，四五月内始得解齐，遇有荒歉则无从着手……"②财政基础不坚实，河务没有稳定保障。河南缺乏自理河工的财政基础，地丁银的弊端主要在于地方遭灾后就无法按时足额缴纳，这就使依赖其稳定性供给白银的河务难以持续。

乾隆、嘉庆之交，河南巡抚和乾隆、嘉庆两代君主围绕河银加价进行了博弈，最终将帮价银变为河工正项。此举表明嘉庆时期，中央政府还在维持河工定额化的想法，即便这个美好的设想已经被证明难以落实。早在乾隆五年，河南险工数量已经"十倍于圣祖之时"③。乾隆三十年（1765），河南巡抚阿思哈"奏准动款，官为代办，其帮价银两事竣核实在于沿河三十二州县地粮内摊征还款……"④官府就已存在帮价行为。乾隆五十一年（1786），河南巡抚穆和兰上奏"每年请以三十万两为帮价定额，以乾隆五十八年为始归入地粮银内分款并征，计每正银一两加增银不过九厘有零"；其中还提到帮价银分配

---

① 《乾隆三十八年十月初六日吴嗣爵上奏》，《河道钱粮》第2册，1773年，黄河水利委员会藏，资料号：清1-10（2）-2。

② 《乾隆三十一年二月初一日李清时奏折》，《河道钱粮》第2册，1766年，黄河水利委员会藏，资料号：清1-10（2）-2。

③ 《豫河志》卷5。

④ 《乾隆五十六年十二月二十日穆和兰上奏》，《河道钱粮》第3册，1791年，黄河水利委员会藏，资料号：清1-10（2）-3。

使用问题,"其每年应征帮价银三十万两,内以二十五万两作为岁修抢修之率,每年额余五万两节省之项,俱另款存储司库以备缓急之需,倘遇紧要险工必须用河臣与臣会同奏明,再行动支,若储项不敷,借款垫给,俟有徵存额余银两仍归还至各案未完银内"①。穆和兰请求将帮价银的征收额度取 30 万两为定额进行征收。实际上就是要将这种临时性财政的做法纳入原有的定额河工财政体系之内。

穆和兰这一提议以"于沿河州县内按数摊征尚属近理,至通省州县与沿河者较远,全于河工无涉亦令一体均摊,虽为众擎易举起见,但事理实未妥协,当仍摊归沿河州县为是"②的理由被朝廷驳回,皇帝提出"乾隆四十三年以后历任自巡抚至州县各员按照在任,暂月日着落分赔以示惩儆,以示公平"③,乾隆皇帝在乾隆五十七年下令"帮价银前经降旨概行停止",官员必须遵守"不得丝毫派累民间"这一原则。④乾隆皇帝这一做法本质上似乎维持既有河工的用银数额,若随意加价的口子一开,那么其他固定性和临时性的开支就会援引此例,河工开支很可能陷入失控的状态。

嘉庆十四年(1809),嘉庆皇帝也拒绝了提高河工用银定额标准的要求,如河东河道总督吴璥奉议因妄行条奏增添河工岁料帮价银两降三级留任。⑤嘉庆十七年(1812),河东河道总督臣李亨特、河南巡抚长龄上奏请求"豫省河工岁料帮价停止捐廉,援照东省筹款生息"⑥。其具体做法是:将原来河南省衡家楼大工的加价银中原发粤

---

① 《乾隆五十七年二月初四日河南巡抚穆和兰请求河工用料加价奏》,《河道钱粮》第 2 册,1792 年,黄河水利委员会藏,资料号:清 1-10(2)-2。
② 《乾隆五十七年四月十七日户部批复》,《河道钱粮》第 2 册,1792 年,黄河水利委员会藏,资料号:清 1-10(2)-2。
③ 同上。
④ 《乾隆五十七年三月十八日上谕批复》,《河道钱粮》,1792 年,黄河水利委员会藏,资料号:清 1-10(2)-2。
⑤ 《嘉庆十四年六月二十八日大学士费淳为河工加价奏》,《河道钱粮》第 5 册,1809 年,黄河水利委员会藏,资料号:清 1-10(2)-5。
⑥ 《嘉庆十七年九月初三日河东河道总督李亨特、河南巡抚长龄豫省河工请照山东生息奏》,《河道钱粮》第 7 册,1812 年,黄河水利委员会藏,资料号:清 1-10(2)-7。

海关的 100 万两作为河南省岁料帮价的生息成本，交由两淮盐政和长芦盐政，预计可得息银至少 12 万两，能较好地解决帮价银征收中存在的经常性的拖欠问题。① 帮价行为的发展在乾隆至嘉庆年间经历了较为复杂的过程，虽然在乾隆年间有定额的趋势，乾隆末年终被废止，至嘉庆年间再次提出。帮价反复的这个过程实质是清政府为重建定额河银制度所做的努力。

清政府虽然努力试图用定额管理的制度控制河工方面的开支，但实际经费支用仍然不能做到"限之以制"②，在河工实践中，定额制度实际上不断被调整，数额与用银来源都难以固定。清中央政府希望或能够有效把控的定额制度是建立在农业经济基础上的财务制度，即河工银来源于地丁银，但这不可能稳定，由于地丁银征收会由于受灾而被豁免或缓征，导致河工用银额度难以保障。而乾嘉之际帮价银却是建立在某种早期金融体系之上，河南利用盐政系统生息，山东则更是利用民间钱庄生息。③ 这一做法相对依赖农业收成的地丁银要稳定的多。帮价银的做法不仅突破了原有定额在数目上的限制，也试图突破农业经济为基础的财政制度的束缚，但这一点与当时的社会经济发展状况实在不相适应。

进入道光朝之后，虽然皇帝屡屡告诫河臣"国家经费有常"，但还是不能保障河工用银的稳定供给，定额制度此时已经难以持续。道光十一年开始，东河的物料帮价银由三十万两减少至二十五万两，"每逢伏秋大汛，历任河臣奏请添拨银三十万两，迨道光十一年以后，酌减银数，每年请添拨银二十五万两"④。但这个数额基本没有得到

---

① 《嘉庆十七年九月初三日河东河道总督李亨特、河南巡抚长龄豫省河工请照山东生息奏》，《河道钱粮》第 7 册，1812 年，黄河水利委员会藏，资料号：清 1 - 10（2）- 7。

② 潘威：《清代前期黄河额征河银空间形态特征的初步研究——以乾隆五十七年的山东为例》，《中国历史地理论丛》2014 年第 4 期。

③ 同上。

④ 《道光二十八年七月二十日河东河道总督臣钟祥奏为河工例拨防险银两循照酌减银数以济工需》，《河道钱粮》第 21 册，1848 年，黄河水利委员会藏，资料号：清 1 - 25（9）- 30。

第三章 定额失效：道光财务危机下的河工用银　77

认真执行，河务官员在做预算时，经常回避这个事例。河南的物料采购所用白银远远大于三十万两。这是定额制度不具有约束力的重要体现。

首先，原本各河道库都有额储河银，以备修防不时之需，但道光时期，河道库的额储河银多出现短缺。道光七年（1827）六月十八日署理河东河道总督严烺就当年东河岁抢修银的上奏中就提到"查从前开归、河北两道库本有额储银两，为数尚多，可以轮流垫支，以备济急，近年开归、河北两道库额储短绌，全赖司库筹拨银款，始可缓急无虞"①，这表明道光时期额征河银在库存储情况并不理想。

其次，嘉道之际河工用银用料也是既有定额难以满足的。道光元年（1821）九月十六日三品顶戴署理河东河道总督臣严烺跪奏，为额办岁秸不敷备用请照节年成案预筹添购来年备防秸料以裕工储而资修守，恭折奏祈圣鉴事。窃照河工修防以料物为根本，案查豫省黄河南北两岸十三厅向来额办岁料以五千垛为率。嗣因两岸险工叠出，出处紧要，以五千垛之料分储各工，不敷一岁修防之用，自嘉庆二十一年（1816）豫省奏准额外增添秸料二千垛。② 可见，自嘉庆末年开始，原有定额就已经出现短缺。实际上，额征河银的完解情况从乾隆末期就不理想。以乾隆五十七年（1792）为例，山东只完成规定额度的64.7%，而在乾隆五十五年至五十六年（1790—1791），山东逐年拖欠的额征河银占到了总额度的1/4以上。③

最后，也是最重要的一点，从河臣上奏请款的方式也可以看出一些变化，如"道光元年九月十六日三品顶戴署理河东河道总督臣严烺跪：奏为额办岁秸不敷备用请照节年成案预筹添购来年备防秸料以裕工储而资修守，恭折奏祈圣鉴事。窃照河工修防以料物为根本，案查

---

① 《河道钱粮》道光七至八年，第2册，黄河水利委员会藏，资料号：清1-10（2）-9。
② 《道光元年九月十六日署理河东河道总督严烺奏额办岁料不敷》，《河道钱粮》第9册，1821年，黄河水利委员会藏，资料号：清1-10（3）-9。
③ 潘威：《清代前期黄河额征河银空间形态特征的初步研究——以乾隆五十七年的山东为例》，《中国历史地理论丛》2014年第4期。

豫省黄河南北两岸十三厅向来额办岁料以五千垛为率。……于岁料五千垛外预请添办备防秸料两千垛。……委系均不敷用。拟请援照嘉庆二十一、二、三、四、五等年之例，豫省南北两岸各工共添备防秸二千垛。东省曹河粮河两厅添备防秸料五百垛，即于岁料将次办完之时……朱批：依议速行"[①]。这类援引之前年份进而获取更多拨款的情况基本与道光朝相始终。这里要注意的是：乾隆—嘉庆之交，河南巡抚与皇帝就"河工加价"进行了数轮博弈，最终新的定额额度被确定，虽然用银规模有所扩大，但定额制度本身还是被保留下来，在制度上对河工开支的上涨还能有所制约。

但进入道光时期，君臣围绕河工增加开支的讨论不再在定额制度的前提下进行。这与道光皇帝本人对待定额制度的态度有很大关系，道光帝在执政初期（1827）坚决力保额度不变，不容许河工加价的行为再次发生。道光七年九月十一日，道光皇帝给河南巡抚程祖洛的一份上谕[②]，其大致意思是：道光查看了乾隆五十七年（1787）河南与朝廷关于河工加价的文件，高宗皇帝有明确意见反对河工加价的。加价行为只能作为特殊情况下的暂行办法，不要错误地认为加料加价等行为是朝廷制定了新的定额标准，"岁修抢修则系每年常办工程，乃亦借口物价昂贵，竟至作为定额……该部驳穆和兰所请甚是"，而署理河东河道总督的严烺竟然用嘉庆二十一年（1816）开始执行的河南额定五千垛料外再加两千垛，这种做法就是"任意加增、借端科派、累及闾阎"。

由此可见，道光皇帝对待河工开支的态度，定额制度一定要保住，而且还要维护河工加价之前的定额数，但道光皇帝又认为加价作为暂行办法可以存在。那么臣工的态度就是不断援引成例的做法来实

[①] 《道光元年九月十六日署理河东河道总督严烺奏额办岁料不敷》，《河道钱粮》第9册，1821年，黄河水利委员会藏，资料号：清（1）-10（3）-9。

[②] 《道光七年九月十一日谕河南巡抚程祖洛》，《河道钱粮》第9册，1827年，黄河水利委员会藏，资料号：清（1）-10（3）-10。

第三章 定额失效：道光财务危机下的河工用银

现实际上的新河工经费标准。但就是不提制订新的定额标准和管理方法。因此，直到道光十一年（1831），河东河道总督严烺依然要靠援引成例来实现新的、实际需要的物料额度购置申请，"三品顶戴河东河道总督臣严烺跪奏为豫东额办岁料不敷备用请照历年成案预筹添购来年备防秸料以裕工储，并查明用存料垛照数扣抵以归节省，恭折奏祈圣鉴事。窃照河工修防以料物为根本，案查豫省黄河南北两岸十三厅向来额办岁料以五千垛为率，嗣因两岸险工叠出，处处紧要，以五千垛之料分贮各工不敷一岁修防之用，历任河臣节次奏明，于岁料五千垛外预请添办备防秸料二千垛，各按工程平险分别贮备多寡，使要工又备而所省实多。其东省曹河粮河两厅事同一例，亦请于额办岁料六百垛外添备五百垛。自嘉庆二十一年至道光十一年均于霜降前奏蒙恩准钦遵饬办。迨本年春间臣于遵旨妥议办料章程案内请将此项防料改于霜降安澜后具奏，责成各道查明各厅用剩存工秸垛数目，即于请添拨防料项下照数扣抵，并将减办银两划还司库以昭核实。奉部议准各在案。兹时过霜降，已届预办来年料物之时，臣体察情形，参考成案，豫省各厅岁料五千垛，东省两厅岁料六百垛，委系均不敷用。与往年情形无异，应请仍照成案，豫省南北两岸各工共添备防秸二千垛，东省曹河粮河两厅共添备防秸五百垛……"①

乾隆后期，与地丁银捆绑的额征河银制度就运转不良，嘉庆实现了新的定额数额，也采用了"生息"做法试图弥补地丁银拖欠带来的河工用银上的供需矛盾。但河务耗费巨大，千里长堤每年所费动辄以数百万两计，对当时尚处萌芽时期的金融系统来说是无法承受的。至道光时期，定额制度已经形同虚设，究其原因，主要还是在于当时定额河银的供给已经从依赖地丁银越来越依赖国家正常财政体系之外的名目，比如捐纳。② 19世纪40年代黄河水文环境突变，在豫东连

---

① 《道光十一年七月十八日河东河道总督严烺为豫东额办岁料不敷备用请照成案预筹添拨事》，《河道钱粮》第11册，1831年，黄河水利委员会藏，资料号：清1-12（4）-7。

② 伍跃：《中国的捐纳制度与社会》，江苏人民出版社2013年版。

年酿成大灾,而为平息这些灾害而兴办的临时性大工本就不受定额控制,更导致河工开支不受约束。但从定额制度运作的情况而言,早在19世纪40年代之前,河工的定额制度已然瘫痪,无法发挥"限之以制"的作用。

小　结

魏源评价道光时期的河务为"国帑漏卮",不仅指河工耗费的巨大,更指河银来源已经遍布清廷各项常规性收入,确实如同"黑洞"一般,吸纳着日益衰弱的清王朝财政能力。19世纪40年代是近250年来黄河水文环境突变的重要阶段,直接导致了"中牟大工"这类耗银以千万两计的大型工程,但如果没有河工银制度本身的问题,这一外部的环境突变尚不足以使"河务"成为清廷财政能力极具降低的决定性原因。在有关环境与历史关系的研究中,首先需要从人类社会和政府制度本身着眼(至少历史学者当如此),不能简单地将很多问题推给"气候变化"。同时,气候本身自有其波动,对社会能形成影响的主要是幅度大、速率快的变化,在研究实践中应尽量避免将"气候变化"泛化,使研究丧失必要的科学性。

从康熙以降的定额河银制度来审视道光时期,我们可以发现,在环境突变之前,河工银就已经失去控制,定额制度实际执行层面在嘉庆时期已出现动摇迹象。与道光朝相始终的河工耗费巨大问题,其最直接的原因是定额河银制度的逐渐崩溃,河工开支开始脱离既有的定额财政制度。道光皇帝对设立新定额标准以维持该制度在河务上的权威性始终持回避态度,在河工开支失控上,这一因素较外部因素(如水环境突变)更为重要。

如何认识和吸取清代河务中财政与治河两者关系的经验和教训,特别是究竟如何评价清代在治河人工与物料筹集中的商品化做法,不仅有助于理解清王朝的兴衰,也对当前国家的水资源战略有所裨益。

水利事业本身的财政运作方式等在以往的财政史、经济史、水利史研究中虽不断有所提及，但仍需深入研究，类似于黄河这类国家工程，以及为数更为众多的区域性工程，支撑其运转的财政制度还有很多问题尚未被认识。

第四章

千年巨洪：1843年中牟大工

关于河政体制的研究，主要是对河政体系的演变、河政体制中存在的腐败问题以及对国家和社会造成的影响，对单次大规模的河务工作少有涉及。而有关具体工程背后的机制、开展过程和运作方式等问题，并不能有直观的了解。本章在分析气候背景的基础上，结合清代《中牟大工奏稿》，通过河工的具体运作来探讨制度运作、执行的过程以及大工过程中的组织关系等内容。

第一，1843年黄河中游地区发生了大规模的降水，雨区主要集中在黄河中游地区，造成黄河"千年一遇"的洪水重现期。中游雨水的增多最直接的影响就是黄河径流量的增加，导致黄河中下游地区出现了水情暴涨的情况。暴涨的洪水造成黄河南岸在中牟九堡决口，改变了黄河流路，使中牟以下28个州县受灾，导致洪泽湖水势高涨。开封府护城堤也被洪水损坏，河南的科举考试也被迫延期举行。

第二，通过分析大工开展前的准备事项，我们可以了解黄河发生险情后，中央决策的过程，中央采取了哪些措施使黄河挽回故道。河工经费筹集的主要来源是地丁银、盐课银和关税银等，这些名目并没有突破传统的大工经费来源。劳动力的来源主要是河兵和民夫，其中因东河河兵业务不熟，调派了南河300名河兵。民夫主要是受灾地区的贫民。

第三，通过对大工施工过程的分析，可以了解工程的施工进度和堵口时修筑的工程类型。大工施工前后进行了两次修筑。在第二次兴工之前,官员采取了防护措施,并且提出势难缓办的原因,于是再次筹集经费和物料进行堵口,最终使黄河合拢。参与河工的官员,有直接负责的河道官员、中央下派的钦差大臣以及地方巡抚。

第四,道光二十四年(1844)末黄河合拢之后,又进行了一些加固措施,保证了黄河大堤的稳固,奖励了记录在册的官员170名左右,包括文职和武职。1841年祥符决口和1843年中牟决口,暴露了河道官员贪污陋习和河兵不熟悉河务修守等弊端,于是道光决定大力整顿河务陋习,从严考核河兵,加大对贪污腐败官员的惩治力度。在修筑过程中,大工中存在的问题逐一显露,如官员兵夫的腐败、河工经费运解迟缓和物料不能及时到工、官员对民夫的弹压、麟魁等官员的失职。

第一节 中牟决口前水情及影响

黄河在一年内有四次季节性涨水,素称"桃汛、伏汛、秋汛、凌汛"。三月底至四月初,因正值桃花盛开的季节,且此时上游河段解冻开河,一时巨大水量下泄至中下游,称为桃汛。在夏季伏天形成的暴雨洪水称为伏汛,秋天形成的暴雨洪水称为秋汛,因伏汛和秋汛时间相近,有时又称为伏秋大汛。在黄河解冻开河时,中下游弯曲河段很容易出现冰凌,水位抬高,危及黄河大堤安全,称为凌汛。19世纪40年代是近300年来黄河中游汛期产流最为旺盛的时期,道光二十一年(1841)、二十二年(1842)、二十三年(1843)都发生了大水,其中1843年的洪水最为典型,导致河南、安徽、江苏三省受灾。"受灾面积达到40000平方公里。"[①]

---

① 黄河水利委员会勘测规划设计院:《1843年8月黄河中游洪水》,《水文》1985年第3期。

一 天气背景

道光二十三年（1843），黄河中游地区暴发了长时段的降水过程，致使黄河水位迅速抬升，"黄河干流区间内的陕西潼关到河南小浪底河段出现了千年以来的最高的洪水位"。"当年流量达到 91.30×$10^9 m^3/a$，为清代最大一次洪水。"是年黄河进入汛期的时间较往年提前，"黄河中游大概是在 5 月初入汛，比多年入汛的时间（7 月初）提前 2 个月左右"。黄河水利委员会勘测规划设计院也通过考证沿河古代遗物和洪水淤沙面的高程，得出"当年洪水的稀遇程度是近千年来所未有的，所以重现期为千年一遇"。造成这次洪水的主要原因是"西南—东北向切变线型暴雨，托克托县河口镇至韩城龙门区间的两侧支流是雨区的主要范围，尤以西侧的支流无定河、窟野河以及泾河支流的马莲河、北洛河上游地区为主"①。

1843 年洪涝指数较高的地区集中在黄河中下游区域、长江中下游区域、华南中东部和云贵高原的西北部。其中河南中部地区指数最高，中牟决口地就发生在该区域。关于 1843 年雨情的记录，在陕西、山西、河南的地方志中有较多的记录。陕西省的有"阴雨五十余日"，"兹据西安、凤翔、汉中、榆林、同州、兴安、商州、邠州、乾州、鄜州、绥德等府州陆续具报，于六月十四五、十八九、二十并二十一二、二十六、二十九及七月初一、二等日，先后得雨二寸至深透不等"②。"七月二十五日，雹雨大作，亦起自锦屏山后，大如鹅卵，山上有径尺者，数日不化。"③ "道光二十三年秋大雨，水深数尺，南山内九涧冲刷成渠。"④ 山西省的有"夏四月至七月，阴雨，

---

① 潘威、庄宏忠、李卓仑、叶盛：《1766—1911 年黄河中游汛期水情变化特征研究》，《地理科学》2012 年第 1 期。
② 民国《续修陕西通志稿》卷 61《水利》，民国二十三年铅印本。
③ 道光《安定县志》卷 1《灾祥》，清道光二十六年抄本。
④ 民国《续修陕西通志稿》卷 61《水利》，民国二十三年铅印本。

禾苗不秀。是年惟菜及荞麦丰稔"①。"窃照徐沟县属之里旺村等四村，于六月二十二日猝被冰雹。北程村等十五村，于七月十二、十三、二十五等日被水。……又解州属之庄头堰，于六月二十七日，山水陡发，冲决姚暹渠口，溢入民地。"② "霪雨二十余日。七月，黄河溢，至南城砖垛，次日始落，淹没无算。"③ "夏雨连旬，麦生芽。"④ "七月十四日，河水暴涨，溢五里余。"⑤ 河南省的有"本年入夏以来，天作霪雨，加以邻境河堤溃决，波及本地，淹没秋禾"⑥。"自四月下旬雨，至于八月。"⑦ "高都水溢，高数丈，逼近城堞，坏东北关居民田亩墓庐舍无数。"⑧

史料中的这些雨水记录发生地正是黄河的中下游流域，雨期的提前，加之雨期持续时间较长，使黄河遭遇"千年一遇"的洪水。

二 水文过程

黄河中游雨水最直接影响的是黄河径流量，中下游地区出现了黄河水情暴涨的情况。因雨期提前，陕州万锦滩在道光二十三年（1843）四月初十日就出现了黄河盛涨的水报。在此之后，又多次出现黄河涨水的奏报。当年九月初二日江南河道总督潘锡恩上报的奏折中提到，"统计入夏以后，甘肃宁夏府长水一次，河南陕州万锦滩长水十九次，巩县黄河长水一次，武陟县沁河长水二十八次，共四十九次，长水十三丈零七寸。自交夏至，沁黄并涨之日居多，且有两日之间长至一丈二尺余寸者。来源之旺，实为罕见，以致江境河水接涨，

---

① 光绪《寿阳县志》卷13《祥异》，山西人民出版社1981年版。
② 水利电力部水管司、科技司编：《清代黄河流域洪涝档案史料》，道光二十三年闰七月十二日山西巡抚梁萼涵奏折，中华书局1993年版，第632页。
③ 光绪《平陆县续志》卷下《杂志》。
④ 光绪《垣曲县志》卷14《杂志》。
⑤ 光绪《绛县志》卷12《祥异》。
⑥ 民国《商水县志》卷12《丽藻》。
⑦ 民国《项城县志》卷31《杂事》。
⑧ 光绪《嵩县志》卷6《祥异》。

桃南北迤上各厅,普律漫滩,险工叠报"①。

表4-1　　　　　　　　　1843年黄河涨水记录

地点	时间	涨水尺寸	换算高度(厘米)
陕州万锦滩	四月初十、二十三及五月十一、二十并六月初二、初七、初九等日	共长水一丈八尺七寸	598.4
陕州万锦滩	六月二十一日巳时	长水五尺五寸	176
陕州万锦滩	六月二十八日	长水三尺五寸	112
陕州万锦滩	七月初三、初五、初七、十三日	共长水二丈二尺四寸	716.8
陕州万锦滩	七月十四日辰时至十五日寅刻	一丈三尺三寸	425.6
陕州万锦滩	闰七月初九日	长水三尺八寸	121.6
陕州万锦滩	闰七月二十一日	长水四尺一寸	131.2
陕州万锦滩	八月初二日	长水三尺八寸	121.6
武陟沁河	六月初二、初七等日	共长水三尺五寸	115.2
武陟沁河	六月初八、初九、初十巳申亥时,二十日寅午亥三时,二十一日午酉	共长水一丈五尺三寸	489.6
武陟沁河	六月二十五六日并七月初二、初三、初五等日	共长水一丈一尺八寸	377.6
武陟沁河	闰七月初六日	长水一尺二寸	38.4
武陟沁河	闰七月十九日	长水一尺四寸	44.8
武陟沁河	七月初五至二十七日	共长水一丈零七寸	342.4
硖口黄河	七月初八、初十日	共长水七尺四寸	236.8
武陟黄河	七月初七、十一、十三等日	共长水六尺一寸	195.2
巩县黄河	七月初二日	长水二尺六寸	83.2

资料来源:黄河水利委员会藏《道光中牟大工奏稿》。

表4-1中1843年黄河洪水涨发特点多以暴涨为主,"七月十四

---

① 水利电力部水管司、科技司编:《清代黄河流域洪涝档案史料》,道光二十三年九月初二日潘锡恩奏折,中华书局1993年版,第638页。

日午，黄河暴涨"①，"八月，河决中牟，邑大水，漂没民庐无算"②，"七月十四日，河水暴涨，溢五里余"③。当时的江南河道总督潘锡恩和河东河道总督慧成上报的奏折多次提到"来源之大、来源之旺，实为罕见"。并且在《中牟大工奏稿》中多次出现"黄河暴涨""沁黄盛涨"的记录。在上报的奏折中也有"浪若排山，历考成案，未有如此猛骤"的记录。这些文献的记载可以说明当时河流涨水水量之大，速度迅猛。

三 水灾影响

徐福龄在《安澜歌》中记载："黄河黄，黄河长，黄河凶猛最难防。"长时段的降水过程使黄河下游河堤多处出现险情，特别是七八月份产生的降雨直接导致黄河干流众水汇注，河水宣泄不及，使中游的两岸居民遭受洪水袭击。"本年大河来源过旺，长水至四十九次，两岸险工叠出。"④"阌乡、陕州、新安、渑池、武陟、郑州、荥泽等州县禀报，各该地方于七月十四等日沿河民房、田禾均被冲损等语。"⑤"七月中旬，黄河汹涌非常，出人意表，直入盈庙，房垣为之冲颓，神像为之染，泥沙淤丈余。"⑥ 暴涨的洪水同时造成了下游河堤处处着重，致使黄河南岸在中牟九堡决口，改变了黄河的河道，给河南、安徽、江苏三省的人民造成了严重灾害。

"当二十一日，沁黄并涨之时，加以入伏后，无日不雨，众水汇注，以致各厅积存长水，大于数年，两岸普律漫滩，汪洋无际，临黄砖石、埽坝纷纷报塌……不料六月二十一日沁黄盛涨，大流涌注，新

---

① 民国《灵宝县志》卷10《饥详》。
② 民国《淮阳县志》卷8《杂志》。
③ 光绪《平陆县续志》卷下《杂志》。
④ 中国历史第一档案馆编：《嘉庆道光两朝上谕档》（第48册），广西师范大学出版社2000年版，第480页。
⑤ 黄河水利委员会藏：《道光中牟大工奏稿》（第1册），道光二十三年闰七月十一日慧成、敬徵、何汝霖、鄂顺安奏折，第95页。
⑥ 民国《新安县志》碑文，民国二十七年石印本。

埽先后全行蛰塌，赶即集料抢补甫厢出水，溜忽下泄至九堡无工之处，偏值二十六日，大雨一昼夜，二十七日黎明继以东北风大作，鼓溜南击，浪高堤顶数尺，兵夫不能立足，有力难施，九堡堤身顿时遇水全溜，夺入南趋，口门当即塌宽一百余丈等情。"① 这是口门刷塌最早的记载，这时已经刷塌 330 余米，连续的降水使口门继续刷塌，七月十六日口门既已刷宽 660 余米，到了二十日发展至 1200 余米，漫溢的洪水淹没了大面积地区。

中牟决口造成黄河改道，溜分两股，"由贾鲁河经开封府之中牟、尉氏、陈州府之扶沟、西华等县入大沙河，东汇淮河归洪泽湖，此正溜也，由惠济河经开封府之祥符、通许、陈州府之太康、归德府之鹿邑、颍州府之亳州入涡河，南汇淮河归洪泽湖，此旁溜也，旁溜自祥符境之泰山庙东经开封城西南，又东至陈留、杞县，南入惠济河尾归涡河，此旁溜之分支也"。迅猛的黄水造成下游州县大量房屋被毁，家资肆意漂淌。如中牟"六月二十六日河决李庄口，东北一带地尽成沙，死人无算，村庄数百同时覆没"。"七月，黄河决中牟，水达西华境，淹没六百余村。""七月，黄河决中牟，水达西华境，淹没六百余村。"这次洪水波及中牟以下的 28 个州县，洪水波及区域按受灾轻重程度可分为最重者、次重者、较轻者、不成灾者四类。

中牟决口造成黄河改道，使江南桃北厅崔镇汛工程易于办理。道光二十二年（1842）黄河下游的桃北厅崔镇汛发生了决口事件。"其下首萧家庄口门，刷宽至一百九十余丈。"中牟决口造成江苏北部的黄河断流，方便崔镇的堵口工程。改道后的支流最终汇入洪泽湖，导致洪泽湖形势严峻。"现在豫省中牟漫口，全黄下注，洪泽湖实形吃重，必应赶筹宣泄，以畅归墟之路。"支流也造成了大沙河、涡河、沘河等河流水势的增长，其中安徽沘河"陡长六尺"。

---

① 黄河水利委员会藏：《道光中牟大工奏稿》（第1册），道光二十三年七月初一日慧成奏折，第6—7页。

清代治理黄河的目标并不单单是为了消除黄河的水患，清朝对黄河修防事务的关注在很大程度上是为了保障漕运的畅通。中牟决口后并没有对运河的通行造成阻碍，在中牟决口后，吏部侍郎成刚上奏"漕行无碍"。

由于受洪水灾害的影响，地方科举考试也受到了影响，不得不延期举行。"该士子等因险阻在途，难于跋涉，未能克期至省，著照所请准其将该省乡试展期至十月初八日举行"，"命河南癸卯科武乡试，展至道光二十四年三月举行"，"以河南巡抚鄂顺安督办中牟大工，命本科武闱乡试改于来年二月校阅"，由于中牟决口的影响，乡试时间被多次推迟。河南省城开封府的护城堤也受漫溢之水影响，造成堤坡坍塌。"此次黄水漫口，下注省垣护城堤根，将堤坡刷去四百余丈。"

第二节　大工开展前准备

一　清廷决策

道光朝虽处于封建主义中央集权体制的晚期，但是以皇帝为首的朝廷对国家重大事务仍具有独断的权力。在具体的河务上，道光帝并没有亲力亲为，而是希望官员们能够积极谏言，出谋划策。因此，在道光一朝，治河事务大多还是交由部院大臣和河道官员自行处理。

道光二十三年（1843）三月，道光帝颁发了一道圣旨，"朕深宫循省，负疚良多，自当刻意慎修，勉益加勉。在廷诸臣，其各尽心献替，匡弼朕躬，毋辜期望，至求言纳谏，系朕本心。近来科道建言，凡有裨于实政者，无不立见施行。……嗣后大小臣工，务各力矢公忠，屏除私见，遇有用人行政阙失，尽言无隐。朕非饰非文过之君，诸臣不必存畏罪取容之见。但必拨诸时势，实在可行，方可登之奏牍，傥泥古不化，徒托空言，仍于国计民生，毫无裨益，则大非朕虚己听言之本意也"。从该圣旨可窥探出道光帝期望大臣能够摒除私见，广开求言纳谏渠道,实现国家的安治。但这种愿景并没有很好地贯彻实行,影响了对黄河的治理维护。"由于黄河异涨,道光皇帝只能根据河臣们的奏折来发布指示。尽管道光本人希望'宸意不为遥制',由官员们自行决定开御黄坝放水,但官员们推诿、逃避、迟延,结果丧失了好机会,造成了决堤的严重后果。反过来看,官僚体系的低效和实效极大地制约了中央的权力。"

道光帝对存在已久的河务陋习有所耳闻,时常告诫官员们要认真办事,不能谎报工程丈尺、侵挪河工银两,如有此弊端,将给予严惩。

谕内阁、朕闻近来江南河工,时有过往官员及举贡生监暨友人等前往求助。该河督及道厅等官碍于情面,不能不量为资助,以致往者日众,竟有应接不暇之势。不知河工银两,丝毫皆关国帑。河员承领钱粮,均有购料修防之责。傥过往官员举贡生监暨友等视为利途,纷纷前往,该员等焉有自出己资之理,无非滥请支领,克减工程,以为应酬之费,于河务甚有关系,不可不严行禁止。因思此等游客,不能无因至前,往往向在京官员求索书信,以为先容,甚至嘱托该河督授意属员广为吹嘘,此风可恶之至。著潘锡恩通饬各属一律严禁,嗣后查有执信往谒,意在干求者,著该河督即将其人暂行扣留,指名参奏。其有向道厅求助,业经帮助银两者,即将授受之人一并参办,概不得意存见好,稍事姑容。并著两江总督明查暗访,傥此后仍有前项情弊,该河督未即举发,即行单衔奏参,庶几惩一儆百,力挽颓风。南河既有此弊,东河亦所不免,著东河总督通行严禁,并责成山东河南巡抚一体访查。至各省盐务衙门,向来陋习相沿,亦应严行杜绝。著通饬各省盐政一概禁止,毋任虚糜课饷,其兼管之各省督抚均著密行稽察,以期弊绝风清。经此次通饬禁止以后,两河道厅及盐务官员傥再藉口应酬,以致侵欺帑项,必当严加惩治不贷。将此通谕知之。①

此谕旨是道光二十三年（1843）十二月发布的，虽是江南河工的映照，但是道光帝看到东河和南河有相似的弊端，希望剔除弊端，肃正风气。通过此谕旨可以看到，河道官员把河工经费挪作他用、偷工减料、虚支经费、官官相护、侵占国帑，给河务治理造成了巨大的困难。谕旨发布时间在中牟决口之后，堵口工程进行的关键阶段，道光帝借此希望在中牟大工修治过程中，官员能够齐心协力，共同协助，堵合口门，达到使黄河顺轨安澜的目的。

为了剔除河务陋习，道光帝还委任从未直接从事过治河工作的人员担任河东河道总督。道光十二年（1832），道光帝任命吴邦庆任东河总督，吴邦庆以"不谙河务"推辞，但是并没有得到道光帝的同意。道光帝认为，"朕因熟悉河务之员，深知属员弊窦，或意存瞻顾，不肯认真稽查。吴邦庆非河员出身，正可厘剔弊端，毋庸徇隐"②。吴邦庆上任后，大量调用原先属下，为属下官员举荐。"接任以来，十二年以河南候补同知黎淦候补通判沈廉改拨河工。十三年以使用县丞龚国良改拨河工。上年又以河南候补通判罗杰候补州同沈廉候补府经历周昀改拨河工。如果差委烦人，不难奏请分发。乃以地方候补人员，纷纷改拨，无非为属员谋缺地步。历年安澜保举不过十余员，上年保至二十五员之多，未免滥冒。"③ 吴邦庆在任期间，河工经费超出了以往的正项钱粮。"东河自道光元年以来，每年动用正项钱粮多至一百万两以内。其用至百万以外者，不过三四年，惟十一年抢办险工，用银一百十四万。今吴邦庆任内十二年、十三年、十四年，俱用至一百十万两以外，较之十年以前，有多无少，是所谓撙节钱粮一

---

① 《清宣宗实录》卷401，道光二十四年正月道光帝谕旨。
② 同上。
③ 《再续行水金鉴》（黄河卷·2），湖北人民出版社2004年版，第543页。

遇，不过为属员升官考语。按之实际，仍属子虚，未免意存隐势饰"①。吴邦庆在任期间的任用属员和河工经费增加的行为，与道光帝任用时的初衷是相悖的，道光帝寄希望用非河务官员扭转河务陋习并没有达到理想的效果。

中牟决口时，时任河东河道总督的是慧成。"慧成，戴佳氏，满洲镶黄旗人。道光十六年进士，改翰林院庶吉士，十八年散馆授检讨，十九年二月大考二等，升詹事府左春坊、左赞善，三月，升翰林院侍讲，四月，转侍读，旋充日讲起居注官，五月擢侍讲学士，七月，充山西乡试正考官，二十年二月稽察右翼觉罗学，三月升詹事府詹事，五月充福建乡试正考官，八月迁通政使司通政使，十二月署理藩院左侍郎，二十一年三月充会试，知贡举，四月充殿试读卷官……二十二年二月以祥符河江被风蛰失埽段，革职留任，旋以大工合拢，开复处分，仍下部优叙，九月署东河河道总督，十一月实授。"从慧成的履历来看，他并没有在河官体系中任职过，对河务的修治工作想必不能有很好地了解，势必会影响对黄河的治理。中牟决口后，慧成也自称"本不谙习河务"，说明道光帝并没有吸取任用吴邦庆的教训，而是继续任用不熟悉河务的官员。由于第一次堵口并未合拢，就将慧成革职留任，调派钟祥为河东河道总督。查勘钟祥的履历，在出仕不久，就由山东兖沂曹济道钟祥升为按察使，并且兼署过河道总督，直至中牟决口，才由库伦办事大臣钟祥调派到工，担任河东河道总督，到任后和地方官员和衷共济，经理得宜，堵闭了决口。

"道光以降，朝廷军务频繁，社会矛盾重重，河工相较于其他事务有所降低。再加上漕粮海运方案的提出，皇帝不再过问具体的治河事务，而是只看治河的成效如何，对河工具体的干预也逐渐减少。"② 道光帝并没有像嘉庆帝那样对治黄事务给予积极的干预，而是把治河事务交由河道总督等河官处理。中牟决口后，河东河道总督和河南巡抚第一时间就

---

① 《再续行水金鉴》（黄河卷·2），湖北人民出版社2004年版，第650页。
② 金诗灿：《清代的河官与河政》，武汉大学出版社2016年版，第85页。

把涨水情况和决口丈尺上报给了道光帝。

在收到河道总督的奏折之后,道光帝一方面督饬道厅营汛各官员能够积极处理决口事宜,另一方面惩罚了负责河道维护的官员。"著该河督督饬道厅营汛各员,赶紧筹办,盘做裹头事宜,毋得再有懈误。慧成身任河督,未能先事豫防,著交部严加议处。鄂顺安兼辖河务,亦著交部议处。疏防之专管中河通判王葵初、协备张广业、并防守之中牟下汛县丞张世惠、把总辛得成,均著即行革职。兼辖之中牟县知县高均,著交部议处。开归道福敏,到任仅止半月。开封府知府邹鸣鹤,现令专管城工,惟均有兼辖之责,咎亦难辞。著一并交部议处。"①

决口之后,朝廷就调派钦差大臣到工兼管、负责堵口的工程。这些被调派的部院大臣实际在河工修治过程中担任负责人的角色,具有较大的权力,河道总督和地方官员有时也需要受其节制。道光二十三年(1843),堵筑江南桃北口门时就派大臣大工督办,"著即责成敬徵、廖鸿荃周历南北两岸及各海口,并旧河各道,逐一详细查勘,应堵应改,熟审机宜,筹定大局,毋庸会商麟庆"。麟庆作为当时的江南河道总督,对南河各黄河情况是有一定了解的,而被调派的敬徵和廖鸿荃可以不用和麟庆商量,自行决定,说明朝廷调派的大臣具有相当大的权力。"所有挑河筑坝事宜,恭候钦派大臣到工,随同确勘"②,可以看出调派官员到工负责已成常例。道光二十三年七月初一日具奏后,于七月二十日就调派钦差协办大学士户部尚书敬徵和户部侍郎何汝霖到工督饬河道官员迅速开展堵口工程。

因此第一次堵口是在钦差大臣、河道总督和河南巡抚的共同负责下进行的,"惟查向来漫口办理大工事宜,均由钦差会同抚臣、河臣

---

① 黄河水利委员会藏:《道光中牟大工奏稿》(第1册),道光二十三年七月初一日朱批。

② 黄河水利委员会藏:《道光中牟大工奏稿》(第1册),道光二十三年七月初九日慧成奏折。

商办,所有此次估办筑坝挑河等工,应请旨饬下河臣慧成、抚臣鄂顺安一体商办,实于公务有裨"①,第一次堵口并没有一举成功,在第二次开始修筑前,河道总督钟祥和河南巡抚鄂顺安请求朝廷再次调派大臣来工商办,但没有得到道光皇帝同意。"再查历次兴举大工均蒙钦派大臣来工督办,本年续举中牟大工,挑河筑坝,事关重大,仰乞圣恩,朱批,前已有旨,何须再陈,钦此。钦派大臣来工,勘估督办,俾臣等遇事得有商酌,则感沭鸿慈,询无既极,为此恭折具陈"②,"该河督等系朕特加委任,与钦派大臣无异,务当激发天良,认真督办,断不准游移推诿,贻误要工"③。

二 经费筹措

河工的运作作为一项国家行为,需要国家财政的支持。中牟九堡夺溜南趋事发突然,决口后官员一方面上报中央政府,另一方面组织人员盘筑裹头,以免口门再续刷塌。经户部尚书敬徵初步估计需银600万两,国家依据此数额摊征到各省关,经费来源除了南河拨款的170万两划给东河外,还有地丁银、关税银、盐银、其他等。由于这次中牟大工并没有堵筑成功,道光二十四年(1844)进行了第二次堵筑工程,这才使口门挂缆合拢。因此也就进行了第二次经费的筹措。第二次大工初步筹集650万两,以备要需。然而对比两次经费的来源,可以看出地丁银是这两次大工经费的主要来源,也能体现出地丁银在国家财政收支中占有重要的地位。

第一次大工"除拨还垫办盘做东西裹头银十二万二千余两,拦黄坝银三千六百余两,系前任承办工程应划开不计外……统计臣等所办

---

① 黄河水利委员会藏:《道光中牟大工奏稿》(第1册),道光二十三年七月二十四日敬徵、何汝霖奏折。
② 黄河水利委员会藏:《道光中牟大工奏稿》(第5册),道光二十四年七月初三日钟祥、鄂顺安奏折。
③ 黄河水利委员会藏:《道光中牟大工奏稿》(第5册),道光二十四年七月初三日军机大臣对钟祥、鄂顺安奏折的回复。

各工，除动用捐输钱文外，实共用去正坝银六百四十四万余两"①，统计共用银707万余两。第二次大工花费498万两左右②。两次共花费1205万两左右，这其中并不包括灾赈百姓以及善后工程所花费的银两。由于这次决口，受灾地区范围大，致使朝廷多次赈济或减免受灾区。道光二十三年（1843）八月，"给河南中牟、祥符、通许、尉氏、陈留、杞、鄢陵、淮宁、西华、沈邱、太康、扶沟、项城、鹿邑、睢、阳武十六州县被水灾民一月口粮"③，道光二十三年十月"赈安徽太和、五河二县及凤阳卫被水军民，给房屋修费，贷太和、五河、阜阳、颍上四县灾民一月口粮"④，"展缓河南荥泽、商邱、夏邑、永城、虞城、柘城、安阳、汤阴、临漳、内黄、汲、新乡、获嘉、淇、辉、延津、浚、封邱、考城、济源、原武、武陟、阳武、息、兰仪、孟津、孟二十七县被水被雹村庄新旧额赋"⑤，道光二十四年四月"给河南中牟、祥符、通许、陈留、杞、尉氏、淮宁、西华、沈邱、太康、扶沟、项城、阳武、鹿邑、睢十五州县上年被水灾民三月口粮"⑥，道光二十四年七月"给河南中牟、祥符、尉氏、杞、扶沟、鹿邑、鄢陵、陈留、通许九县灾民三月口粮"⑦，道光二十四年九月"给河南淮宁、项城、沈邱三县灾民口粮有差"⑧，道光二十四年十二月"给河南中牟、祥符、陈留、杞、通许、尉氏、淮宁、太康、扶沟、沈邱、鹿邑、阳武、西华、项城、睢十五州县被淹被雹灾民一月口粮，并贷籽种仓谷有差"⑨。纵看清代以降，此次花费是清

---

① 黄河水利委员会藏：《道光中牟大工奏稿》（第4册），道光二十四年二月二十六日麟魁、廖鸿荃奏折。
② 黄河水利委员会藏：《道光中牟大工奏稿》（第6册），道光二十五年正月二十六日钟祥奏折。
③ 《清宣宗实录》卷396，道光二十三年八月道光帝谕旨。
④ 《清宣宗实录》卷398，道光二十三年十月道光帝谕旨。
⑤ 《清宣宗实录》卷396，道光二十三年十月道光帝谕旨。
⑥ 《清宣宗实录》卷404，道光二十四年四月道光帝谕旨。
⑦ 《清宣宗实录》卷407，道光二十四年七月道光帝谕旨。
⑧ 《清宣宗实录》卷409，道光二十四年九月道光帝谕旨。
⑨ 《清宣宗实录》卷412，道光二十四年十二月道光帝谕旨。

代以来河工开支最多的一次。

　　清代的河工分为岁修、抢修、另案、大工四个部分。据光绪《大清会典》记载："凡旧有埽工处所，或系迎溜顶冲，或年久埽腐坏，每岁酌加镶筑，曰岁修。""河流间有迁徙，及大汛经临，迎溜生险，多备料物，昼夜巡防抢护，曰抢修。""凡新生埽段，不在岁修、抢修常例者，曰另案。""其堵筑漫口，启闭闸坝，事非恒有者，曰大工。"岁修、抢修属于河道例行维护的费用，在财政支出中占有固定的开支。另案和大工属于临时性的河工经费，开支多少依据河工的规模而定。关于乾隆时期河工的经费，魏源认为"乾隆年间南河和东河的岁、抢修及另案工程费用平均每年在200万两左右"。到了道光时期，河工经费达到了清代河工开支的高峰时期。在道光八年（1828）十月二十九日的一道上谕中记载"河工需费为度支之大端，近年例拨岁修、抢修银两外，复有另案工程名目，自道光元年（1821）以来，每年约共需银五六百万余两"。如果按照清朝每年的财政收入为4000万两，河工经费从乾隆时期的200万两到道光时期的500万至600万两，占据财政收入的比重由5%增加到14%左右。

　　道光帝继位后，意识到河工经费支取呈现上涨的趋势，但河务的治理并没有取得成效。道光六年（1826），道光帝的上谕称"河工需费为度支之大端。今年例拨岁修抢修外，复有另案工程名目，自道光元年以来，每年约需银五六百万两，昨南河请拨修堤建坝等项工需一百二十九万，又系另案外所填之另案。而前此高堰石工，以及黄河挑工，耗费有不下一千余万之多"，"果使河湖日有起色，岂复靳此帑金。惟常年所拨例项，原为修防抢险而设。若一切修治得宜，则不应险工新工，层见叠出"。由此可见，道光帝深感巨额河工经费的支出已经给国库造成了重大影响。

倪玉平教授把嘉道时期的财政称为"有量变而无质变的过渡性财政"①，嘉道时期的财政收入水平相较清代前期并没有很大的变化，但随着物价增长、币值变动，在财政收入没有明显增加的情况下，支出却大规模的增加，"道光二十一年。辛丑。十二月：谕内阁、工部奏，查明本年东南两河另案工程动用银数，南河另案用银，比较上三年为数增多……是本年动用银数较多，尚非无因，然较上三年究属有增无减。国家经费有常，自宜力加撙节，嗣后水平工稳之年，仍着该河督等择要勘估，不得稍有浮糜，以谨度支而昭核实"②。并且在道光时期鸦片战争的爆发、黄河修防频兴，造成军费、河工等耗费急剧增加，使道光时期的财政状况更加紧张，主要表现在户部银库的下降。"由道光元年（1821）的2748万余两到道光二十三年下降到993万余两"，减少了1755万两。并且倪玉平教授依据翁同龢抄本整理出的道光二十三年（1843）、二十四年（1844）财政收入分别为4226万两、4016万两左右，这两次大工花费分别占据当年财政收入的15%和12%左右，但并不包含这两年的岁修、抢修之数。魏源认为鸦片乃"民财之大漏卮"，而河工是"国帑之大漏卮"，仅这次大工占据的财政收入比重就基本持平了道光时期河工经费占据的财政收入的比重，如此大的经费支出使道光时期的财政支配更加紧张。

同时在道光二十三年（1843）四月，国家查出银库亏空达到了900余万两，给道光朝的财政造成了巨大的压力，因此，道光帝希望在黄河修治过程中，能够节省经费，遇到可以裁减的地方，即行节省，不容随意支领经费，浪费国帑。"现在查出银库亏短至九百余万之多，已饬在京各衙门将一切工程经费，大加裁减。因思东南两河，每年请领帑项，为数甚钜，本年若照常请领，恐致支绌。着慧成、潘锡恩通筹全局，体察情形，饬在工各员。凡历年估报各工，遇有可裁减之处。即行核实裁减，固须随时度势，无误要工，亦不可听信各

---

① 倪玉平：《有量变而无质变：清朝道光时期的财政收支》，《学术月刊》2011年第5期。
② 《清宣宗实录》卷364，道光二十一年十二月工部奏折。

员,借工糜费。现为豫筹国用起见,必须比较往年用项,大加节省。俟一二年后,国用充裕再行照常请领。该河督等受恩深重具有天良,当必仰体朕心,力求撙节也。"两个月不到,就发生了中牟决口的事件,并需估银到达600万两之多,在国库本已短缺的情况下,此时河工经费的筹措会显得更加捉襟见肘。

清朝在鸦片战争以前主要的财政常项收入有地丁银、关税银、盐课银等,临时性的收入有捐输、报效和盐斤加价等。这些名目构成了清政府财政支出的主要来源。第一次大工施工前,经敬徵、何汝霖估算,大约需银600万两,除改拨南河用款170万两,其余的430万由户部筹拨。然而经敬徵、何汝霖核实估计,"需银五百一十八万二千余两,计尚余银六十一万七千余两"①,鉴于实际需要经费总额少于户部拨款,并考虑到广东粤海关距离东河较远,担心原拨92万余两不能及时运到,就停止了37万两税银,其余的55万两存税银由安徽、陕西、河南等地筹拨。南河的170万留存20万两归南河使用,其余150万两运往东河。因此第一次大工实际拨运东河的为542万余两。第二次大工除拨广储司银库100万两外,由户部筹拨350万两。

这两次大工经费来源主要是地丁银、关税银、捐盐银等,此次大工经费的来源都在道光朝之前的治河中被使用,并没有新的拓展,这些经费开支几乎占据了清政府所能调动资金的全部名目。并且两次大工征收的银两主要集中在山西、江苏、江西、浙江、山东、山西、安徽等省,两次大工都有摊征任务的省份达到了十三个,在大工中调拨银两最多的是山西121.2万两,最少的是直隶11.1万两。

通过统计两次经费项目所占的比重,可以发现两次大工经费的主要来源都是地丁银,这主要是基于农业社会土地税而言的。清朝前期实行以康熙五十年(1711)的人丁为常额,以后"滋生人丁、永不加赋",后来又实行"摊丁入亩"的制度,因此地丁银成为国家财政最主

---

① 《道光中牟大工奏稿》(第2册),道光二十三年九月十四日户部奏折。

要的收入，清政府的财政收入相对固定下来了，每年 4000 万两左右，到了嘉道时期这种"量入为出"的财政政策随着军需、河工等开支的增加，给道光朝的财政造成了严重的压力。地丁银是基于土地面积的大小和肥瘠程度而征收的，受自然灾害的影响较大，不能保障地丁银的足额征收，甚至在受灾严重的地区，清政府还对其进行蠲免或缓征，有时还需要其他地方的接济。而以关税、盐课为主的商业税，基本不受自然因素的影响，其收入相对稳定的多。到了嘉道时期清政府仅仅依靠地丁银是有局限性的，清朝财政体制的结构性缺陷在面对突然性大规模开支时就会表现出来，在发生像中牟大工这样需要大规模经费支出的时候，就需要临时的经费筹措来维持。不通过从根本上改变财政制度，只是拆东墙补西墙的措施来维持国家的运转，致使紧张的财政情况并不能很好地满足统治者维持国家秩序的雄心壮志。

鸦片战争之后，受战争的影响和《南京条约》的签订，造成了关税的下降和关税格局的改变。但是清政府仍然紧紧抓住这一关税来源，在两次大工中关税分别占总收入的 18% 和 19%，并且在经费来源中可以看到筹调开封府生息本银 96920 两，利用钱庄生息满足经费开支，随着调用开封府的数额并不大，但是通过政府对关税的重视以及利用钱庄生息的办法，反映出当时统治者对以农业基础为主的财政体系的试图突破。

三　劳动力来源

河工的运作需要大量的人力物力。中牟大工是在清朝统治者主导下的一次大规模工程活动，筑坝、挑河事务需要大量劳动力。"至本年灾地较广，来工佣趁之徒甚多，自宜预筹安顿……务令于工程实有裨益，穷民亦有所糊口，不致滋生事端为要，俱著照所议办理。"豫皖地区受中牟决口影响，流离失所的贫民较多，政府利用这些地区的百姓修筑大工，不仅以较诸平时较低的价格雇佣这些民夫，于大工经费大有裨益，而且可以帮助这些百姓解决生存问题。

黄河的堤埽工程主要是河兵和堡夫修防的。河兵主要负责堤埽的修筑，堡夫的主要职责是堤防的日常维护。文献中记载的南河河兵因河务较多，熟悉堵筑技术，而"东河则自马工、仪工而后二十余年，河工安定以故河兵渐忘做法，迨至祥工初拟用本地河兵，因不得力复奏调南河河兵来豫襄助"，并且"查从前马工系调南河河兵四百名，仪工系调六百名，祥工系调四百名"，因此遵循借调南河河兵的旧例，也调遣了以卢永盛统辖的熟悉堵筑事宜的300名河兵前来帮办。但东河并不是完全没有险情，道光十二年（1832）八月就在祥符决口，包括岁修、抢修各工并不在少数。清代东南两河额设弁兵，并且要求随时训练，专习桩埽。然而在中牟九堡决口后，河道总督慧成和河南巡抚鄂顺安上报的奏折中，都提到在决口前"该工对岸忽生滩嘴，挺峙河心，逼溜南趋"，出现淤滩时河兵并没有及时上报险情，也没有采取必要的措施防止河流南趋。而且"中河通判王葵初于九堡漫口时并未在工，只有汛弁在彼抢护，钱粮料物又不应手，以致失事"，"王葵初既未禀请预防之大溜，已注又不在工抢护，直至漫口已成，方行查看"①，因此说明道光时期，河工修防政策败坏，并没有很好地贯彻执行，影响了河工的正常运作。

　　劳役人员主要来源是灾区的平民百姓，根据当时东河总督钟祥、河南巡抚鄂顺安上报的奏折中，可以了解到"引河人夫不下二三十万"②，"所剩人夫势必尽向坝上觅工，更形拥挤，不可不预筹安顿"③，甚至出现了争工的现象，"甚有彼此争工，因而互殴者，不可不妥为安顿"④，并且这一时期社会也并不稳定，匪患较多。"臣又闻彰、卫、陕、汝等处，捻匪并未绝迹，加以连被大灾，难民遍野，向来大工处所万众云集，莠良杂处，轻或骚扰商贾，甚至酿成巨案"，

---

① 《道光中牟大工奏稿》（第1册），道光二十三年闰七月初五日内阁奏折。
② 《道光中牟大工奏稿》（第5册），道光二十四年八月二十九日钟祥奏折。
③ 《道光中牟大工奏稿》（第3册），道光二十三年十一月十六日廖鸿荃奏折。
④ 《道光中牟大工奏稿》（第3册），道光二十三年十二月初六日麟魁、廖鸿荃、钟祥奏折。

"河南永城、安徽颍州一带，间多匪党，恐穷民流入为匪，事关绥缉防维，皆不容缓"，"黄水下注，现在皖省之淝河，水势陡长六尺。虽未漫淹，而来源正旺。各河是否足资容纳，不至泛溢出槽。所有颍凤泗等属下游州县，必应一律小心防护。……至江北民风剽悍，且著名巨匪，尚有漏网未经获案，尤难保不乘机勾结滋事。并著该抚饬司遴选干员，驰往各该地方，会同州县严密访拏，务使穷黎不至更受扰害，以安良善而杜衅萌。是为至要。"① 为了避免危害公共安全的事情发生，清政府利用这些受灾的百姓堵筑决口，既可以解决中牟大工的劳动力问题，也可以低于平时的价钱雇用这些劳动力，且雇用的费用较诸"岁修、抢修"时期较低，能够节省财政支出；对灾民来说，在灾害时期可以通过自己的劳动力获得相应的钱粮，维持温饱，解决生存问题；对社会来说，减少了流离失所的贫民转于沟壑，甚至流为盗贼的情况，保障了社会的安定，政府也能集中力量修筑大工。

第三节 施工过程

一 工程进展

中牟口门在道光二十三年（1843）六月二十七日决口后，官员就在第一时间筹款集料，盘筑裹头，以防止口门继续刷塌。"裹头者，裹护决口冲断之堤头也。用料盘筑坚实，以防冲宽，是为决口以后未及堵合以前之第一下手要事"②，"埽，即古之茨防，用以护堤或塞决者也"③。只有把裹头埽盘筑结实，口门才不致再有续塌，此后的工程才能顺利开展。

"若照历届成案，堵筑合拢，必须大坝、二坝、挑水坝、迎溜引

---

① 《道光中牟大工奏稿》（第1册），道光二十三年闰七月二十二日廖鸿荃、钟祥、鄂顺安奏折。
② 中国第一历史档案馆编：《嘉庆道光两朝上谕档》（第49册），广西师范大学出版社2000年版，第238页。
③ 《清宣宗实录》卷394，道光二十三年七月道光帝谕旨。

河及以下长河间断抽沟，而江南亦必须将杨工口门坚实堵筑，以防黄流下注，不令直逼口门新堤，以免他虞。"① 有清一代，堵筑口门的工程大多都有引河、东西两坝、挑水坝等工，这些工程的坚固与否直接影响口门能否顺利堵合。

"凡口门夺溜，故道淤垫，必先挑挖引河以分其势。"② 当时的官员也强调堵合口门全在引河得势，面临当时的水势统计"共计引河一百三十段，长八千九百四十六丈五尺，共估工二百六十九万三千三百一十一方二分五里，需银一百十八万四百四十二两零"③。从九月初八日兴挑引河到十二月十三日全竣，共历时95天，每天工作量大约317米。

"凡河溜紧急之处，在于上首建筑坝台一座，挑溜而行，名为挑水，又有顺水坝，名虽异而实则同。" 查看历来堵筑口门，都需要在上游筑挑水坝，下游挑挖引河，才便于口门合龙。"挑水坝长二百九十丈，坝基长三十丈，顶宽十丈，高一丈四尺，埽工宽八丈长二百八十丈……核计共估银三百二十万四千三百一十五两零。" 从十月初六日起至次年二月初八日左右挑水坝已照原估做成，共历时120天，每天工作量8.3米左右（见表4-2）。

表4-2　　　　　　　第一次工程进度

东坝	自十月初一日进占起截至十二日	三十四丈二尺五寸
	十月十三日起截至十月二十七日	续得四十一丈五尺，连前共七十五丈七尺五寸
	十月二十八日起截至十一月十三日计十五日	三十九丈二尺五寸，连前共一百一十五丈
	十一月十四日起截至十一月二十八日	续得三十七丈五尺，连前共一百五十二丈五尺
	十一月二十九日起截至十二月十三日	续得二十六丈二尺，连前共一百七十二丈七尺
	十二月十四日起截至十二月二十九日	续得二十丈一尺，连前共一百九十二丈八尺

---

① 《道光中牟大工奏稿》（第1册），道光二十三年闰七月初一日敬徵、何汝霖奏折。
② 麟庆：《河工器具图说》，第160—161页。
③ 《道光中牟大工奏稿》（第2册），道光二十三年八月初八日何汝霖、敬徵奏折。

续表

西坝	初八日进占至十二日	十一丈五尺
	十月十三日起截至十月二十七日	续得四十五丈，连前共五十六丈五尺
	十月二十八日起截至十一月十三日计十五日	续得五十七丈八尺，连前共一百十四丈三尺
	十一月十四日起截至十一月二十八日	续得五十三丈五尺，连前共一百六十七丈八尺
	十一月二十九日起截至十二月十三日	续得二十二丈三尺，连前共一百九十丈一尺
	十二月十四日起截至十二月二十九日	续得二十六丈，连前共二百一十六丈一尺
挑水坝	初六日进占至十二日	十五丈六尺
	十月十三日起截至十月二十七日	续得七十一丈，连前共做成八十六丈六尺
	十月二十八日起截至十一月十三日计十五日	续得九十丈，连前共做成一百七十六丈
	十一月十四日起截至十一月二十八日	续得四十丈零五尺，连前共做成二百十七丈一尺
	十一月二十九日起截至十二月十三日	续得二十三丈，连前共二百四十丈一尺
	十二月十四日起截至十二月二十九日	续得二十丈，连前共二百六十丈一尺
	至正月初八日	续得十丈九尺，连前共二百七十一丈
	二月初八日	照原估做成二百八十余丈
引河	截至十月十二日	挑成三分有余
	截至二十二日	已挑成四分五厘
	十一月初五日	挑成七分有余
	十二月初六日	挑成九分
	十二月十三日	全竣

堵筑口门则需要东、西两正坝完成。口门原刷塌1200米，该地在修筑的过程中因工程问题，需向外越，形如弓形，故加宽至1430米左右，东、西两坝分别从十月初一日、初八日开始进占，截至十二月二十九日，两坝计已做成1363米，当时官员确量口门仅剩76.3米，至此东、西两坝已修筑两个月，每天平均工程量在22.7米左右。

当时东河总督钟祥提到,"惟兴工以料物为先,办料以及时为贵",所以筹办料物成为大工开展前急需解决的要务。在所有的物料中,以秸和麻为大宗。据统计,东西两坝需用秸料九千七百六十六垛四分,挑水坝需用秸料一千三百九十五垛二分,共计一万一千一百六十一垛六分,麻需用一千二百万斤。秸作为修防要需,在中牟决口附近就有大量种植。"本年黄河两岸,大秋茂盛,除被冲决处所外,其余均已登场,即偶被雨水,而秸料不损,一二百里之内,足用有余等语"。① 然而麻并没有准备充足,需要到较远的地方购买。"此项惟西华、扶沟所产最多,今皆被水冲淹,实形短绌,现已派员于归德及山东曹州、安徽亳州等处购办。"② 在此后的大工过程中,随着工程量的增加,秸麻的需求也随之增加,亦须远远接济,才可无虞短绌(见表4-3)。

表4-3　　　　　　　　第二次工程进度

	第二次中牟大工	
西大坝	从十月二十一日截至十一月初五日	埽占长二十丈
	截至十一月二十日	续得二十丈
	截至十二月初六日	续得二十七丈
	至十八日	续得十六丈
东大坝	从十月二十六日截至十一月初五日	埽占长十五丈
	截至十一月二十日	续得二十二丈
	截至十二月初六日	续得二十六丈
	至十八日	续得十三丈
西二坝	截至十一月初五日	埽占长二十四丈
	截至十一月二十日	续得四十丈
	截至十二月初六日	续得四十三丈
	至十八日	续得三十五丈
东二坝	截至十一月初五日	埽占长十八丈
	截至十一月二十日	续得十九丈
	截至十二月初六日	续得三十二丈
	至十八日	续得二十七丈

① 徐端:《回澜纪要》,民国六年洮昌道署印行,第417页。
② 同上书,第165页。

续表

	第二次中牟大工	
挑水坝	截至十一月初五日	续成埽占长三十四丈，连前共已做成七十丈
	截至十一月二十日	续得二十四丈，连前共做成九十四丈
	截至十二月初六日	续得三十八丈，连前共做成一百三十二丈
	至十八日	又接进十八丈，连前共做成一百五十丈

徐端在《回澜纪要》序中提到"治河无定法，顺水性为法而已，水性有法，以顺之。立制以行法所宜而已，不易者，法也。随时而易者，制也。以古例今不达事之变矣，昔人谓天下凡事皆今不如古，独塞河之做法古不如今"①。说明从古至今，河工技术取得了巨大的进步。在河工维护过程中，有一定的规章制度，包括大堤决溢后堵口工程的过程、注意事项和操作要领。主要的堵口工序为盘裹头、定坝基、筑二坝、浇夹土坝、建挑水坝、缉量口门等。

裹头埽是在河流决口后，先将口门两边的堤头用物料修筑工程，裹护起来，防止口门在堵口前继续被水流冲宽的一项工程。"大堤漫缺，盘做裹头，宜分轻重缓急，如漫滩分溜者，宜漏夜趱办，毋使塌宽，若塌宽则吸溜渐多，易致成事，故宜急办，若溜已全夺者，须俟其塌定，然后盘头，倘盘裹太早，必仍刷塌，徒糜料物，故宜从缓。"②

正坝是堵筑决口的主体工程，正坝有东坝和西坝之分。分东坝和西坝是因为黄河中下游河道多为东西方向，决口的两边堤头自然处于东西两个方向。

二坝修筑在正坝之后，在正坝下游一定距离另外修筑的工程，目的是加固大坝，擎托水流，减少堵口处水位的差值，防止涨水冲塌正

---

① 麟庆：《河工器具图说》，第165页。
② 同上书，第167页。

坝，减轻堵口的困难。"二坝初筑时，似与大坝无关痛痒，迨坝工渐长，口门渐窄，则大坝借二坝为擎托，二坝仗大坝为捍卫，如辅车相依，上下呼吸相通，倘二坝尪失，必掣动大坝，尤宜追压稳实，刻刻小心，不可忽视，照依大坝跟接进占，必应同时慎重，合龙可收实益，其做法与大坝皆同，惟合龙时二坝金门之溜必较大坝更激，盖下无顶托，故上下水高下悬殊，挂缆下兜倍宜慎重。"① 第二次口门宽至一百六十八丈。而二坝的修筑因第一次"钱粮增重，未经准行"②，在第二次大工中才添筑二坝（见图4-1）。

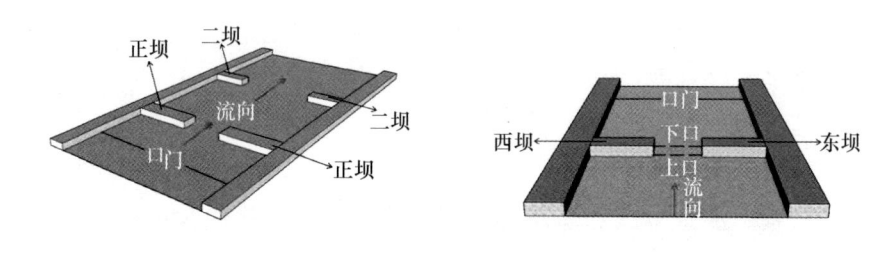

图4-1　正坝与二坝、东坝与西坝

挑水坝是在堵口时，为了减轻施工的压力，将主流从决口处挑回原有的河道。挑水坝具有挑动河流溜势，保护堤岸的作用（见图4-2）。"凡河溜紧急之处，在于上首建筑坝台一座，挑溜而行，名为挑水，又有顺水坝，名虽异而实则同"③，"挑水坝长二百九十丈，坝基长三十丈，顶宽十丈，高一丈四尺，埽工宽八丈长二百八十丈……核计共估银三百二十万四千三百十五两零"④。

引河是堵口时的一种导流措施，堵筑口门时可以通过引河引导溜势进入原河道，缓和口门的溜势，便于堵合。在淤积滩地上面挑挖引

---

① 徐端：《回澜纪要》，民国六年洮昌道署印行，第446页。
② 《道光中牟大工奏稿》（第5册），道光二十四年七月初三日钟祥奏折。
③ 麟庆：《河工器具图说》。
④ 《道光中牟大工奏稿》（第2册），道光二十三年八月初八日何汝霖、敬徵、鄂顺安奏折。

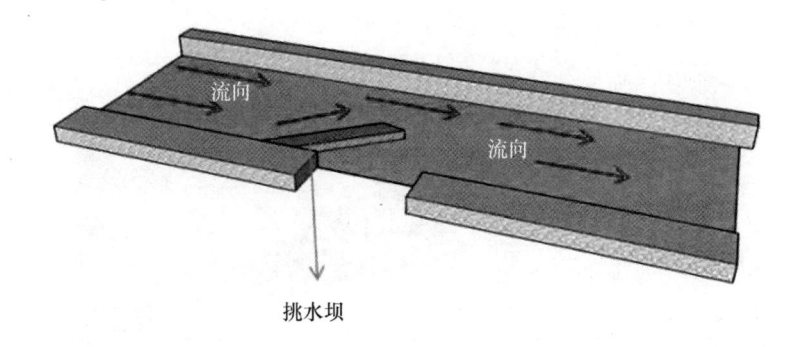

第四章　千年巨洪：1843年中牟大工　107

图 4-2　挑水坝模型

河，使水流由引河而过，减少口门的水流，目的在于减轻堵筑口门的压力（见图 4-3）。"引河头当迎溜开挑，方成吸川之势，若挑挖过早，或大溜刷进，徒费钱粮，溜或上提下坐，不能得势，故必须俟大坝口门收窄，溜势趋向即定，或可开挑，遴派干员先于河头外筑宽厚土坝一道，挂枕拦御，小心防守，将河头划段分挑，上口宽五十丈，底宽三十丈为率，下口与引河头第一分相同，其深应较坝外水面深一丈为度，愈深愈妙，使开放时跌塘吸溜，方为得力。"① 当时敬徵、何汝霖等大臣也强调，"堵合口门全在引河得势，加以宽深吸溜，归槽合龙较易"。② 共分为二段，"头段引河七十九段，二段引河五十一段，共计一百三十段"③。后因工程需要加挑十八段，"惟据工员禀称七十二段、七十三段下首均有清水塘，现在水涸露出高仰处，共估工十八段"④。

《六省黄河埽坝河道全图》收藏于美国华盛顿特区国会图书馆地理和地图区，图示方位是上南下北，左西右东。展示了1853年之前黄河流域的概况，发源于青藏高原的巴颜喀拉山北麓，经由青海、甘

---

① 《回澜纪要》，第454页。
② 同上。
③ 同上。
④ 《道光中牟大工奏稿》（第3册），道光二十三年十月初一日钟祥、廖鸿荃、鄂顺安奏折。

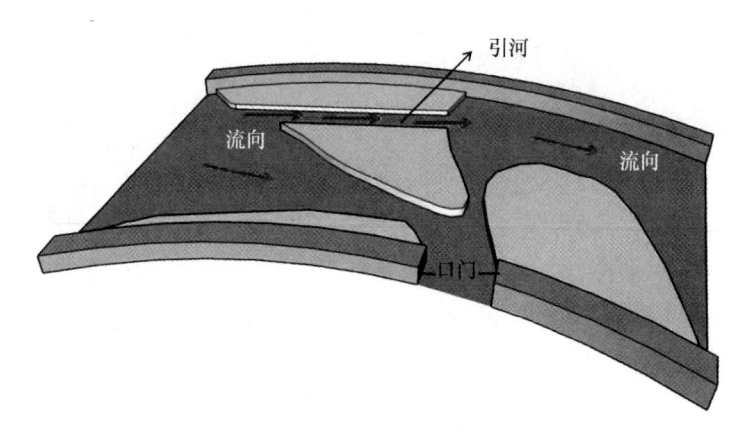

图 4-3　引河模型

肃、陕西、山西、河南、安徽等省，由江苏入海。并在图中绘画出黄河流经地区的州县、山脉、湖泊、支流、关隘等信息，形象地展示出黄河中下游地区兴修的埽坝工程，并记录了沿河州县负责堤坝的长度、堡房和堡夫数量等信息。

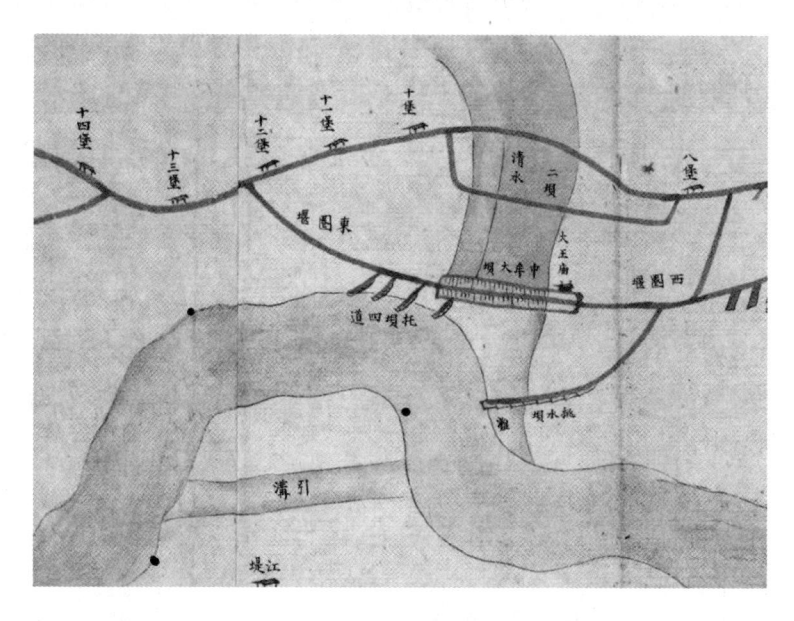

图 4-4　美国国会图书馆藏：《六省黄河埽坝河道全图》

通过图4-4可以了解中牟大工所兴修的工程概况，包括中牟大坝、二坝、挑水坝、引河、圈堰等工程。在黄河坐湾处修筑了引沟，在西裹头的西面修筑了挑水坝，挑溜东趋，避免黄水继续冲塌口门，减少了决口处的水量，减轻了正坝施工的难度。并接筑中牟大坝修筑了东西圈堰，保障口门。在大坝南面修筑二坝，是为防止正坝冲决而作的防御措施。

二 大工失蛰与应对

道光二十四年（1844）二月九日大工蛰失五站之后，清政府针对已修工程如何防守，新筑工程如何保护，料物、钱粮能否济用展开了讨论。

堵筑河堤的工程失败后，钦差尚书麟魁和工部尚书廖鸿荃将此事上奏朝廷，朝廷震怒，将负责此次工程的麟魁、廖鸿荃革职，给予七品顶戴，仍留河工效力，将钟祥革职，给予七品顶戴，暂留河督一职，鄂顺安作为河南巡抚，但也兼管河工，降为三品顶戴，给予革职留任的处罚。责成这四人认真办理，倘若再有失职，定要从重治罪。然而面对当时堤埽工程被冲毁的状况，麟魁、廖鸿荃犹豫不决、手足无措，认为"势处两难"。他们认为大坝已经修筑了1400米，现在仅仅冲毁了五站，如果中止工程，非常可惜，如果继续堵筑，则料物、夫工各项开支要继续增加，并且中牟土性沙松，春汛将近，施工难度增加，能否顺利堵筑决口两人并没有十足的把握。在此情况下，麟魁、廖鸿荃两人提出援照乾隆年间仪封青龙岗、嘉庆年间邵家坝成案，提出了暂缓办理中牟大工。

在道光二十四年二月十八日廖鸿荃、麟魁上报的奏折中，提到了工程缓办的主要原因：第一，物料因第一次工程兴筑需求，造成附近地区的旧有物料已经不敷济用，此时新料还没有长成，未能满足工程之需。向远处寻求物料接济，不能及时地满足工程的需要，并且一两个月之内不能购备齐全。第二，进入二月以来，黄河中游连日阴雨，河水有长无落，加大了施工难度。第三，当时的河工夫役近一半回家耕种，连日的阴雨造成夫役离开的人数增多，劳动力不能满足河工的需求。第四，筹拨经费困难，缓办则可以减轻财政方面的压力。将此原因上报朝廷后，朝廷将麟魁、廖鸿荃的七品顶戴一并革去，责其二人回京听候谕旨。要求钟祥、鄂顺安负责继续督办中牟大工。

在如何保护已经兴修的工程方面，麟魁、廖鸿荃两人担心秋汛黄河盛涨，但决口仅剩15米，盛涨之水不能及时宣泄，因此提出了西坝有挑水坝保护，东坝受河水冲刷，受损严重，可将东坝拆除一部分的建议，加大决口的宽度，让汛期的河水能够及时下泄，防止下游河道受淤，并且可选择能使用的料物来巩固已经修守的河堤。拦黄坝也应该尽力保护，因拦黄坝具有引导黄水溜势的作用，保护拦黄坝是为了防止修筑的引河河道受淤，增加续修工程的费用。

从户部于道光二十四年（1844）三月初七日上报捐输章程一事到七月初三日，共四个月左右，这个期间大工停止办理新的工程，对已经修筑的工程进行加固防守。至七月初三日，钟祥、鄂顺安上报朝廷，中牟坝工应该筹划补筑。面临决口处河势有所变更，河流流势因北岸淤滩而转向南，由口门下注。在旧有东西两坝的位置，久经河水冲刷，此处已有深塘，不宜在此处堵合决口，决定将堵合地点向下方转移。在大坝南面加筑二坝，以资擎托。将引河头向北挪移，将引河北岸作为南岸，重新挑挖。引河下游的河道逐段挑挖，清淤。加固挑水坝，防止被涨水冲塌。户部经过初步预算认为大约需银630万两。朝廷收到此奏折后，下令钟祥、鄂顺安实力实心督办，在经费方面核实估计，不能任听员弁的冒滥估计，核实开支，初步筹拨了450万两归中牟大工之用。

钟祥、鄂顺安二人还向朝廷奏明了中牟大工难以缓办的原因，主要从灾民、工程成本、黄河水势和经费开支四个方面进行了说明。其一，中牟决口后，受这次影响的有河南、安徽、江苏三省，灾民期望口门早日堵合，但经历一冬两夏，并没有及时地堵合，大量田地被淹，导致灾民众多，民情惶惑不安。其二，若再缓办中牟大工，大坝修筑所用的秸料腐坏，大汛来临，这些堤埽工程就很难保护河堤。其三，黄河之水盛涨之时，开封府城外的刘寺支河已经修筑的埽坝就岌岌可危，如果缓办，不知次年水势如何，如遇盛涨之水，河堤有被冲毁的可能，开封府城则有被淹的危险，洪泽湖的高堰工程也会面临冲刷的危险。其四，大工缓办不仅会导致经费开支的增加，而且会增加政府抚恤灾民的费用支出。两人考虑到大工急切需求经费，恳请暂时借拨内库100万两，以济急需。并且调遣荆子关副将南阳镇臣徐太平带领弁兵巡逻弹压河工夫役人员。

在这些准备工作开始之后，钟祥、鄂顺安两人定于九月十二日在东、西两坝厂收买物料，开始了第二次中牟大工的堵筑工程，至次年二月口门闭合，黄水滔滔顺畅下注。

三 官员之间的组织关系

大工的兴作需要大量的河兵和民夫，动辄需要成千上万的民夫共同完成。而大工施工过程中的大量河兵、民夫又需要河道官员等组织和引导，这样才能保证大工有条不紊地进行。"大工事务繁多，必合群力以襄厥成，首在派委得人，则调度周匝，稽核精明，克日成功，钱粮节省，不如是往往因一人之掣肘，致全局之偾事，大抵派委宜专，专则事有责，成不宜多，多则互相推诿，洁己奉公，和衷相济，是所望于司事者，应派执事各官开列于后。"① 主要有总局官、掌坝官、买料官、正料厂官、杂料厂官、管理土塘官、巡查料路官、弹压地方官以及河营做工的弁兵等。

总局官主要负责大工的钱粮物料及收支事宜，并且派厅员总理负责河务过程中的出纳、收支银两等事。掌坝官主要管理在坝兵夫、核算土料、稽查牌桶、清理受淤料路、支发钱文等事，所负责

---

① 《回澜纪要》，第424页。

的事务还是非常繁重的。买料官就是负责采购河工所需的秸麻绳等物料。正料厂官主要负责验收、出纳大工所需的大宗料物，如秸、麻。杂料厂官主要负责验收、出纳大工所需相对较少的绳、杂草、橛木等物料。管理土塘官主要负责民夫挑土之人，并且监管民夫先到距离大坝较远的地方取土，距离大坝较近之土需留作坝工抢险之用。巡查料路官主要负责沿途巡查物料运输过程中存在的偷漏等弊端。弹压地方官是"大工所在地方人夫众多、商贩云集，其中酗酒打降窃盗赌博在所不免，应派地方官一员专司弹压"①，也就是保证民夫不聚众造事，保证大工的有序进行。河营做工所需的弁兵主要有参将、守备、千总、把总、协办等人，涉及人员众多，下辖还有众多兵丁。

此次大工涉及地域范围广，牵涉河南、安徽、江苏三省，因此所调河道官员众多。"此次中牟大工东西两坝埽段较长，而地处上游，引河挑工亦多，全资群力共挽回澜，兴办之初，统计所调豫东江南三省大小员弁，不下数百员。"② 各级官员的组织关系主要体现在河道总督和道光帝、钦差大臣、河南巡抚等之间的关系。"再向来大工俱系钦差会同河臣筹办，缘河臣只能督率厅汛相机堵筑，而阖省文武系巡抚辖前先后札调来工，必得抚臣驻工调度呼应方应，且于设厂购料弹压兵夫，查拿奸宄，禁防火烛，诸事抚臣与有其责，此次臣等奉命来豫，谕百内祗载普派臣廖鸿荃会同臣钟祥督办大工事宜，而于抚臣鄂顺安未有明文在，鄂顺安固不敢心存歧视，然体制攸关，责成綦重，理合附片密陈，嗣后凡事关大工事宜，似应同鄂顺安会□。"③ 说明在河务中，钦差大臣、河道总督和河南巡抚分工明确。

道光帝对黄河治理事务并没有施加干预，只关注黄河治理的成效。在中牟大工修筑过程中，钦差大臣、河道总督、河南巡抚负责向

---

① 《道光中牟大工奏稿》（第6册），道光二十五年正月二十六日道光帝上谕。
② 《道光中牟大工奏稿》（第2册），道光二十四年八月二十一日廖鸿荃、钟祥奏折。
③ 《道光中牟大工奏稿》（第4册），道光二十四年二月十七日工部奏折。

皇帝上奏工程的规模、形制、物料采集、银两收支和出纳、官员的考核等事务。道光朝河南巡抚也负有防河的责任，并且在河务防治过程中具有重要的地位，甚至扮演着举足轻重的角色。"臣等查河工防守不力，致被冲决者，例准销六赔四，东河向作九成分赔，内河督分赔二成，巡抚分赔一成，道府厅县汛弁分赔六成，今已革职尚书麟魁、廖鸿荃等，办理中牟大工，未能赶紧堵筑，将次合龙之际，被风蛰失五占，多縻帑项，实属办理不善，自应钦遵谕旨，罚令分赔，本臣部并无钦差大臣分赔成案，拟请比照销六赔四，九成分赔之例办理，所有应赔银两，划作十成，今已革职尚书麟魁、廖鸿荃分赔一成，河东河道总督钟祥分赔二成，河南巡抚鄂顺安分赔一成，承办坝汛之厅营等共分赔六成，以示惩儆。"从分赔比例来看，巡抚作为河道兼管的河防责任也是非常重大的。

在黄河需要修筑大型工程时，朝廷还会经常派遣一些朝廷官员负责河工修筑、监督稽查钱粮和物料的支发。河道官员职责主要涉及工程兴造和钱粮的收纳，因此与工部和户部的往来要比其他部门要多。在中牟大工修筑过程中，朝廷曾先后钦派户部尚书敬徵、户部右侍郎何汝霖、工部尚书廖鸿荃和礼部尚书麟魁督办大工。

办理河务是一项繁杂的工程，河兵的管理，夫役的征派、物料的收集等，这些事务必须得到地方官员的协助才能顺利完成。"盖印官职掌守土，比间之民，皆其抚驭，一号召间，即夫役也，帑藏之财，皆其典守，一措置间，即物料也。事权所在，呼应最灵，故沿河正印官视管河官关系尤重。"兴办大工，往往需要掌坝官、买料官、正料厂官和杂料厂官、管理土塘官、巡查料路官、弹压地方官以及河营做工的弁兵通力协助，才能保证工程的成功。"窃照豫省历次办理大工，因筑坝挑河事务繁重，均遴派河工地方文武员弁，分司其事，并奏调南河员弁来工襄办，其总催引河及料厂各坝稽查弹压，则地方现任文武派委尤多，至总管局务之司道大员责任倍重，向于合龙后分别保奏，历蒙恩施，于准鼓励在案。"大工终于在道光二十四年十二月二十四日两坝挂缆合龙。

第四节　大工之影响

黄河决口的合龙并不意味堵口工程的结束，仅仅是保障了黄河流路回复到决口前的河道。为保证之后黄河安流，仍需要进行一系列的防护措施。

道光在堵筑决口后，劝诫河道官员抓紧勘察、修筑善后工程。"现在大工甫经告成，善后各工，俱关紧要。仍著钟祥等督饬各员弁，妥协办理，务须慎益加慎，以期全工稳固，永庆安澜。"① 河东河道总督钟祥在口门合龙后，一方面加压重土、抛护碎石、堤后帮土戗，保证大坝、二坝的稳实；另一方面存储民夫千文，修缮、增培黄河中下游两岸堤岸；除黄河修守方面的事务外，还将南河调派的河兵遣回江南，下令镇压民夫的南阳镇官兵回归原籍。从河督钟祥和河南巡抚钟祥上报的奏折中可看到加固的工程和所需的银两。

> 先经饬令开归道王寿昌督同厅营，逐细撙节确估，拟将大坝及上下边埽，并夹土坝分别加厢，高二尺至四尺，普律加压大土，高四尺至六尺，南面浇筑土戗，顶宽三丈，以资后靠，其二坝尚可从缓加厢，惟两面皆临深塘，本须里外浇戗，因需费甚多，先估筑南戗，顶宽三丈，东西大二坝坝基、坝尾均应分别帮宽加高，以备修守，至旧缺口，必须补还，以资重障，第照旧宽丈尺核计，所费过巨，拟估顶宽二丈，高二丈七尺至三丈不等，余俟随时察量情形，归入常年土工案内，分次帮培，又大坝内塘气势过长，应自东坝基至东二坝基，估筑撑坝一道，藉以擎束，并中河所属中牟九堡以下长堤，应行增培土工添筑托坝，帮培土

---

① 《道光中牟大工奏稿》（第6册），道光二十五年正月初三日谕旨。

坝顺河堰，亦归并办理，以及填垫窪形沟形坑塘残缺水淤等工，统共核实，估需银四十九万七千九百余两，禀请奏办前来，臣等亲诣各工，逐细覆勘，悉心察夺，均属应待办理，所估银数亦皆节减无浮。除以大工案内，用存料物值银六万八千两，划归善后案内抵用，并上次奏明已发大坝戗工银一万八千五百七十余两，又以另存市平部饭共银十五万五千余两克用外，其不敷银二十五万六千三百余两。①

从这份奏折中，可以看出需将大坝及上下边埽、夹土坝、二坝进行加固，共需银四十九万两左右，除动用所剩料物银、大坝戗工银、另存部饭银外，还动用了第二次大工剩余的银两，"拨作办理善后工程用银二十五万六千三百余两，尚余银四百余两，仍存捐输局，俟续捐集有成数，以备工需"，这才满足了善后工程的需要。

道光二十三年（1843）中牟决口后，朝廷处罚了河东河道总督慧成、河南巡抚鄂顺安，中河通判王蔡初、协备张广业、中牟下汛县丞张世惠、把总辛德成、中牟县知县高均、开归道福敏和开封府知府邹鸣鹤。第一次工程未能堵合，朝廷将下派的钦差礼部尚书麟魁、工部尚书廖鸿荃以及继任的河东河道总督钟祥革职，给予七品的官位，河南巡抚从正二品降为七品。并且对直接负责河段工程的官员给予了处罚，"自应分别惩处所有掌官，上边埽之仪睢协备吴怀恩，经管上边埽夹土坝之兰仪都司邱广玉均着即行革职，加枷号一个月，满日释放，留于河东，自备资斧效力赎罪，掌管正坝上下水之江南桃北营守备周宜、豫省下南协备张奇亮、掌管下坝埽之东省曹河协备杨怀钰、掌理东坝之兰仪同知张承恩、下南同知赖安、下北同知徐启山、署中河通判王广恕均著革职，留于河工，自备资斧效力赎罪"。

在中牟大工修治过程中，朝廷秉持赏勤罚惰的原则，对河工中尤

---

① 《道光中牟大工奏稿》（第6册），道光二十五年正月初三日谕旨。

为出力的人员给予奖赏，对那些玩忽职守的人员给予处罚。在大工修治的过程中，有些官员因昼夜辛勤劳动而逝世的，如原任中河通判孙煜、抚标右营谢占鳌等人，这些官员死后得到了朝廷的抚恤。

中牟决口于道光二十四年（1844）十二月二十四日合龙，大堤虽有刷塌，但经过官员、民夫的努力，最终在十二月三十日奏报黄河畅顺东流。道光帝非常高兴，一方面让钟祥和鄂顺安到神庙感谢河神，"所筑埽占一律高整稳实，大工合龙，金门断流，全溜悉归故道，畅达东趋，顺轨安澜，此皆仰赖天神加佑，俾于春前一律蒇工，朕庆幸之余，倍深寅感，发去大藏香十炷。著钟祥虔赴各处河神庙，代朕敬谨祀谢以答神庥"；另一方面，奖励河工出力人员，不仅把因决口革职留工效力的人员恢复原职，而且给大部分官员加衔赏翎，文官、武官都在奖赏行列，官员的职衔从河道总督到地方未入流，都包括在内，据粗略统计涉及奖赏的人员170多人，见本章附录。

中牟决口合龙之后，从道光二十五年（1845）到咸丰五年（1855），豫东段黄河两岸并未发生决口。通过《清实录》中河东河道总督上报给皇帝的奏折，可以看到在咸丰五年之前，豫东黄河都是"安澜"，并没有重大险情的发生。

无论是道光二十一年（1841）祥符决口，还是道光二十三年（1843）中牟决口，都能看到从南河调派河兵协助东河兴办大工。一方面是为了保证大工的顺利修筑，另一方面也体现了河兵自身并没有很好地履行职责，对积土、厢埽等河务工作并没有及时训练。

"河兵固无日不用者也，以无日不用之兵，可不加之训练乎，训者，平素讲究工程，练者，临工试看技艺，兵之执事不一，惟以桩埽手为重，谓之力作兵，欲练兵丁，先明队伍。"① 河兵是保证河工质量的关键，河兵如果不能很好地完成厢埽、积土、筑坝等防守事宜，那修筑的河工质量可想而知。河兵不熟悉修防事宜的情况其

---

① 《嘉庆道光两朝上谕档》（第40册），第227页。

实早在道光四年（1824）十二月程祖洛的奏折中就提到过。"程祖洛奏豫省现在管河之南北两道，悉系生手等语，豫省黄河两岸，要工林立，一切修守宣防，在在均关紧要，必须该河道等熟谙情形，悉心讲求方能经理尽善。现在河北道吴光悦、开归陈许道麟庆均非河员出身，著程祖洛、张井随时留心察看。"说明在道光初期，河兵对修防事务并不是很熟练，一旦黄河堤岸发生险情，并不能保证堤坝的安全。因此，在中牟合拢之后，道光帝决定整顿东河和南河的河兵。

> 东南两河河标各营，额设将备弁兵，分管汛地，全在该河督等随时训练，以重操防。迩来河营弁兵，除黄运修防专习桩埽外，或因催漕拨护，差事较繁，绝不以操演为重，平日既多旷误，校阅时亦意存迁就，殊非整肃营伍之道。嗣后两河河标各营，著该河督等勤加练习，认真考校。其有老弱充数者，立即从严裁汰，务期与督抚提镇各标营，互相犄角，咸成劲旅，设遇征调不能得力，必将该督等从重惩处，决不宽贷，懔之勉之。①

从中可以看出，道光皇帝希望以后河兵能够勤加练习桩埽任务，对河兵经行认真考核，不能力作的老弱充数等人要从严裁汰。黄河两岸的河道官员要注重黄河修防，通力合作，如有征调不能得力的，要从重惩处。

此次大工也暴露了清政府河务部门的许多弊端：

第一，官员兵夫的贪污腐败。有关官员兵夫贪腐等陋习在道光朝上报的奏折中多次出现。

"近日奢靡之风，河员为甚，往往私资不足，辄取给于公帑，竟有将河库发给岁修银两，填补私债之事，以致草率办公。猝遇紧要工

---

① 中国第一历史档案馆编：《嘉庆道光两朝上谕档》（第50册），广西师范大学出版社2000年版，第459—462页。

程，措手不及，实于河防大有关系。凡河员之车服饮食，宴会供应，无不穷奢极欲，踵事增华。至艺术之流，向皆仰食盐务。自淮鹾敝而浮费绌，近皆移害于河工。此等积弊，不能保其必无，该御史系为整顿河务起见，东南两河，事同一律，倘有前项积习，自应一体剔除。"此谕旨是在道光十五年（1835）六月发布的，皇帝的旨令并没有扭转河务习气的作风。到了道光二十四年（1844）正月，道光再次发布谕旨强调陋习对河务的危害性，下令一经发现严惩不贷。"南河既有此弊，东河亦所不免，著东河总督通行严禁，并责成山东河南巡抚一体访查。至各省盐务衙门，向来陋习相沿，亦应严行杜绝，著通饬各省盐政一概禁止，毋任虚縻课饷，其兼管之各省督抚均著密行稽察，以期弊绝风清。经此次通饬禁止以后，两河道厅及盐务官员倘再藉口应酬，以致侵欺帑项，必当严加惩治不贷。"

从中可知，河务习气在道光一朝，河官贪污浪费的情况并没有得到有效扼制。到了修筑中牟大工时，"然管理牌桶之员弁贤愚不一，难保不任听跟役兵丁偷漏钱文，有暗藏口袋乘开抓钱装入者，有勾串亲朋籍抬土为名混杂其中，将偷钱文代为带出者，有串通铺户运钱易银者，有土料本少而遇商同伙窃之人，则给钱转多留为俵分地步者，在该员弁等或明知其弊而佯为不觉，藉偿奔走之劳，甚则暗与分肥，恃为腹心之寄，因而轿夫衙役及一切在管人等藉口捉弊，要挟讹索硬取钱文，几此弊端难以枚举"。这些弊端让本已紧张的河工经费更加捉襟见肘。一位叫何拭的幕客在《癸卯六月二十六日河决中牟》诗中记录到"颓竹捷石数不售，公帑早入私囊收……生灵百万其鱼矣，河上官僚笑相视。鲜车怒马迎新使，六百万金大工起"，形象地说明了当时河政的腐败，大量的河工经费被中饱私囊，黄河决口变成了官员的"黄金万斗"，迨至事情败露后，都三缄其口，以邻为壑。

鉴于《中牟大工奏稿》是主要是当时工程负责人的奏稿汇编，虽然在档案中并未发现官员贪污的材料，但是鉴于上报人不可能奏明官员本省的贪污等劣迹，但客观来说，不能说明中牟大工过程中一定不存在腐败问题。

第二，河工经费起解迟缓和物料不能及时到工。"事宜次第兴举，必须钱粮应手始无停工待饷之虞，兹据河南藩司折，报各省关解到之银，截至九月初六日，止共二百三十万四十四十两，其准咨已解到银计一百二十五万一千两，余二百一十六万八千五百六十两，并未据报起解"，"现查各省关拨项自七月起截止九月十七日止，计共解到二百五十万两零"，正值大工兴筑之际，河工经费迟迟不能及时起解，购料、挑河、筑坝之款就不能及时办理，延缓了大工的工程进度，这对堵筑决口来说是极其不利的。"本日复据奏称所需料物近处无可筹买，分投购运愈远愈迟，断非一二月内所能备齐，水势日增，补筑万难措手，且时方耕作，人夫多已归农，一时难于招集，请援照仪封等工，成案缓办，理所称种种棘手，自系实在情形"。物料不能及时到达，也有官员的原因。官办料厂的官员不认真核实，少发工钱，克扣麻价，导致料贩裹足不前。有的官员甚至以少报多，以次充好，这就导致了物料更加不敷工用。

第三，官员对民夫的弹压。"此次中河九堡大工系在南岸现在人夫云集，即咨会南阳镇，臣部官带妥练弁兵四百名来工驻扎梭织巡防弹压，工竣后仍饬归伍"，民夫在如此高压的状态下，故难保证大工的质量。"东河工次采买麻斤，委员不肯放价，苦累贫民。以致有麻之家，观望不前，而交麻时搀和水土"，官员对贫民的压榨使官民产生矛盾，致使贫民交麻时掺假，这些掺假的物料用到大工之上怎么能保证大坝不再次蛰失呢！

第四，麟魁等官员的失职。在中牟决口发生前，黄河中牟段就已经发生了险情，而河道官员并没有及时防护，导致大堤决口。"东河自本年六月二十日以后，险工迭报，人心惶恐，扶老携幼，奔走道路等语。因思东河漫口在六月二十七日，数日之前，情形已危险若此，该处地方官及在工员弁果能竭力抢险，未必即至失事。乃目睹情形危急,先期并不亲行查勘,至临时赴工,辄称措手无及,漠不关心,坐贻大患。"①"已革通判王葵初既未禀请预防之大溜,已注又不在工抢护,直至漫口已成,方行查看,实属可恶之至。"作为中河厅的负责人之一,麟魁所负责的河段发生险情时,没有在工,未能及时防护,像这样的官员,对河道的防治形同虚设。

本章附录

表1　　　　　　　　第一次中牟大工的银两来源

地点	数额（两）	银两类型	地点	数额（两）	银两类型
山东	350000	地丁银	陕西	36300	耗羡银
山西	400000	地丁银	陕西	70000	原拨解士民捐输银
江西	200000	地丁银	浙江	150000	原拨解部鼓铸钱本等银
陕西	130000	地丁银	浙江	130000	秋拨地丁银
湖南	100000	地丁银	北新关	72000	税银
两淮	464000	盐课银	龙江西新关	100000	税银
天津关	30000	税银	凤阳关	40000	税银
临清关	32000	存税银	淮安关	150000	税银
临清关	20000	税银	九江关	120000	税银
赣关	20000	税银	浒墅关	150000	税银
山东	26000	捐盐银	芜湖关	110000	税银
山西	12000	捐盐银	粤海关	554000	税银
江西	46000	捐盐银	粤海关	370000	税银
河南	20000	捐盐银	太平关	42000	税银
陕西	12000	捐盐银	浙海关	29000	税银
湖南	12000	捐盐银	江海关	45000	税银
湖北	10000	捐盐银	江苏	10000	捐盐银
陕西士民	59000	捐输银	江宁	18000	捐盐银
陕西官员	58700	捐输银	福建	50000	捐盐银
陕西	22000 20000	建矿支盛银 岳庙生息银	江西	10000	捐盐银

---

① 《嘉庆道光两朝上谕档》第48册,第378页。

表2　　　　　　　　　　第二次中牟大工的银两来源

地点	数额（两）	银两类型	地点	数额（两）	银两类型
长芦	8000	春拨留协盐课	浙江	76000	军需余剩银
河南	6000	春拨留协漕项	山东	250000	秋拨应报地丁银
河东	17000	春拨留协河工经费	山西	400000	秋拨应报地丁银
安徽	42000	春拨留协备地方公用	河南	100000	秋拨应报地丁银
湖南	36000	春拨留协地丁银	安徽	150000	秋拨应报地丁银
陕西	32000	春拨留备杂项银	苏州	120000	秋拨应报地丁银
广东	300000	春拨留备地丁等银	江西	250000	秋拨应报地丁银
苏州	28000	封贮银	浙江	200000	秋拨应报地丁银
苏州	17000	捐盐银	湖南	100000	秋拨应报地丁银
江宁	5000	捐盐银	两淮	150000	秋拨应报盐课银
安徽	10000	捐盐银	河东	60000	秋拨应报河工经费
陕西	4000	捐盐银	北新关	100000	税银
湖南	17000	捐盐银	凤阳关	52000	税银
湖北	10000	捐盐银	九江关	169000	税银
山东	14000	捐盐银	赣关	19000	税银
河南	22000	捐盐银	临清关	22000	税银
江西	11000	捐盐银	浒墅关	230000	税银
陕西	81000	官民捐输银	天津关	26000	税银
山东	91000	绅民捐输银	龙江西新关	86000	税银
直隶	55000	绅民捐输银	淮安关	134000	税银

第五章

以钞代银："咸丰军兴"背景下的河工用银

本章以咸丰朝清政府对东河经费和财政管理为视角，在对咸丰朝河工用银紧缺现状和相关因素分析的基础上，对咸丰朝的东河河工用费进行梳理和呈现，进而联系时代背景对此阶段河工用银的变化趋势进行分析。以河钞为切入点，探讨清政府在面对河银短缺问题时的应对措施，通过分析河钞这个临时措施对定额河工用银制度的继承和发展，以财政学视角评价河钞运作及银钞搭放为特征的咸丰朝河政运作及其效果的基础上，管窥此阶段黄河管理制度的变化过程和对铜瓦厢改道之后河政归属问题的影响。清代黄河修护工程运作"过度商业化"的实践与河工经费管理制度之间的差距是造成河工经费逐渐上涨并超出清政府的有效管理范围的重要因素。河工经费投入是维系河工运作的基础，对河工经费数量及源流的把握也是探讨河工经费运作制度的基础。与此同时，河工经费的运作和管理实质上是国家财政运作的一部分，只有从财政角度对咸丰朝河工经费的运作制度和实际效果进行分析，才能对此阶段黄河管理效果有新的认识和客观评价。咸丰朝河政与清其他时期相比一个重要区别就是纸质货币官票和宝钞在河工经费中的运用，由于钞票实际价格的不稳定性，准确评估咸丰朝东河河工实际经费投入也就有了一定的难度。传统的《清实录》《大清会典》等资料有关河工方面的记载，大多零星且不翔实，均无法很好地解决此问题。与河工经费

第五章　以钞代银："咸丰军兴"背景下的河工用银

有关的日常性维护之岁、抢修与临时性工程之另案大工，以及区域方面东河与南河的区别，在之前的河工经费研究中经常被忽视或混淆。本书所用主要资料为黄河水利委员会整编收藏的清代《河道钱粮》，以及河东河道总督关于黄河修工等事项上奏和批复的《河东河道总督奏事折底》，其中河督奏折较为系统地对咸丰朝的东河修工及经费进行了记载，虽然多为河督的奏报及相关管理部门的批复，在反映实际执行方面信息有所欠缺，但是从中能得知清政府在黄河治理方面的态度和政策，由执掌河工实际运作的河道总督的反馈也可以知晓河工在具体运作方面遇到的问题和应对措施，再结合其他清代档案文集等资料，就可以对此阶段东河河工的经费拨用情况和相关修护工程运作及其效果有一个系统的认识。本章即以此资料为基础并结合其他资料对咸丰朝东河修治经费进行整理和分析，从财政角度分析此阶段清政府对黄河经费管理的特点与得失，以期对清代黄河管理在衰落时期的特点有一些新的认识。

明清以来，束水攻沙思想和实践在黄河治理上占主导地位，逢决口首先采取堵筑措施，尤其是清代，在黄河管理方面投入了巨大的人力和物力。黄河管理的制度也经历了一个由创立到发展完善的过程。清初置河道总督专职，掌管黄河、运河及永定河堤防、疏浚等事。历经康熙朝，黄河管理体系初步建立，河工经费管理逐步完善，物料管理、考成保固等制度逐步建立。雍正时期，鉴于"豫省险汛下移"[①]，雍正初年马营口、郑州、仪封、睢宁屡次决口。雍正五年（1727），"于开封府南岸增设主簿一人，管理开封府下北河。增设巡检二人，一驻祥符、陈留适中之地，一驻兰阳仪封适中之地。……有设河南省河北道一人，驻武陟兼管河务"[②]。由此举可以看出雍正帝对河患日益加剧的河南省河务的重视。最终雍正七年（1729）改河道总督为南河总督，管辖江苏、安徽等地黄河、淮河、

---

① 《大清会典事例》卷901，工部，河工，河员执掌一。
② 同上。

运河修工事宜，另设副总河为总督河南、山东河道提督军务，简称河东河道总督或河东总督，管辖河南、山东两地黄河、运河修护工程。

东河、南河分治是对清初对河南地区治河不够重视，以致豫省河患不断加重这一问题的应对措施，客观上对提升豫省黄河管理政策和效果都具有不可忽视的意义。本书所探讨的东河河工即为豫省及山东段黄河及运河的维护工程。咸丰五年（1853）铜瓦厢决口之后，清政府无力堵筑，只能任黄水向东北肆虐，此时决口以下水势散漫，无从筑堤，河工主要集中于豫省决口上游数厅，而运河因有小米帮船的行用，仍需定期疏浚。因此上述地区便成为咸丰朝后半期东河河工的主要区域。

咸丰朝河政与清其他时期一个重要区别就是除了传统实银供给之外，纸质货币在治河工程中的应用。面对鸦片战争和太平天国运动对清传统财政系统的冲击，咸丰朝改革传统银钱财政体系的呼声渐高，关于"行钞法"的议论渐多。① 于是官票和宝钞作为对传统实银制钱体系的补充而诞生。清代实行银钱并行的双轨货币体系，官票以银两为单位，民间交易则多以制钱为结算单位，故为了便于纸币的流通，在官票发行数月后，开始发行宝钞，以达到"银票以便出纳，钱钞以利流通"的目的。官票和宝钞主要在咸丰一朝行用，按规定比例与实银搭收搭放使用，但并不能与实银相互兑换，从而弥补财政收支中实银供给不足的问题。咸丰年间发行的不兑换纸币种类及其相关信息见表5-1。

河钞即清代咸丰年间用于黄河、运河以及永定河等处河工办料、修护、人工等所用的官票和宝钞的统称。由表5-1官票宝钞的行用时间可知，河钞在黄河河工的行用，主要在咸丰一朝。

---

① "咸丰三年二月二十六日上谕：钞法由来已久，本朝初年亦行之，近日诸臣纷纷陈请此事。"见中国人民银行总行参事室金融史料组编《中国近代货币史资料》，中华书局1964年版，第343页。

第五章 以钞代银："咸丰军兴"背景下的河工用银

表 5-1　　　　　　　咸丰年间发行的两种纸币

全称	别称	单位	发行时间	停止发行时间	停用时间
大清官票	银票、银钞	两（银两）	咸丰三年二月	咸丰十一年四月	同治元年十一月
户部宝钞	钱票、钱钞	文（制钱）	咸丰三年十一月	同上	同上

资料来源："咸丰三年二月二十七日上谕：著即行使官票。"见中国人民银行总行参事室金融史料组编《中国近代货币史资料》，中华书局1964年版，第352页。"咸丰三年九月十八日上谕：著户部制造宝钞。"见《中国近代货币史资料》，第367页。"各直省地丁旗租关税，请一律停收钞票。"见《清穆宗实录》卷48，中华书局1985年影印版。

第一节　咸丰朝东河河工经费紧缺状况

河政是清代的一代大政，处于东亚季风区的黄河中下游地区，夏季降水集中，洪涝频发，险工迭现。出于治理河患、保民护漕的目的，清政府在黄河治理上投入大量的人力和物力。黄河修守，重在堤防，而堤防的修守又依赖充足的料物。伏秋大汛，抢办险工之时，全赖物料充足，人力可施。清代治河名臣靳辅在其治河行动中认为："采办料物，水土之工物料最难。虽上有经划之总理，下有谙练之属员与孑来之兵役，而所需不给，以至万夫束手以待，其误事非浅鲜也。"[①] 治河措施想要达到理想的效果，除熟谙河务的官员外，治河料物的及时充足供应也是重要的先决条件。故有"堤工全恃修防，而修防专资物料，是物料为河工第一要务"[②] 之说。

咸丰四年（1854）三月，河东河道总督长臻面对办料经费短缺，岁料无法办竣的窘况，上奏详称：

> 所有各厅承办甲寅年岁储因上冬司库应拨料价银两未克依时

[①] 贺长龄等：《清经世文编》（下）卷101，靳辅《治河工程》，中华书局1992年影印本，第2483页。

[②] 田文镜撰，张民服点校：《抚豫宣化录》，《雍正四年十一月署理河道事礼部主事朱藻题为条陈稽察工料之法仰祈题请定例以垂永远事》，中州古籍出版社1995年版，第65页。

给发，当经奴才附片奏明展限至本年三月桃汛前购齐在案……兹因壬子年应划不敷之银尚未拨清，癸丑年划拨之项丝毫未拨，以致各道库无银垫发。即奏准之料价，藩库之麻价、帮价仅拨发过二三成，甚有东省运司帮价全数未拨者，虽经奴才节次严催并饬道厅设法挪措尽力垫办，无如司中屡催罔应，厅员力难多垫。其前请银票六万两虽专放河工之款，但核之应发料价所短较巨，是以桃汛已交，展限届期，秸麻仍难办竣，焦灼万分。①

岁修和抢修属于黄河的日常性维护，此乃黄河修护之根本，"河工修防事宜，首重岁修，次则抢修"②。由上奏折可知咸丰二、三年（1852、1853）黄河岁修办料所需银两并未按期拨给，咸丰二年（1852）尚未拨清，而三年（1853）更丝毫未拨，河工用银积欠状况不断发生。以至本应于规定时间办齐的东河岁修所用物料一再推迟完竣期限，直至咸丰四年（1854）三月桃汛已交仍未购全。"黄河修守全赖料物充足，而购办料物尤须钱粮应手方免缺乏而资保护"③，清统治者及河臣对黄河岁修购料的重要性均有清醒的认识。然而根据当时的河督奏报可知，东河经费的拖欠使按常例进行的岁修工程难以正常施工。

等待司库拨款无望的东河河督只得依靠其他的经费筹措途径来解决河银短缺的问题，"再前当黄河水势盛涨，南岸险工叠出，昼夜抢办需料较多，夫工亦巨，而司拨不宽，各厅间有挪垫已竭之处，势将束手，适有河南试用道张维翰报捐实银一万六千两，以之分发各厅接济赖以购料，镶工克保无虞"④，捐输等非常例财政收入被称为维持

---

① 《咸丰四年三月二十一日河东河道总督长臻奏折》，《河道钱粮》第 12 册，1854 年，黄河水利委员会藏，资料号：清 102 - 7 - 82 - 11。
② 吴筼孙：《豫河志》卷 15，《嘉庆十五年谕河工修防》，河南印刷局，1923 年。
③ 《咸丰七年六月十八日河东河道总督李钧奏折》，《河道钱粮》第 14 册，1857 年，黄河水利委员会藏，资料号：清 103（1） - 9 - 78 - 113。
④ 《咸丰四年七月十八日河东河道总督李钧奏折》，《河道钱粮》第 12 册，1854 年，黄河水利委员会藏，资料号：清 102 - 7 - 81 - 16（9）。

第五章 以钞代银:"咸丰军兴"背景下的河工用银

清财政收支平衡的第一道防线,捐输之项虽然可解一时燃眉之急,但河工的运作需要持续稳定的资金支持,河银短缺问题始终是困扰咸丰朝河工运作的主要问题。

上文河东河道总督长臻奏折所言黄河岁抢修"应拨料价银两"主要来源为"司库",即豫省藩库,其主要职责为统筹豫省的钱粮收支。咸丰四年(1854)河南巡抚英桂奏称:

> 据藩司郑敦谨详称秸麻为三汛修防要需,自应早为支发,依限赶办全完,惟豫省现办军务,支应兵饷等款用项浩繁,各州县应征地丁钱粮有因上年被贼滋扰以及兵差节次过境,兼有连年被灾之区,民力拮据,征解难以踊跃,本省兵饷尚多支绌,司库无款可挪,所有岁内应发河工秸麻各价一时无款可拨,容俟催征地丁有项再行陆续支发。①

此折详陈豫省府库空虚且无款拨济河工以供岁修的困境。河南巡抚英桂执掌豫省事务,熟知豫省财务状况,在明知"秸麻为三汛修防要需,自应早为支发"的情况下,依然无法筹集款项拨付河工,其无奈的态度和河督竭力催款的事实正是咸丰时期河工经费竭蹶现状的真实写照。

东河日常维护经费短缺的状况直至咸丰末年依然如故,具咸丰十一年(1861)河东河道总督黄赞汤奏称:"现查各道厅挪垫之款司库尚未拨还,是已筋疲力尽,无处再行措借,以致辛酉年岁料至今尚未设厂采购,司库应发料价屡催不发,转瞬桃汛经临,何以堵筑?"②经费短缺,料物无法按时采购,黄河修守最为重要的日常修护亦属运

---

① 《咸丰四年十一月二十八日河南巡抚英桂奏折》,《河道钱粮》第11册,1854年,黄河水利委员会藏,资料号:清11-4-7-107。
② 《咸丰十一年二月初二日河东河道总督黄赞汤奏折》,《河道钱粮》第12册,1861年,黄河水利委员会藏,资料号:清13-809-22-3。

作维艰。

咸丰年间日常维护经费短缺，另案大工经费同样筹集维艰。咸丰八年（1858）三月，河东河道总督李钧在奏请划拨东河河工用银时奏称："修防料物价值转昂，于前出纳相衡弥行苦累，厅员有力者或可设法通挪，其无力筹措者遇有险工每虞束手，咸丰五年（1855）豫省北岸兰阳汛失事未始不由于此。"① 造成铜瓦厢决口的自然因素和人为因素相当复杂，从当时河东河道总督的言语中不难看出，经费短缺，办料不足，遇险工只能束手，这是造成铜瓦厢决口的一个不可忽视的社会因素。"逢决必先思堵"是清代治黄河的一条重要原则，得知铜瓦厢决口后，咸丰帝当即谕令："现在核计兴工约需用若干，着李钧等督率熟悉员弁相度情形先行驰奏朕意，须赶于年内合龙。"② 然而面对府库空虚和无款可拨的窘境，只能再次谕称："现因军务未竣，筹饷维艰，兰阳大工，不得不暂议缓堵。"③ 其所谓的"缓堵"，最终"使得一次普通的黄河决口酿成了历史时期的第六次大规模改道"④。清代的河臣也对这次决口有明确的认知，皆因"兰阳口门一时无款兴堵"⑤。由此可知，咸丰一朝河银短缺对黄河河政的深远影响。

有清一代，河政备受统治者重视，康熙帝曾言："朕听政以来，以三藩、河务、漕运为三大事，夙夜廑念，曾书而悬之宫中柱上。"⑥ 康乾时期更不惜投入巨金修治黄河。为何会在咸丰朝发生如此严重的河工用银短缺事件？持续时间之久，对河政及黄河地区自然和社会环境影响之大，在整个清代实属罕见。因此要对咸丰朝河工经费问题进

---

① 《咸丰八年三月十二日河东河道总督李钧奏折》，《河道钱粮》第10册，1858年，黄河水利委员会藏，资料号：清10-7-25-1（204）。
② 武同举：《再续行水金鉴》第9册，卷92，水利委员会1942年铅印本，第2374页。
③ 同上书，第2390页。
④ 贾国静：《黄河铜瓦厢决口后清廷的应对》，《西南大学学报》（社会科学版）2010年第3期。
⑤ 全国图书馆文献缩微复制中心：《河东河道总督奏事折底》，《奏为查核豫东黄运两河工程河势谨将大概情形先行具陈》，新华书店北京发行所2005年版，第108页。
⑥ 《清圣祖实录》卷一五四。

行分析首先需要从咸丰朝的财政状况和时代背景方面进行探讨。

一 军费飙升与河工用银

咸丰朝的中央财政危机是清代财政史领域关注的热点之一。咸丰朝因太平军兴而致军费开支巨大,尤其是咸丰二年(1852)底、三年(1853)初以后,随着战争范围扩大,太平军将战火引向清财赋重地——长江中下游地区。一方面,清王朝丧失了大量的赋税收入来源;另一方面,军费开支不断增加,库藏逐日空虚,清政府财力维艰。通过表5-2关于咸丰朝户部银库实银收支数据可以对当时的财政问题有一个较为明晰的认识。

表5-2　　　咸丰三年至十一年(1853—1861)户部
银库银两收支结构　　　　　　　(单位:两)

年份(咸丰)	实银收入	实银支出	官票支出	年底实银存额
三年	480340	399406	8072339	118709
四年	214601	206904	4824114	126406
五年	141578	153746	3079432	114238
六年	151597	173883	2531106	91951
七年	195576	182297	2701150	105230
八年	177632	232431	2829473	50432
九年	184956	160523	3647894	74864
十年	145226	150708	7128780	69382
十一年	150782	151991	6179934	68173

资料来源及说明:此表数据来源于邵义对咸丰年间清政府实银及钞票收支数额的考证,并根据作者之表格绘制。见邵义《咸丰朝户部银库实银收支数质疑》,《历史研究》2012年第4期。

表5-2中实银收支数额可以反映出太平天国战争对咸丰朝中央财政的深远影响。据咸丰三年(1853)六月户部奏折称:"自广西用兵以来,迄经三载,经臣部奏拨军饷,及各省截留等解,已至二千九百六十三万余两……现在户部银库,截止本月二十日至,正项代支银

仅存二十二万七千余两。七月份应发兵饷，尚多不敷。"① 实际情况确实如此，"咸丰三年以前尚未大力实行大钱及钞票政策时，银库收支一直处于亏损状态，尤以三年为最，亏损额高达420万两"②。自咸丰三年到十一年（1853—1861），"银库每年收入的实银数多不过20万—40万余两，绝大多数年份甚至仅10余万两"③。尤其是咸丰三年（1853）末，户部结存实银仅剩11万余两，这在有清一代属十分罕见的情况，实银收入短缺，银库库存竭蹶，充分说明了军兴对咸丰朝财政收支的影响。

因此在咸丰三年（1853），清政府一改以往对发行纸币的反对态度，酌议发行官票和宝钞，以应对军兴带来的严重财政危机。由表5-2可知，如果没有账面上官票宝钞的发行和支撑，户部银库是无法正常运行的。实银收入和库存的锐减，使作为中央财政收支核心的户部银库已形同虚设，通过财政收支管理和控制国家各项事务的职能亦无法正常发挥。无奈之下中央财政只能依靠发行官票宝钞支撑，从官票宝钞支出数量和比重也可以看出中央财政对其依赖程度。银库无款可拨，其作为财政核心的地位发生了动摇，与国运息息相关的军事开支尚应接不暇，黄河河工经费投入更显捉襟见肘。

学界关于咸丰朝财政危机对河工经费的影响也有不少的关注④，都注意到咸丰财政危机造成的河工经费短缺现象。而对东河而言，日常维护经费更重要的来源为豫省财政。因此在明晰咸丰朝中央财政问题这个大背景的同时，也应该对豫省的财政运作情况进行探讨。

---

① 《咸丰三年六月十六日管理户部事务祁寯藻等奏》，载《中国近代货币史资料》第一辑上册，中华书局1964年版，第175—177页。
② 史志宏：《清代户部银库收支和库存统计》，福建人民出版社2009年版，第90页。
③ 同上书，第36页。
④ 陈桦：《清代的河工与财政》，《清史研究》2005年第3期；芮锐：《晚清河政研究（公元1840年—1911年）》，硕士学位论文，安徽师范大学，2006年，第37—38页。

与东河日常维护密切相关的豫省财政也受到战乱的影响。咸丰五年（1855）上谕称豫省"连年兵燹、水灾，差徭烦重，而正供之外复有此项（按：河工银）摊征"①，天灾人祸使得豫省"民生重困"，即便正项钱粮足额征收亦困难不小。咸丰十一年（1861）东河河督黄赞汤奏称："归陈二府所属各县连年为皖捻蹂躏，停缓蠲免钱漕村镇已多，专赖西北完善各州县征收地丁以供饷需。"②民力凋敝，蠲免不断，全省正项地丁钱粮收入只能依赖部分州县。"河南拨款，京饷为要，协饷次之，河工饷又次之，故令司库先其所急，然后以余力协济工需"③，极为有限的赋税收入还需优先保证京饷、协饷等军需支用，河工所需经费之竭蹶可想而知。兵荒、水灾等天灾人祸对豫省财政的运作产生了消极的影响，也使得每年依靠拨款才能正常运行的东河日常维护难以运作。

二 协济失效

清代的财政收入除传统田赋、盐课、关税、杂税等常项收入之外，还包括捐输、报销等非常项收入。此类非常项收入在弥补财政收支不平衡方面发挥着重要作用，"及国势日弱，财力不支，府库空竭，民生凋敝，遂恃捐纳为救贫急务"④。对豫省河工经费支出起补充作用的主要是河工捐输一项。"咸丰七年（1857）伏秋汛内黄河各路来源较旺，长水勤骤，上游两岸各厅险工叠出……而司库钱粮支绌，幸蒙恩准颁发宝钞及以捐输之项凑用俾得应手抢办无误"⑤，由此可知，捐输之项对缓解当时的河工经费紧缺发挥了重要的作用。据东河河督

---

① 段自成、李景文主编：《清代河南巡抚衙门档案》（国家清史编纂委员会文献丛刊），中国社会科学出版社2012年版。咸丰五年十一月初一日上谕，第341页。
② 全国图书馆文献缩微复制中心：《河东河道总督奏事折底》，新华书店北京发行所2005年版，第1156页。
③ 同上书，第1167页。
④ 许大龄：《清代捐纳制度》，燕京大学哈佛燕京学社1950年版，第16页。
⑤ 《咸丰八年正月二十七日河东河道总督李钧奏折》，《河道钱粮》第16册，1858年，黄河水利委员会藏，资料号：清39-15-89-7。

长臻咸丰四年（1854）奏报，东河第二次捐输筹得河银 16 万余两①，同年又得个人报捐实银一万六千两②，当年的河工购料借此得以完成。

然至咸丰七年（1857），东河河督奏称："自军兴以来，司欠累累……河库即悉索早空，工员亦挪垫力竭，前两年犹籍捐输聊以支应，近则地方兵荒相继，凋敝异常，招徕不易，势将束手。"③ 捻军屡次侵扰，使得豫省"凋敝异常"，能通过捐输这条途径筹集的资金来源逐渐枯竭。另外，自咸丰八年（1858）始"经户部议，令河东捐输须按七银三钞上兑，较之从前票五钞三银二并钞八银二之数大相悬殊，以致无人报捐"④，与此同时，"河南省城现以饷票收捐，捐生购买饷票上兑，较之三银七钞尚可节省，各捐生孰肯舍少就多，自必愿捐军饷不愿捐输河工经费"⑤。由于河工捐输政策的改变和军捐的相对节省，致使豫省河工捐输报捐者寥寥。据相关学者统计分析捐纳所占国库收入的百分比可知："嘉庆年间（1796—1820 年）占 54%，道光年间（1821—1850 年）占 36%，咸丰年间（1851—1861 年）占 23%……在清朝最后几十年中，当政府支出与日俱增的时候，由这一来源所得的收入却在减少。因而捐纳在政府财政中的作用大为下降。"⑥ 咸丰年间由于军兴等原因，财政凋敝，捐纳占财政收入比重相对之前有所下降，而自咸丰八年（1858）改变豫省河工捐银钞搭放成数之后，河工捐在咸丰朝捐纳收入中所占份额更小，其在协济河工用需中的作用便逐渐下降。

---

① 《咸丰四年四月二十一日河东河道总督长臻奏折》，《河道钱粮》第 13 册，1854 年，黄河水利委员会藏，资料号：清 29-9-7-102。

② 《咸丰四年七月十八日河东河道总督长臻奏折》，《河道钱粮》第 13 册，1854 年，黄河水利委员会藏，资料号：清 29-9-7-104。

③ 《咸丰七年闰五月二十二日河东河道总督臣李钧奏（折）》，《河道钱粮》第 16 册，1857 年，黄河水利委员会藏，资料号：清 113-9-7-23。

④ 全国图书馆文献缩微复制中心：《河东河道总督奏事折底》，新华书店北京发行所 2005 年版，第 70 页。

⑤ 同上书，第 142 页。

⑥ ［美］王业键：《清代田赋刍论（1750—1911 年）》，高风等译，人民出版社 2008 年 11 月版，第 11 页。

第五章 以钞代银:"咸丰军兴"背景下的河工用银

为缓解河工用银不断上涨而对豫省财政造成的压力,豫省自嘉庆年间开始"筹款发交两淮、长芦、山东各盐商生息,以为添补岁料等项之用"①。具体办法是:"以七十万两交两淮盐政,三十万两交长芦盐政,各令交商按月一分生息,每年计得银十二万两,遇润加增息银一万两。"② 此发商生息银作为豫省河工常例用银之外的帮价银来源,对于豫省黄河修治经费起到了很好的补充作用。然而这项政策至咸丰时期也面临着无法持续下去的困境。咸丰二年(1852)十月二十八日河南巡抚陆应谷为两淮长芦山东积欠豫省河工料价银一案,奏称:

> 窃照豫省司库例支,以河工为大宗,每年需用一百数十万两。嘉庆年间,筹款发交两淮、长芦、山东各盐商生息,以为添补岁料等项之用。乃各商不能按限清解,积欠至二百三十五万九百余两之多,均系河南藩库借垫。日积月盈,无可挹注。本省例支,遂形竭蹙。本年奉拨军饷、工饷等项五十余万两,以致经费异常短绌。应发工需,无款可筹。③

道咸时期,因盐商久经亏损,不能及时清解息银,至咸丰二年(1852),竟积欠至230余万两,粗略估算竟有20年左右的积欠。豫省巡抚屡次奏催仍无款可拨,这也加剧了咸丰朝东河经费紧缺的困境。

在咸丰朝中央和地方财政入寡支繁,收支失衡之际,传统的非常项收入如捐输和发商生息等财政手段也逐渐失灵,对于依赖稳定经费支撑的东河日常修守来说无疑雪上加霜。

---

① 段自成、李景文主编:《清代河南巡抚衙门档案》(国家清史编纂委员会文献丛刊),中国社会科学出版社2012年版,第342页。
② 《嘉庆十七年九月初三日李亨特、长龄奏折》,《河道钱粮》第11册,1812年,黄河水利委员会藏,资料号:清1-10(2)-7。
③ 段自成、李景文主编:《清代河南巡抚衙门档案》(国家清史编纂委员会文献丛刊),中国社会科学出版社2012年版,第116页。

三　河务财政紧张的发展

除了咸丰朝太平军兴以及河工捐纳不力这些特殊的时代因素外，从河政发展历程的角度对该时期河工经费短缺问题进行分析也是不可或缺的。

清代在"首重治河"① 思想的指导下，逢决必先思堵，因此伴随着清代政治、经济各方面制度的逐渐完备，保障河工修守用银的相关制度也逐渐建立和完善。清代岁抢修河工所用物料、土方、人工等项支出在雍正、乾隆年间逐渐确定了固定的例价，并屡次申明"永为定额""永成定规"。然而自乾隆初期便有因河工料价不敷而增银办料的记载。② 此时的定额之外增银办料现象尚不普遍，多因黄河沿岸"岁歉"，以致秸料、夫工价格上涨之故。至乾隆五十七年（1792），时河南巡抚穆和兰因豫省岁修例价不敷而奏请加价并于通省摊征，结果遭部驳斥并受到处罚。③ 至嘉庆四年（1799），河东河道总督吴璥再次就摊征岁修例价不敷银两的问题上奏，结果同样遭到斥责④，受到申斥的理由是："该督等以筹备帮价为词，请于地粮内按年摊征银十四、五万两，使豫省群黎均受其累。"⑤ 嘉庆十一年（1806）岁修加价之前，东河每年岁抢修定额为30万两⑥，河督奏请加价的数额竟然达到规定每岁抢修数额的一半之多，而从嘉庆十二年（1807）的大幅度加价行为可知，东河日常维护经费不足已为当时的普遍现象。于此嘉庆帝亦称："朕向闻河工积弊，有溢用不能开销之款往往借他

---

① 《清史稿》志一百一，河渠一。
② "乾隆二十三年谕：乾隆四年因岁歉昂贵，每束增银五厘，今豫省当积欠之余采办恐有不敷，著仍照乾隆四年之例增银五厘俾官民不致垫累。"见吴筼孙《豫河志》卷14，河南印刷局，1923年。
③ 吴筼孙：《豫河志》卷14，《乾隆五十七年谕》，河南印刷局，1923年。
④ 吴筼孙：《豫河志》卷15，《嘉庆四年六月谕》，河南印刷局，1923年。
⑤ 同上。
⑥ "嘉庆十年奏准豫省黄河每年豫筹银三十万两于地丁项下提拨补本年抢险之用"吴筼孙：《豫河志》卷15，《嘉庆十年谕》，河南印刷局，1923年。

项弥缝"①,"河工应用夫、木、土、石等项向因价值加增,承办厅员详请加价"②。清廷对物料价格上升,例价不敷的问题并非不知,但仍然只视厅员变通处理之法为河工积弊,而未针对额定河工用银不足的现实问题而对定额额度进行相应的调节。嘉庆十二年(1807)清政府终于正视此问题,对东河和南河日常维护的岁修定额按原来的两倍供给,但是之后河臣呼吁加价的要求仍持续不断。

不仅黄河日常维护经费不断上升,非常项支出之另案大工费用更是一路高涨。嘉庆皇帝深感河工用银对清镇府财政造成的压力③,然而依然抱着积极长远的心态拨款治河④,明知河员贪腐,不愿缩减经费而误急工。至道光一朝,中央财政收入因逐年蠲缓而府库日虚,同时黄河用需不减反增。面对"国家各项经费皆有定额,独河工钱粮不能限之以制"⑤的窘境,不仅道光帝对此忧心忡忡⑥,一些有远见之士人如魏源,对河工弊端也进行了反思⑦,甚至在黄河出现决口危机之时,朝中还出现"即堵""缓堵"之争,由此可知,当时河政经费之紧张。咸丰朝河工用项紧缺状况也是嘉道以来河工用银不断上涨的结果和表现。河工经费不断上涨的原因有很多,河堤规模扩大、物价

---

① 吴筠孙:《豫河志》卷15,《嘉庆四年六月谕》,河南印刷局,1923年。
② 吴筠孙:《豫河志》卷15,《嘉庆十一年谕》,河南印刷局,1923年。
③ "南河工程近年来请拨帑银不下千万,比较军营支用尤为紧迫,实不可解。况军务有平定之日,河工无宁晏之期。水大则恐漫溢,水小又虑淤浅。用无限之金钱,而河工仍未能一日晏然。"《皇朝政典类纂》卷一六三,国用十,会计。
④ "总不必存惜费之见,况随时整理,永除水患,所省实大,若因循不办,较量锱铢,一朝有患,所费倍多,再察弊尤其太甚,不可过于搜求,河工员弁人员毫无所得,必另生枝节,关系匪浅,汝不可不深思也。"黎世序等修纂:《续行水金鉴》卷33,商务印书馆1936年版,第235页。
⑤ 沈云龙:《皇朝经世文编续编》卷30,《道光十三年那斯洪阿条陈国用事宜疏》,文海出版社1980年版,第709页。
⑥ "南河工程近年来请拨帑银不下千万,比较军营支用尤为紧迫,实不可解。况军务有平定之日,河工无宁晏之期。水大则恐漫溢,水小又虑淤浅。用无限之金钱,而河工仍未能一日晏然。"《皇朝政典类纂》卷一六三,国用十,会计。"河督奏请,朕无不敕部筹拨。惟现当经费短绌之时,若不随时节省,年复一年,伊于胡底,倘将来无款可筹,即按年奏请,朕亦不准如数动拨。"《清宣宗成皇帝圣训》三八,理财。
⑦ "是夷烟者,民财之大漏卮,而河工者,国务之大漏卮也。"《魏源集》筹河篇。

上涨、河工腐败等因素均受到学者的关注①，上述诸因素确系不可忽视，而维系黄河日常维护运作的定额河银制度作为其自身因素，更应该受到相应的重视。

第二节　河钞行用

一　银钞搭放

咸丰朝东河经费短缺使豫、东两地黄河和运河日常维护难以正常进行，甚至面对决口大工亦无力堵口，只能任由洪水泛滥。为维持清政府对黄河工程的管理，清政府在东河实行"银钞搭放"的措施，通过户部发行纸质货币官票和宝钞的途径以解决东河维护工程实银供给不足的难题。

清代河工经费中，实银的投入比例和数量均占主要地位，因此学界关于河工用银的关注和研究也比较集中，而除实银之外，纸质的票据用于黄河河工经费在清代也屡见史载。咸丰元年（1851），黄河于丰北决口，咸丰帝谕称："此次丰北工程正值国帑支绌之时，拨解银两即一时未能到齐，该督等自应酌量缓急，设法通融，不妨权宜办理，其银票一节应如何抵用之处，亦可变通筹划，不必拘执。"② 此处所言"银票"的具体用法和作用在《中国近代货币史资料》中有较为详细的记载："咸丰元年，丰工请饷，户部给银票五十万两，令丰工广为劝谕。凡有输现银于工者，发给此票，准其持赴户部，于筹饷事例截卯期内，抵交捐项。在丰工既济要需，在捐生亦方便携带。"③ 为

---

① 王振忠：《河政与清代社会》，《湖北大学学报》（哲学社会科学版）1994 年第 2 期；饶明奇：《清代河工经费管理》，《甘肃社会科学》2008 年第 3 期；薛敏：《赋役征银对清代中央财政的影响——以河工为例》，《黑龙江史志》2014 年第 1 期。
② 武同举：《再续行水金鉴》第 9 册，卷 91《河水》，《咸丰元年十一月十一日上谕》，水利委员会 1942 年铅印本，第 2353 页。
③ 中国人民银行总行参事室金融史料组编：《中国近代货币史资料》，中华书局 1964 年版，第 379 页。

了便于丰工捐输，户部发放此票行用，便于输现银于河工者持票赴户部抵交捐项。然而此处"银票"与咸丰三年（1853）所发行的大清官票和宝钞不同，"此项银票指定筹饷，途既不宽，限以截卯，用尤甚暂"①。此银票只用于抵交捐项，并未进入流通领域，属于一种专用的兑换券。

咸丰三年（1853）所发行的银票和宝钞，是一种"不兑换纸币"②，由清政府核定成数，搭收搭放。钞票最初被用于需求经费较多的黄河南河河工。"军兴之初，厘捐法尚未通行，饷粮时绌……乃议制钞票以济之，而南河先请数万。其色以坚厚白楮，界为两方，饰以红绿。上方具载通行条令，下方载银数年月，以代河饷。"③这种"以代河饷"的钞票就是作为纸质货币进入流通领域的大清官票和宝钞，随着河钞在南河的行用，东河也随其后开始发行河钞。官票和宝钞在东河的行用记载见表5-3。

由表5-3可知，东河河工最早使用官票的记载是在咸丰四年（1854）三月二十一日河东河道总督长臻的奏折，此银票即指咸丰三年（1853）发行的官票。钞票发行之初便规定官票宝钞搭收搭放均以五成为例④，笔者所见档案最早记载河钞搭放比例的是在咸丰四年（1854）七月一日河东河道总督庚长的一份奏折，奏称"东河拨款用官票五成、制钱三成，以二千文抵银一两，实银二成"⑤。其中实银和制钱占五成，官票五成，符合钞票发行之初搭收搭放均以五成的规定。然而钞票发行不久就超出了此比例，咸丰八年（1858）河东河

---

① 中国人民银行总行参事室金融史料组编：《中国近代货币史资料》，中华书局1964年版，第379页。
② 杨端六：《清代货币金融史稿》，武汉大学出版社2007年版，第101页。
③ 沈云龙主编：《中国近代货币史资料（1822—1911）》，文海出版社1974年版，第419页。
④ "凡民间完纳地丁、钱粮、关税、盐课、及一切交官解部协拨等款，均准以官票宝钞五成为率。"见《清实录》咸丰三年十一月。
⑤ 《咸丰四年七月一日河东河道总督长庚奏折》，《河道钱粮》第12册，1854年，黄河水利委员会藏，资料号：清13-5-3。

道总督臣李钧奏称:"河工用款始则票五钱三银二,继而改为钞八银二"①,李钧在咸丰五年(1855)九月的一份奏折称:"河工领款,系八成票钞,二成现银。"② 由此可知,至迟在咸丰五年(1855),河工用款就改变了原规定的搭放比例。

表5-3　　　　　　　咸丰朝东河钞票搭放文献记载

时间	奏报人	内容	要点	出处
咸丰四年三月	河东河道总督长臻	其前请银票六万两……专放河工之款	东河最早用钞记载	《河道钱粮》
咸丰四年七月	河东河道总督庚长	东河拨款用官票五成、制钱三成……实银二成	最早关于银钞搭放比例记载	《河道钱粮》
咸丰五年九月	河东河道总督李钧	河工领款,系八成票钞,二成现银	银钞搭放比例变动	《清文宗实录》
咸丰八年六月	上谕	酌议拨给宝钞六成,实银四成,较之前定银数已加二成	银钞搭放比例变动	《东华录》
咸丰十年六月	河东河道总督黄赞汤	近年河工拨款俱按三成现银、七成宝钞给发	银钞搭放比例变动	《河道钱粮》

咸丰八年(1858)六月的一份上谕称:"河工用项近年均以钞八银二搭放,因本年春间该河督(李钧)奏称用项不敷,已酌议拨给宝钞六成,实银四成,较之前定银数已加二成……惟念运河修工紧要,钞票亦难疏通,著再加实银一成。嗣后拨给运河经费,实银宝钞即着各半搭放。"③ 可见到了咸丰八年(1858),东河豫省河钞搭放比例由咸丰五年(1855)的钞八银二变为钞六银四,而运河银钞搭放

---

① 《咸丰八年三月十二日河东河道总督李钧奏折》,《河道钱粮》第13册,1858年,黄河水利委员会藏,资料号:清14-087-112-2。
② 《清实录》,咸丰五年九月李钧奏。
③ 《东华录》咸丰81,转引自杨端六《清代货币金融史稿》,武汉大学出版社2007年版,第103页。

比例则调整为银钞各半。河东河道总督黄赞汤咸丰十年（1860）六月二十二日奏："近年河工拨款俱按三成现银七成宝钞给发。"① 直到咸丰末年，豫省东河河工一直是按照钞七银三的比例划拨河工经费，而运河则从咸丰八年（1858）之后便定为银钞各半。

由此可知，河钞和实银的搭放比例在实际工程中并没有按原定的成数搭收搭放，其比例也是有变化的。而河钞的实际价值不仅和搭放数量和比例有关，也和搭收状况息息相关。清政府发钞之初规定官票宝钞搭收搭放均以五成为例，但是咸丰五年（1855）据李钧奏称："河南省州县，于征收钱粮时，专收银钱，不收票钞。解司之时，则收买票钞，按五成搭解。以致商民于票钞不知宝贵。"② 由李钧的奏折可知，由于地方政府并没有按规定的成数搭收钞票，以致钞票实际价值并没有达到票面价值。又有记载称，"河员得之，与大钱之当百当五十者，分发各州县富贾典商易制钱。商贾无所用，则卖诸报捐之人，十钱只值二三。自捐局以外，皆不收"③。河员得到钞票之后，并不能用于流通领域，只能折价卖于报捐之人，由此可知河钞的流通遇到了不小的阻力。咸丰九年（1859）六月河东河道总督黄赞汤奏曰："前年经山东抚臣崇因银价骤减，奏准停止搭收后，即不能行使。前河臣李因东省正项钱粮甫经停止搭收票钞，未便再行更改，酌拟变通章程，奏请于耗羡及一应杂税项下，搭收二成，籍资运用"④，在同年十一月又上奏称："黄河用钞价值虽贱，而司库尚可稍为搭收藉资周转，运河宝钞虽蒙恩敕部颁发，因司库丝毫不准搭收，以致无从出售，仍同废纸。"⑤ 由此可知，钞

---

① 《咸丰十年六月二十二日河东河道总督黄赞汤奏折》，《河道钱粮》第 16 册，1860 年，黄河水利委员会藏，资料号：清 16 - 098 - 7 - 2。
② 《清实录》，咸丰五年九月李钧奏。
③ 沈云龙主编：《中国近代货币史资料（1822—1911）》，文海出版社 1974 年版，第 419 页。
④ 《河东河道总督奏事折底》咸丰九年六月，第 64—71 页。
⑤ 《河东河道总督奏事折底》咸丰九年十一月，第 390 页。

票的搭收状况确实和其实际价值有密切关系，并且东省运河道钞票只放不收，情况不容乐观，而豫省黄河用钞尚可在司库搭收，可以周转行用。

钞票的搭收状况决定着钞票的流通情况以及钞票的实际价值，并且钞票收放在不同的时间段和不同的区域都有差别，只能大概梳理其实际价值变动情况。"宝钞创行之始每千尚可易钱六七百文"①，而到咸丰九年（1859）六月，"以州县买钞二串抵解银一两，只须钱八九百文，以东省市价计之，可易制钱一千六七百文"②。结合当时的银钱比价，此时钞价为每串值钱四百到四百五十文，与咸丰五年（1855）"票银一两、宝钞一千，均止易制钱四五百文"③的兑换比例不相上下。咸丰十一年（1861）二月黄赞汤奏称："宝钞则每串仅易制钱二三十文尚无受主"④，咸丰末年钞价相对于之前数年较为稳定的钞价，有了一次迅速的下滑，这也和咸丰十一年（1861）四月裁撤宝钞总局分局不无关系。

清政府发钞之初规定的银钞各半搭放并没有得到一贯执行，钞票贬值的问题尤其值得注意，东省和豫省钞票实际价格和票面价值差距越来越大，从刚开始的"商民于票钞不知宝贵"到最后"无从出售，仍同废纸"，河钞的持续贬值不仅使清政府中央财政对东河的财政支持大打折扣，也使东河河工的运作实质上更加依赖地方财政的运作和协济。咸丰八年（1858）三月，李钧奏称："咸丰三年以后因军饷紧迫，司库支绌，遂有由部筹用钞票搭放之议，河工用款始则票五钱三银二，继而改为钞八银二并按每钞一千五百文做银一两，当宝钞创行之始每千尚可易钱六七百文，计其所入已不及旧时用银之半，而修防料物价值转昂，于前出纳相衡弥形苦累，厅员有力者或可设法通挪，

---

① 《咸丰八年三月十二日河东河道总督李钧奏折》，《河道钱粮》第14册，1858年，黄河水利委员会藏，资料号：清13-7（2）-81-6（4）。
② 《河东河道总督奏事折底》咸丰九年六月，第64—71页。
③ 《清实录》咸丰五年九月李钧奏。
④ 《河东河道总督奏事折底》咸丰十一年二月，第1182页。

其无力筹措者遇有险工每虞束手。"① 由此可知，同样是银钞搭放的措施，"厅员有力者"和"其无力筹措者"的最终结果是截然不同的。作为中央财政协济黄河经费需求的重要手段，银钞搭放的实际作用还需在具体历史条件和场景下考量。

二 钞价贬值

咸丰朝钞票流通过程中的贬值问题始终是一个困扰钞票发行和流通的难题。咸丰五年（1855）九月河东河道总督李钧奏称："河工领款系八成票钞，二成现银。所领票钞难于行使，每遇险工无从抢护。"② 河工抢险千钧一发，钱粮料物及时充足的补给方能聚众兴堵化险为夷，而咸丰朝所用河钞一度在河工请款中占有超过半数的重要地位，因此因流通不畅而造成的钞票贬值对河工的影响可想而知。

纸币相对于金属铸币在流通上有其天然的便利性，然而咸丰朝发钞的主要原因是咸丰朝财政收支失衡，"军需河饷已糜帑二千数百万两，以致度支告匮，筹划维艰"③，"军兴以来，各省移缓救急，悉索不疑，封储之款一空，征解之难数倍，不特部库时时支绌，而且外库处处拮据"④。故清政府将发行官票宝钞作为解决财政收支不均衡的一种财政措施。这样的历史条件和背景决定了清政府无法筹集发行钞票的"钞本"，因此钞票就成为一种无法与现行银钱兑换的纸币。咸丰四年（1854）三月，曾经力倡清政府发行钞票的户部右侍郎王茂荫查知"兵丁之领钞者，难于易钱市物，商贾之用钞者，难于易银置

---

① 《咸丰八年三月十二日河东河道总督李钧奏折》，《河道钱粮》第 14 册，1858 年，黄河水利委员会藏，资料号：清 11-9-5-31（5）。
② 《清实录》，咸丰五年九月李钧奏。
③ 沈云龙主编：《中国近代货币史资料（1822—1911）》，《咸丰二年十二月二十六日定郡王载铨等折——驳花沙纳行钞法办法并请发行银票期票一折》，文海出版社 1974 年版，第 328 页。
④ 沈云龙主编：《中国近代货币史资料（1822—1911）》，《咸丰三年七月初三户部折——请推行官票并将当十样钱颁发各省一体鼓铸等一折》，文海出版社 1974 年版，第 353 页。

货，费力周折，为累颇多"①的状况后，立即上奏建议改善钞票发行的办法，"令钱钞可以取银；令银票并可取银；令各项店铺用钞可以易银"②，以改善钞票流通不畅的局面，然而咸丰帝认为其"为商人所指使，且有不便于国而利于商者"③，终经军机大臣议定，逐一反驳王茂荫之提议并斥责："王茂荫身任户部，管理钞局，未能一律办理平均，专利商贾，所见甚偏……所论专利商而不利于国，殊属不知大体，所奏均不可行。"④

钞票无法与流通中的银钱相互兑换，就决定其只能独立于现行银钱体系之外，同时也不需筹备"钞本"，只按照规定的比例搭放搭收，充其量只能算是一种代用券。如果钞票可以严格按照规定的成数收放，则亦可保持其独立于现行货币体系的信用，以达到"钱法钞法通流无滞，庶足以利民用而济时艰"⑤的目的，然而钞票在实际发行和流通中并未按发行钞票时的规定运作。

咸丰朝官票宝钞贬值的一个重要原因是搭收搭放不均衡。核定成数，搭放搭收，是清政府调节货币流通较为常用的手段。清政府发钞之初便规定搭收搭放均以五成为限，然而这项规定并没有得到长久的执行。以上文河钞为例，河钞行用之初确实按票五钱三银二这种五银五钞的办法搭放，然而不久就有了钞八银二的搭放比例，这种不按规定任意搭放的现象得到清政府的默许。在河督屡陈经费不敷修工后，又将搭放比例改为钞七银三。与此同时，在钞票搭收方面出现了不按规定的现象。"河南省州县，于征收钱粮时，专收银钱，不收票钞。解司之时，则收买票钞，按五成搭解。"⑥解司之时收买的票钞当然

---

① 沈云龙主编：《中国近代货币史资料（1822—1911）》，《咸丰四年三月初五日户部右侍郎王茂荫折——实钞停滞情形建议改善发行办法以及军机户部回折》，文海出版社1974年版，第390—395页。
② 同上。
③ 同上。
④ 同上。
⑤ 《续通考》卷20，考7699。
⑥ 《清实录》，咸丰五年九月李钧奏。

不可能按钞票面值进行收买，因此地方政府就通过这种手段赚取了钞票贬值的份额，这种行为更加速了市场上钞票的贬值。虽然地方政府的这种腐败行为受到中央政府的严厉制裁，但是相对于基层政府来说处于弱势的农民始终无法按照规定成数把手中的钞票用于地丁银等赋税的上缴，钞票行使过程中始终伴随着对地方政府的这种制裁。面对放多收少而贬值的钞票，无数铺户的处理办法更简单，或称没有货物，或提高物品价格①，因此清政府也不得不对拒收钞票的铺户进行了一定的惩治。然而这都不能阻止钞票在流通中越来越贬值。清政府可以规定其票面价值，却不能规定其实际的交换价值，随着钞票发行数量的增多，其贬值也无法避免。

清政府发钞是为了解决经费紧缺的财政困境，这就决定了清政府不能实现钞票和现行银钱的自由兑换，又不能按照规定的成数搭收搭放，因此这种缺乏"钞本"的纸币必然不能得到使用者的信任。再加上钞票收放过程中因为政策执行方面的人为阻碍，造成了钞票收放不平衡，广放寡收自然会导致进入流通领域的钞票渐多而流通不畅，以致各种流弊相应而生，通货膨胀和钞票贬值也在意料之中了。值得注意的是，清政府明知钞票贬值的问题，但并没有停止发放钞票，而是通过调整银钞搭放比例，用这种有弹性的财政拨付手段来维持清中央财政对河政的支持。这是一个很巧妙的方式，钞票的票面金额作为一个账面数字，不仅在中央维持着户部银库收支的运作，在地方也维系着无法用实银填补的财政拨付漏洞。以东河河工为例，每年均需进行的岁修、抢修经费还是按一个定额进行奏销拨付，只不过发行河钞之前全部拨付实银，而有了河钞之后变为银钞搭放。清政府通过这种方式，在财政危机的前提下艰难维持着中央和地方财政的运作。

---

① "如都城市肆是也，凡以钞买物者，或坚执不收，或倍昂其值，或竟以货尽为词。"见沈云龙主编《中国近代货币史资料（1822—1911）》，《北京宝钞行使情形，咸丰四年》，文海出版社1974年版，第358页。

三 用钞规模推测

关于咸丰初年东河河工用银数,咸丰四年(1854)正月王履谦奏称:"(豫省)河工钱粮东河每年不下一百四五十万两,实在办公不及十分之六。"① 王履谦系咸丰三年(1853)初以詹事府少詹事之职被派往东河会同河东河道总督福济巡查豫省黄河口岸,多次专折上奏有关河工事宜,对东河钱粮当较为熟悉,故此说当有可信性。铜瓦厢决口之前的咸丰初年,豫省黄河每年岁修、抢修和另案用银当为一百四五十万两左右。道光十五年(1835)上谕称:"东河自道光元年至十年每年动用正项钱粮多至一百万两以内,其用至百万以外者不过三四年,惟十一年抢办险工用银一百四十万。今吴邦庆任内十二年、十三年、十四年俱用至一百十万两以外,较之十年以前有多无少。"② 由道光帝的谕旨可知道光前中期东河用银的概况,从前期的每年不足百万两至道光十一年(1831)后一百一十余万两,直到咸丰初年的一百四五十万两。可见从道光中期以后直到咸丰初年,东河用银呈现缓慢增长的趋势。咸丰朝东河日常维护及另案经费数量及银钞搭放比例见表5-4。

表5-4 咸丰三年至十一年(1835—1831)东河河工用银统计(单位:两)

年份/用项（咸丰）	常例河工用银		另案河工用银			银钞比率
	岁料银	岁抢修	黄河各厅	运河	咨案各工	
三年	135000（未拨）	200000	1454500	78870	12840	
四年	311680（未全拨）	200000	1163100	90870	12740	银钞对半
五年	279680（未全拨）	100000	1058500	89860	12730	钞八银二

---

① 吴筼孙:《豫河志》卷16《经费三》,河南印刷局,1923年,第13页。
② 谕山东巡抚钟祥河南巡抚桂良,吴筼孙:《豫河志》卷15《经费二》,河南印刷局,1923年,第13页。

续表

年份/用项（咸丰）	常例河工用银		另案河工用银			银钞比率
	岁料银	岁抢修	黄河各厅	运河	咨案各工	
六年	数据暂缺	100000	842500.6	89570.4	13710.4	钞八银二
七年	65000	100000	821791.4	89151.4	13735	钞八银二
八年	65000	100000	842729.1	90372.2	13732	钞七银三①
九年	65000	100000	846963.6	89709	13714	钞七银三
十年	65000	100000	804330.7	88457.2	13634.3	钞七银三
十一年	75320	100000	762502.3	82581.9	13615.9	钞七银三

资料来源及说明：数据来源于黄河水利委员会藏《河道钱粮》及《河东河道总督奏事折底》。其中咸丰三年岁办料银具材料载悉数未拨，而咸丰四、五两年岁办料银仅为奏请数额，实际拨付数额当低于此数。咸丰六年岁办料银数尚缺。

由表 5-4 可知，咸丰朝河工用银数量的一个重要转折点在咸丰三年（1853）。这一年的岁修办料银 135000 两是咸丰朝唯一一年见资料记载悉数未拨的年份。咸丰元年（1851）七月，应河东河道总督颜以燠因岁防险银不足而奏请添拨，咸丰帝准其所请，谕称："循例添拨防险银两一折，著照所请，准其在于河南藩库拨给银二十五万两。"② 然而时至咸丰四年（1854）三月，时河东河道总督长臻奏称：

> 壬子年（按：1852 年）应划不敷之银尚未拨清，癸丑年（按：1853 年）划拨之项丝毫未拨，以致各道库无银垫发，其前请银票六万两虽专放河工之款，但核之应发料价所短较巨，是以桃汛已交，展限届期秸麻仍难办竣，焦灼万分，当此军务紧急需用浩繁原不敢冒昧奏催，但奴才职司河务，防河正所以防匪……

---

① 其中运河道改为银钞对半搭放。据咸丰八年六月上谕："运河修工紧要，钞票亦难疏通，著再加实银一成。嗣后拨给运河经费，实银宝钞即着各半搭放。"《东华录》咸丰 81，第 42 页。

② 中国第一历史档案馆编：《咸丰同治两朝上谕档》，《咸丰元年七月二十四日内阁奉上谕》，广西师范大学出版社 1998 年版，第 232 页。

请旨敕下河南山东两抚臣严催两藩司并运司将河工料麻价银及帮价划拨不敷等项赶紧筹款陆续分别拨发,俾可勒限各厅星夜采购于五月内堆齐。①

清代对于河工岁修料物的采办时限也有专门的规定,"豫省河工岁修所用秫秸,定于八月内动道库银分给各厅,限十月照额办足"②,以供冬季黄河水落之时集夫修工。而此年东河经费不敷,竟至本应去年十月办齐的料物一再展缓至次年五月仍未办全。东河河督长臻的奏折也陈述了咸丰二、三两年(1852、1853)的岁修办料经费拨付情况,其中咸丰二年(1852)尚未拨清,咸丰三年(1853)丝毫未拨,前文已述此时期咸丰朝财政的种种失衡状况和原因,此不赘述。咸丰三年(1853)可视为东河河工经费拨付的一个重要转折点。

咸丰三年(1853)以后东河河工用银量总体呈下降的趋势,其中常例河工用银包括岁修办料银和岁抢修银以及黄河另案用银均以咸丰五年为界有一次明显的缩减过程,〔运河另案用银和咨案各工(另案外之另案)因为数额相对较小,变动幅度不是很明显,在这里不做过多讨论〕同时银钞比价由发钞伊始的银钞参半到紧接着咸丰五年(1855)后的钞八银二,到咸丰八年(1858)初改为钞七银三,并一直持续到咸丰末年。自咸丰四年(1854)东河始用钞票,直至咸丰末,清政府一直没有放弃钞票的行用,钞票搭放比例在咸丰五年至七年(1855—1857)甚至一度达到账面经费总支出的80%,相对于仅占两成的实银,可以说钞票在维持河工经费数量方面占据着主要地位。若再考虑到上文所分析河工所搭用的钞票的实际价格的变动,可知搭用河钞后东河河工用银确实比咸丰初年有较大幅度的缩减。

同治二年(1863)五月署河东河道总督谭亭襄奏称:"同治元年

---

① 《咸丰四年三月二十一日河东河道总督奴才长臻奏折》,《河道钱粮》第16册,1854年,黄河水利委员会藏,档案号:清19-8-109。

② 吴筼孙:《豫河志》卷14,河南印刷局,1923年,第16页。

第五章 以钞代银："咸丰军兴"背景下的河工用银 147

开归河北二道属另案砖石土埽工程请销银七十五万余两，抢修工程请销银十四万余两，二共银八十九万余两，以三成现银三成半局钞核计共需实银五十万有零。"① 从同治元年（1862）的情况可以得知咸丰末年东河岁拨实银数量在五十万两左右，而岁修抢修经费以三成现银七成宝钞共计银七万余两。可知咸丰末年岁修抢修经费仅为咸丰初年日常维护经费的五分之一有零，咸丰末年所有河工经费只有咸丰初年岁需一百五六十万两的三分之一左右。由此亦可知，咸丰朝东河河工经费数额缩减幅度之大。

河督屡呼河工经费不敷，日常维护经费数额缩减，清政府实行银钞搭放的途径筹集河工经费。这一切均表明，咸丰朝黄河河工经费供给系统面临着前所未有的挑战。在清政府银钞搭放手段下，东河河工经费依然按照一个预定的额度奏销拨解，虽然东河所用实银来源于豫省府库，而钞票来源于中央财政拨付，而管理东河河银收支的河库道依旧运作，河银奏销等程序依然有效运行，东河河工经费筹集渠道虽然有所变化，而维持其运作的定额河工用银相关制度依然持续着。只是清政府财政支持的重点和方向发生了变化，"河南拨款，京饷为要，协饷次之，河工饷又次之，故令司库先其所急，然后以余力协济工需"② 和东河经费息息相关之豫省财政的各项拨款中，军费开支逐渐占主导地位，而用于河工的经费日渐减缩，河政作为清政府一代大政的历史渐渐远去。

第三节 银钞搭放的意义

黄河修护经费的筹集和奏销属于清财政收支的范畴，具体经费来源可分为两个方面。

---

① 吴筼孙：《豫河志》卷16《经费三》，河南印刷局，1923年，第14页。
② 《河东河道总督奏事折底》咸丰十一年二月三十日回河东河道总督黄所请司库拨款谕旨，第1167页。

一是黄河日常维护经费，即岁修、抢修的经费。针对东河所在的豫省而言，"支发兵饷、河工、防险并各项经费及养廉、公费等项"①归于地方留存经费。故豫、东二省每年于地丁钱粮内征收专门的河工银并拨付河库道统一调配支用，此为东河日常维护经费的主要来源。若拨付河库道之经费不足办料、夫工等支用，则由河道总督奏请河南府库拨银协济。正如河东河道总督黄赞汤称："东河黄运四道属修防经费，向系取给于藩库。"② 东河日常维护经费与豫省财政关系十分密切，主要依豫省留存经费和藩库协拨经费。自咸丰军兴而至财政支绌之后，"从前修工经费向于藩库全拨现银用，咸丰三年（1853）以后因军饷紧迫，司库支绌，遂有由部筹用钞票搭放之议"③。之前一直由地方财政供给的东河岁修抢修，由于地方经费不继，其他协济河费的财政手段均无法发挥作用，因此只能由中央财政支持，此可谓咸丰朝河工用银筹集途径的一个重要转变。

二是黄河另案、大工费用，此类经费属于清代财政支出中的非常例经费支出，因为另案、大工并非每年皆有，且一旦有工则所需甚多，嘉道以降，大工需费数百万两实银者并不少见，甚至有堵口花费上千万两白银之例。因此，此类支出超出了东河所在豫省一省的财政支撑能力，针对另案大工的非常例财政需求，清政府采用中央财政调拨的方式筹集经费。多从相邻省份或其他财政有结余的省份调拨款项，规定数量和解送日期，以期集费动工。以咸丰元年（1851）丰北决口为例，"此次南河兴办大工，业经户部指款，在于山东、山西、陕西、甘肃、江西、安徽、浙江等省先后按数拨给"④。丰北决口虽

---

① 段自成、李景文主编：《清代河南巡抚衙门档案》（国家清史编纂委员会文献丛刊）《河南巡抚陆应榖咸丰三年三月二十八日奏》，中国社会科学出版社2012年版。
② 《河东河道总督奏事折底》咸丰九年六月二十二日，第64页。
③ 《咸丰八年三月十二日河东河道总督李钧奏为黄河工需搭用宝钞价值日低办公竭蹶万分大局深虞贻误亟需变通办理以重修防》，《河道钱粮》第22册，1858年，黄河水利委员会藏，资料号：清36-8-7-12（33）。
④ 武同举：《再续行水金鉴》第9册，卷91《河水》，《咸丰元年十月二十二日上谕》，水利委员会1942年铅印本，第2352页。

第五章　以钞代银："咸丰军兴"背景下的河工用银　149

不属于东河管辖范围，但其经费的筹集方式可以代表咸丰朝另案、大工经费筹款方式，非常例财政支出的另案大工经费主要依靠中央财政的调拨筹集经费，另案大工的筹款方式和途径在咸丰朝没有大的转变。

咸丰朝的"银钞搭放"作为应对河工经费紧缺问题的一个财政手段，实际上也反映出依赖地方财政的黄河日常维护定额河工用银制度和依赖中央财政调拨的另案大工经费筹集体系的失效，由于军兴造成的财政失衡，地方财政疲弱无力，清政府无法通过定额河银制度用预定的豫省财政支出满足东河日常维护的需要，另案大工经费也无法像往常一样在各省调拨。清中央财政更无力通过户部银库拨款助工，因此只能依靠钞票维护户部银库的运作，中央财政对东河的支持只能通过发放河钞的方式维持各项工程的运作。以银钞搭放为特征的咸丰朝东河经费筹集手段，反映出地方财政无力支撑河工经费时，中央财政对河工的支持和协助。

岁修、抢修是黄河修护的基础，也是咸丰朝东河维护的主要内容。与岁修、抢修相关的定额河工用银制度由于咸丰朝经费短缺等问题，具体运作发生了一些变化，通过这些变化可以透视定额河工用银制度存在的问题。另外，咸丰朝实行银钞搭放措施后，虽然咸丰五年（1855）铜瓦厢决口，然而清政府并无堵口的决心和行动，因此咸丰朝在东河区域没有与大工相关的财政运作案例。因此下文通过对东河定额河工用银制度相关问题的分析，以对河工用银制度运作相关问题进行探究。

咸丰朝东河用银短缺问题是嘉道以来逐渐形成的问题，造成这种结果的原因也是多方面的，除了咸丰朝特殊的时代背景，从额征河银的征收①到河工用款最终的奏销拨用，任何一个环节出问题都会导致河银筹措制度的运作效果不佳。若将此问题聚焦于定额河银制度本

---

① 潘威：《清代前期黄河额征河银空间形态特征的初步研究——以乾隆五十七年的山东为例》，《中国历史地理论丛》2014年第4辑。

身，就需要从财政管理视角对此定额运作体系进行考量。

清代定额思想是与"量入为出"财政思想息息相关的重要财政管理思想，由定额思想而产生的定额制度也是清代一项重要的财政制度。① 随着"永不加赋"和"摊丁入亩"政策的实施，清代的赋税制度逐渐向定额化的方向发展。与此同时，与赋税收入相关的财政支出项目和数量也逐渐固定化。清政府历年正常的财政收支均遵循相对固定的额度，此种财政制度所遵循的思想及相关的奏销程序的最终目的即是确保定额财政的正常运行。因此在清代赋税征收、漕粮征解、河工拨款等与钱粮有关的事务中均存在定额的相关规定。

清代的定额河工用银主要运用于岁修、抢修工程的办料和夫工等花费，属于黄河的日常维护费用。河工日常维护用银定额化经历了一个漫长的过程②，其创建伊始收到良好的效果，然而迟至乾隆二十三年（1758），为解决定额不敷的帮价行为在东河开始实行，之后愈加普遍，并从一种临时性措施演化为一种经常性的经费支出。黄河日常维护经费为何不断超出预定的额度？探讨这个问题需从黄河日常维护的具体经费支出入手。

一 清代河工运作的商业化趋势及财政供给问题

黄河修守，料物为先。李德楠注意到清代豫省治河材料的变化③，自雍正二年（1724）河南布政使田文镜始，北方地区埽工由置办柳、草等梢料改为购办秸料。以秸代柳扩大了治河料物的来源，但是由于秸料生长具有时令性特点，因此办料也容易受季节和丰歉的影响。在乾隆中期以后的河督奏折中，不断出现因秸料"岁歉昂贵"而奏请加价的请求。与此同时，人为抬高料价的行为也屡见不鲜，"每逢决

---

① 陈锋：《清代财政政策与货币政策研究》，武汉大学出版社2008年版，第404页。
② 潘威：《清代前期黄河额征河银空间形态特征的初步研究——以乾隆五十七年的山东为例》，《中国历史地理论丛》2014年第4辑。
③ 李德楠：《工程·环境·社会：明清黄运地区的河工及影响研究》，博士学位论文，复旦大学，2008年，第55—92页。

第五章 以钞代银:"咸丰军兴"背景下的河工用银 151

口,则沿岸商民且预囤柴苇,倍昂钱值,乘官急以取利,是为河费一大窦"①。基于自然和人为两方面原因,秸料的价格易受供需不平衡的影响,这种波动对需要稳定物料供给的河工来说,是一种令人担忧的不稳定因素。

伊懋可注意到,"在清朝统治下,像之前历朝历代那样大规模动员无偿的劳动已经行不通了"②。现实状况确实如此,黄河日常维护另一项重要的支出——夫工,自乾隆十二年(1747)始由佥派改为雇佣的方式组织人力,一改之前按田亩派夫的做法,由政府出资招募夫工。此举使河工经费支出需要承受夫工市场价格变动的考验,因此潘威指出,雇用代替佥派使"稳定的白银供给在治河工作中的作用自然变得更为重要"③。

黄河日常维护经费开支中最为主要的夫工和物料都经历了不断商业化的过程,由清政府出资购料募夫。这种改变在规范河工人力物力筹集途径、减轻百姓负担方面有其积极意义,河工行为也因此走向商业化的道路,与市场联系日益密切。这就使得料物和夫工价格更容易受供需的影响而出现波动,相对应的日常维护开支也会突破定额的限制出现上下浮动的情况。现实状况更不容乐观,嘉道以降的银贵钱贱和物价上涨等因素使河工的实际支出不断超出清政府预设定额,清代治河工程商业化道路可谓压力重重、道阻且艰。

黄河日常维护经费的筹集属于清财政收入的范畴。针对豫省而言,"支发兵饷、河工、防险并各项经费及养廉、公费等项"④的支

---

① (清)王庆云:《石渠余纪》卷1,北京古籍出版社1985年点校本,第25页。
② [英]伊懋可:《大象的退却——一部中国环境史》,梅雪芹、毛利霞、王玉山译,江苏人民出版社2014年版,第136页。
③ 潘威:《清代前期黄河额征河银空间形态特征的初步研究——以乾隆五十七年的山东为例》,《中国历史地理论丛》2014年第4辑。
④ 段自成、李景文主编:《清代河南巡抚衙门档案》(国家清史编纂委员会文献丛刊),《河南巡抚陆应穀咸丰三年三月二十八日奏》,中国社会科学出版社2012年版。

出归于地方留存经费。故豫、东二省每年于地丁钱粮内征收专门的河工银并拨付河库道统一调配支用，此为东河日常维护经费的主要来源。受清代"量入为出"以及定额财政思想和实践的影响，地丁钱粮作为天庾正供不可轻议加增，河工银征收同样谨守定额，东河日常维护经费长期被确定在一个固定的额度，并不能随着实际需求的增长而同步扩大河工银征收额度。

清财政史领域对清代地方财政留存比例小，地方经费紧张问题多有探讨。① 反映在河工上，即是日常维护经费无法持续稳定供给，"每遇特恩豁免及灾重，请蠲请缓并坍荒无征，常款河银缺少不能如数解足"②。针对这种情况，为保证河工用银的供给，"多于布政司库纳正项钱粮内动拨"③。除此之外，资料所见黄河日常维护经费还包括发商生息、捐纳报效等非常项财政收入，而至咸丰朝急需捐纳报效、发商生息等手段协济日常工需时，财政状况的恶化已使其协济功能难以正常发挥。

综上所述，黄河日常维护经费的来源，主要依赖的地方财政经济力量薄弱，而协济经费来源稳定性差，日常维护费用的持续稳定供给能力不足。一旦遇到地方财政收支失衡的情况，其稳定供给就成为一个突出的问题，前文所述咸丰朝东河河工经费短缺状况就是一例。在与黄河日常维护支出相对应的河工经费收入方面，清政府并没有行之有效的财政收入保障机制。

二 定额预算与实际需求的矛盾

黄河日常维护经费支出不断上涨，而与之相对应的财政收入并没有保持同步增长的制度保障，相反，其稳定的供给能力不断受到现实

---

① 何平称其为"不完全财政"。见何平《清代赋税政策研究：1644—1840 年》，故宫出版社 2012 年版，第 126—127 页。
② 《乾隆二十七年七月十五日史贻直奏折》，《河道钱粮》，1762 年，黄河水利委员会藏，资料号：清。
③ 同上。

的挑战。反映在河工用银具体筹集与支出问题上，即是其定额思想及制度规定与具体实践两个层面的种种矛盾。

现代经济学中以国家为主体对"资金的筹集、分配、使用所进行的组织、协调和监督等活动"① 以"满足社会公共需要"的重要手段就是国家预算管理。国家预算管理的一个重要特征是其法制性，在皇权至上的清代，以《会典》《则例》等法典式文献规定的一系列制度和政策便具有法制的权威性。因此可以说，清代中央政府以满足各类公共需求为目的，并通过各种手段对帝国的经济资源进行筹集、分配、使用的组织、协调和监督等即可视为国家的预算管理活动。清代的定额河银管理即可视为国家预算管理的一种形式。

在经济学框架下，国家预算想要达到预期的效果，政府预算必须具有完整性和真实性。②

以黄河日常维护中的抢修用银为例，"嘉庆二十一年（1816）以后每年于藩库地丁内拨银三十万两以为抢险之用……道光十一年（1831）后酌减为每年二十五万两……咸丰三、四两年（1853、1854）因经费支绌又经前河臣再减银五万两请添银二十万两……上两年（笔者按：咸丰五、六年（1855、1856）秋汛因下游各厅工程停办，臣复酌缓银十万两，减请银十万两"③。由此可知，自道光到咸丰时期，抢修定额不仅没有增加，反而经历了三次缩减，而其中仅咸丰五、六年（1855、1856）实因工程减少而缩减定额。豫省河段自雍正朝开始经过历年兴修，工段不断延长，而抢修定额却呈下降趋势，由此不难预见定额制度在实际运作过程中所面临的银钱短缺问题，黄河日常维护中的岁修用银同样面临此种困境，清政府预定的日常维护费用额度和实际需求之间的矛盾越来越大。清政府对定额的固

---

① 于国安：《政府预算管理与改革》，经济科学出版社2006年版，第24页。
② 张志超：《现代财政学原理》，南开大学出版社2007年版，第65页。
③ 《咸丰七年六月十八日河东河道总督李钧奏折》，《河道钱粮》1857年，黄河水利委员会藏，资料号：清。

守使岁料、夫工用项帮价、加价层出不穷，这些行为实质上也是对定额制度的突破和校正，然而这不仅增加了经费核算的难度，也使清政府因面对更大的河工经费压力而愈益恪守定额。

一个运作良好的财政预算系统，能够包含其全部经费需求，并能在实际情况发生变化时依据现实的需要调整其预算额度，真实反映出财政的需求和变动，不断调整其预定额度，实现其控制和管理的目的。清代定额河工用银这种预算管理制度，因其定额并没有满足随着物价变动和实际工程需要的变化而变动，就违背了预算的完整性和真实性原则。清政府规定的河银额度无法满足维持实际河工运作的资金需要，"虚估工段，宽报丈尺"等现象就在所难免。嘉庆十一年（1806）上谕称："河工应用夫土木石等项，向来因价值加增，承办厅员详请加价，该河督即照时价批准，复恐不能按例报销，遂任承办之员虚估工段，宽报丈尺，以符部价。是该河督明知所报不实，据册咨部，部中亦即照所开工段丈尺核销，竟系相率为伪。且厅员等以报部工程俱系通融开报，势必藉称例价不敷，任意浮冒，其弊将何所不至。上下相蒙，不成政体。"① 定额制度的畸形运转助长了河工腐败的滋生，定额管理的效果也就大打折扣。清政府借此对黄河日常工程管理也同样出现了难以为继的困境。

从财政管理的视角观察东河日常维护经费运作制度和现实之间的问题，我们可以发现其实质是黄河日常工程运作的商业化之现实与传统定额经费运作制度之间的矛盾。商业化的河工运作在购料雇夫等方面相对于传统行政手段有特定的管理优势，然而商业化的河工运作必须有与之相适应的物价反馈机制和收支平衡策略，以及更为重要的财政调控手段和经费筹集途径。而现实中清代量入为出的财政思想和常例财政收入定额化的特点使管理部门在应对帝国内出现的财政问题时具有一定的保守性与滞后性，同时广泛存在的定额制度使许多技术性

---

① 《大清会典事例》卷908，《工部四七，河工》，光绪二十五年石印本。

细节变得无关紧要，事遵成案定例，固守定额，消极应对。河工运作商业化实践与追求财政简单易操作的清财政思想格格不入，同时商业化操作在技术和管理上对清统治者及其官僚集团来说也存在较大的难度，因此这种实践很难达到理想的效果。

综上所述，咸丰朝东河河工经费出现严重短缺的问题，并不仅仅是咸丰朝财政问题的简单映射，通过对河工日常维护定额用银制度的财政角度分析，可以透视出清代河工用银定额管理体系存在设计与运作之间失衡的问题，使定额河工用银制度在运作过程中产生诸多弊端，也使这个制度在历经咸丰朝财政困境时暴露出各种问题，运作维艰，最终走向崩溃。

第四节　咸丰朝河政特点

咸丰朝东河河工用银出现银钞搭放的格局，实际上是地方财政无力承担黄河经常性维护所需经费，而其他协济河工的经费筹集途径也遇到困难，故中央财政发挥其统筹作用，在资金方面对"过度商业化"的黄河管理提供支持。中央财政通过官票和宝钞的发行，继续对黄河日常维护和管理提供经费支持，使河工运作所依赖的奏销体系和河库道运作系统继续运行，也使清政府对黄河水利的管理得以维持。维护定额制度与维持商业化的黄河日常修工经费需求在咸丰朝这个特殊的时段，似乎是无法实现的两个目标。一方面定额河工用银制度在嘉道以降定额不断被突破，帮价现象不断出现，最终使定额额度一次次修改。另一方面由于咸丰朝的财政危机，地方财政无法为豫省黄河岁修抢修投入足够的钱粮以维持即有的定额，进而保证岁修抢修的正常进行。咸丰朝通过中央财政银钞搭放的手段，不仅在财政运作账面的拨款数量上维持定额的数量，而且继续维持以河库道为核心的定额河工用银制度的运作。通过河道总督的随时奏报，统治者很清楚河钞流通不畅，贬值不可避免，然而依然没有放弃行用，并面诫河督"务期未雨绸缪，毋许以钞贱价短为辞"①。钞票在发行过程中搭收搭放比例的变化，实际上体现出清政府在维护表面定额的同时，也考虑到维持河工经费的弹性供给。更为重要的是，咸丰五年（1855）铜瓦厢决口，清政府无力堵筑，因此南河河工几乎全停，东河也仅剩决口上游数厅需要继续办料修工，岁需办料、夫工等项支用大为缩减。另外，铜瓦厢决口后北流之水势若建瓴，黄流畅通，客观上减少了黄河上游的修防压力，因此在河钞流通过程中发生贬值的情况下，既有的定额和银钞搭放的财政拨付方式依然可以支撑东河日常维护的进行。河钞的行用也发挥了其作为纸币的流通便捷的优势。据河东河道总督李钧奏称：

> 咸丰七年（1857）伏秋汛内黄河各路来源较旺，长水勤骤，上游两岸各厅险工叠出，复多同时出险之处……而司库钱粮支绌，幸蒙恩准颁发宝钞及以捐输之项凑用，俾得应手抢办无误。②

通过河东河道总督的奏折可知，"险工叠出"之河段得以集中人力物力"抢办无误"，并没有因"司库钱粮支绌"而延误要工。河钞相对于实银便于输送的优势得以体现。咸丰九年（1859）六月因"运河修工经费五成现银，司库即能按时全拨，而五成宝钞未发"③，于是河东河道总督黄赞汤奏请："敕部迅速先颁宝钞十二万串，径解河南工次……俾要工不致搁延，而修防可期应手。"④ 由此可见，钞票在咸丰朝东河需费孔殷之时利用其自身便于输送的优点，发挥了救

---

① 全国图书馆文献缩微复制中心：《河东河道总督奏事折底》，《咸丰九年六月河东河道总督黄赞汤奏》，新华书店北京发行所2005年版，第97页。

② 《咸丰八年正月二十七日河东河道总督李钧奏折》，《河道钱粮》第14册，1858年，黄河水利委员会藏，资料号：清8-71-203-1。

③ 全国图书馆文献缩微复制中心：《河东河道总督奏事折底》，咸丰九年六月二十二日，新华书店北京发行所2005年版，第70页。

④ 同上。

急的作用。

岁修办料和岁修抢修银属于河工的常例支出，计划性和稳定性较强，同时中央政府也深知岁修诸工对黄河修守具有不可忽视的基础作用，与此同时岁修、抢修用银相对于另案大工花费较少，实可起到未雨绸缪、防微杜渐之作用，因此清政府会首先确保岁修抢修经费在河工用银中的拨放。铜瓦厢决口后，上游数厅购料垛数和每垛需要的银数是可以得知的，再加上购料所需费用之外的河兵堡夫人工等费用，就可以知晓其维护岁抢修所需要的银数，而通过历年河银数量和银钞搭放比率，以及钞钱比价，就可大致得知实际河工用银数。如此便可得知东河实际经费需求与支出之间的距离。

豫省黄河南岸开归道黄河七厅"向系分办备防秸一千二百垛"①，北岸河北道五厅"向系分办备防秸八百垛"②。咸丰五年（1855）铜瓦厢决口后豫省黄河下游断流，南岸减500垛，北岸曹考一厅工程减办秸135垛。按每垛70两之例价，共需1365垛，银95550两。据表5-4可知，豫省黄河日常维护经费咸丰六、七年（1866、1867）当为最低，以七年（1867）数据为准，共例拨银16.5万两，其中钞八银二，钞价按上文所分析咸丰五年到九年（1865—1869）的常价，钞每串抵银合450两，按银一两兑换制钱1500文。如此可得知例拨银钞共折合现银72600两，与实需银95550两尚有2万余两的差距，如果考虑到工夫运脚等费，所差当不止此数。但是此数为黄河改道之后数年银钞搭放实银最低之数额。此外黄河修守，料物为基础，黄河两岸有工之段不可能历年均将所办之料悉数用尽，而不备突然之患，故材料所见各厅均有以上年用剩之秸以抵现请之银的实例。如此可知，每年例拨河工用银便与实际购料所需相差无多。

---

① 全国图书馆文献缩微复制中心：《河东河道总督奏事折底》，新华书店北京发行所2005年版。咸丰十年二月二十九日，第549页。

② 全国图书馆文献缩微复制中心：《河东河道总督奏事折底》，咸丰十一年二月三十日回河东河道总督黄所请司库拨款谕旨，新华书店北京发行所2005年版，第549页。

正如咸丰十一年（1861）二月三十日户部复河东河道总督奏折所言：

>　　复查豫省历年奏销清册，七年解过河工银三十七万余两，八年解过银六十余万两，九年解过银三十九万余两，十年奏销未到，想亦不相上下，以钞七银三计之，每年实银逾十万之数，宝钞价值虽贱，而行之民间可以搭解钱粮，即与实银无疑，如果各河厅认真购料撙节动支，现在止有上游七厅，纵无捐输亦敷本年修防之用。①

虽然银钞搭放中的实银两成依然归豫省府库支出，而八成钞票所抵实银超过河工用银支出的半数以上，因此河钞的行用对处于经费急缺状态的东河河工起到了必要的支持作用。虽然河钞在流通中有所贬值，但从客观效果分析，银钞搭放确系中央财政确保河工用需的一个有效手段。

咸丰朝河钞的行用在特定时期对豫省黄河日常维护产生了不可忽视的作用，然而依然不可过高评价其实际作用，因为河钞的搭收搭放及发挥作用仍与地方财政有不可分割的关系。并且钞票贬值等问题也伴随其流通始终，在一定程度上影响了钞票财政作用的实现。

以银钞搭放为特点的咸丰朝河工经费支出状况不仅是特殊社会环境下的产物，更是清代定额河工用银制度内在问题的一个发展结果，是清政府为解决黄河日常维护用银不足的一个临时性财政手段。通过银钞搭放的途径，定额河银制度得以继续维持，东河河政也没有在咸丰朝经费紧缺的大环境下停止运作。随着清廷与太平军战局逐渐向有利方向扭转，军费投入相对缩减，财政状况也有所好转。至同治二年（1863），河东河道总督谭廷襄奏称："工料总须实发现银方可随时应

---

①　全国图书馆文献缩微复制中心：《河东河道总督奏事折底》，咸丰十一年二月三十日回河东河道总督黄所请司库拨款谕旨，新华书店北京发行所2005年版，第1167页。

手，况征收钱粮业已停止收钞，无可再拨，自当一律更改。"① 故奏请东河河工"变通旧案，改用现银"②，咸丰朝银钞搭放的政策也走到了终点。

作为临时措施，银钞搭放体现了清中央财政对地方财政的补充和支持。随着同治时期财政状况的好转及之后清政府财政方面的调整，清前中期以起运、留存为特征的强化中央财政的措施被以中央财政专项摊征为特征的财政手段替代。③ 财政政策改变的背后是财政思想的转变，清政府财政收入缩减的同时，对相应的财政支出范围也进行了调整。与此同时由于太平天国战争的影响，江浙地区的漕粮也在咸丰时期改折实银征收，失去了治黄之所以治漕的目标后，黄河治理的重要性和迫切性也非同往日可比，河政逐渐由国家工程转变为地方政府的管理范围。地方的财政自主性逐渐扩大，在河政方面承担的责也逐渐增大，河政不再是一国大政。在铜瓦厢黄河决口时，清政府迫于战事，无力修工，只能任由黄水泛滥，采取劝谕绅坤修筑民埝的方式暂时解决决口问题，咸丰五年（1855）九月李钧奏称：

> 其大要尤在鼓舞众心，诚合三省之官吏，劝喻三省之士民，仿行前法，各卫身家。势分则物力易集，患切则人心易奋。责成该地方牧令则呼应较灵，地方官只加开道，勿事勉强，所需工程料物，应令董事绅者预先估计，禀由州县报明上司，完工之日速予核实验收，分别官绅出资出力等差，详请该管大吏奏恳天恩破格将叙，庶群情益增踊跃矣。④

---

① 吴筼孙：《豫河志》卷16，《同治二年五月署河东河道总督谭廷襄奏》，河南印刷局1923年印本。
② 同上。
③ "从1856年起，把京饷原由各省预拨改为临时定额摊派解款"，见彭泽益《十九世纪后半期的中国财政与经济》，人民出版社1983年版，第143页。
④ 武同举：《再续行水金鉴》卷九十二，《咸丰五年九月李钧奏为查明豫省被水地方现在情形》，水利委员会1942年铅印本，第2394页。

清政府此举可以视为将黄河修治问题地方化的一个起点和尝试，铜瓦厢决口后，决口以下流势散漫，在清政府无力堵口时，地方官绅出于保境安民等目的主动承担起修堤的任务，清政府对此也表示鼓励和支持。之后直至同治朝决口以下河道逐渐漫淤，山东黄患加剧，中央政府才不得不再次对黄河修防问题加以重视。

咸丰朝虽然在东河发行河钞，尽力维持河工最低限度的运作，然而河政已经在咸丰朝纷乱的政局中失去了一代大政的地位，逐渐向地方化发展，民埝大量出现，督抚在黄河管理方面的责任提升，晚清的黄河河政也由此产生了新的特征和问题。可以说咸丰朝是清代河政管理的一个转折时期。

咸丰朝以银钞搭放为特征的河工经费调拨手段体现了地方政府无力顾及河务之时，中央财政对河务的继续支撑。咸丰朝中央财政面对与地方财政同样的收支失衡问题，只能以发行河钞的手段发挥中央财政的支撑作用。然而清政府明知河钞流通中的贬值等问题依然坚持行用，使中央财政的支持收效并不理想，豫省府库拨付的实银依然在东河管理上起主要的作用。清政府通过调节银钞搭放比例，并结合铜瓦厢决口之后东河需费减少的客观现状，在继续维持定额河工用银奏销体系的前提下，逐步缩减在东河管理方面的实际财政投入。以银钞搭放为特征的咸丰朝河政是清代河政一个转折时期，是咸丰之前河政作为一代大政和之后地方自理河务之间的一个重要转折，在这个转折的过程中，河钞扮演了重要的角色。

小　　结

清朝河政有其发源、兴盛、衰落的过程，咸丰朝河政处于衰落时期。由于军兴引起的社会动荡和财政收支失衡，对清政府的社会管理造成了极大的冲击，对黄河管理而言，首先表现在河政经费的严重短缺。导致咸丰朝河工经费紧缺不仅有财政失衡方面的因素，河工捐纳和发商生息等协济河工用需的手段在咸丰朝失去作用也是需要注意的方面。银钞搭放政策的产生不仅是咸丰朝财政危机的反映,也是定额河银制度内在方面存在问题的集中表现。面对豫省财政的疲敝无力,中央财政通过发行钞票继续对东河日常维护提供经费支持,虽然钞票在发行和流通中存在贬值等弊端,但是清政府通过调整银钞搭放搭收比例等措施,为东河日常维护提供了基本的经费支持,并发挥了钞票在财政运作方面的便捷性,在遭遇险工需费孔殷之时及时支持了河工的运作。银钞搭放的政策使得清政府在面临财政危机和黄河改道这些特殊情况时,依然通过原有的奏销程序和河库道收支系统维持着对黄河的例行管理。

定额河银制度在维持黄河日常经费供给方面发挥着重要作用,但其运作过程中却与过度商业化的河工实践相抵牾,逐渐出现因固循定额而逐渐脱离实际需求的问题。最终导致定额制度不能正常发挥其财政作用,定额用银和定额外需求均不断上升,制度失真也为河工腐败打开了窗口。因此探究东河河工经费问题离不开对定额河银制度自身运作问题的探讨,经费短缺问题的背后是其财政管理方面的消极和滞后,河政式微现象的深层是其制度的僵化和失效。咸丰朝财政危机也使定额河工用银制度逐步走向崩溃。咸丰朝以银钞搭放为特征的河工用银管理制度在定额制度崩溃和晚清河政地方化这个过程中发挥着重要的作用,尤其是作为纸质货币的河钞,虽然在流通中备受争议,但依然作为一个媒介,使清政府顺利实现了对黄河管理的政策转变。

咸丰朝银钞搭放政策是在财政危机背景下清政府维护定额河银制度的一个临时性政策,自咸丰中期开始,地方士绅在黄河日常维护中的作用逐渐突出,民埝也在地方水利措施中发挥不可忽视的作用。虽然晚清时期地方社会和中央政府在治河方面都付出了相应的实际行动,但对官堤及民埝等河政归属问题的争论却一直存在,也折射出这一时期黄河管理制度的模糊和缺失。清代的黄河管理制度经历了一个逐渐完善到逐渐衰落的过程,制度的兴衰也折射出人与自然的复杂关系，"制度在人与环境的相互作用过程中，既是问题的制造者又是问题的解决者"①，关于制度方面的研究也是目前全球环境变化问题中不可或缺的一环。清代东河河工日常维护制度方面存在的"过度商业化"问题在需用经费更多的另案、大工等黄河非常项工程运作上也有所体现，在东河之外的南河河工同样有所反映。河工经费制度及其实际运作方面的问题复杂且重要，而目前关于清代水利史和制度史方面的探索却较为罕见。本书通过对黄河管理相关制度变迁及其内在问题的探讨，对清代黄河治理及其实际效果会有进一步的认识，虽然此方面现有研究还很少，却是清代黄河中下游水利、社会等方面的研究继续推进所必须进行的探讨。

---

① ［美］奥兰·扬、［加］莱斯莉·金、［英］海耶克·斯科伦德尔主编：《制度与环境变化——主要发现、应用及研究前沿》之《为政策制定者准备的摘要》，廖玫主译，高等教育出版社2012年版，第2页。

第六章

新河确立：同光时期的河工用银

　　光绪初期在黄河下游进行较长时段堤岸的修筑和完善。光绪元年（1875），筑堤工程主要是在直隶、山东境内进行。光绪三年（1877）堤工兴筑较为频繁，主要在山东境内展开。光绪八、九年（1882、1883）黄河面临严峻的汛期，水患极为严重，并修筑长达一千余里的长堤。至此，也基本形成了清代黄河下游在山东境内较为稳定的流路。值得注意的是，光绪初期筑堤工程的实施是处在晚清财政和河政出现大变革的背景下，财政状况有所好转，但对经费的影响有限。

　　黄河自咸丰五年（1855）决口改道后，黄河日常修守经费使用格局也发生新的变化，山东省日常修守经费较之河南省出现大幅增长。河南省河工经费在光绪十七年（1891）进行过一次较为大的改章，而在此之前河南省黄河日常修守经费的用度处在较高和起伏波动较大的阶段，改章之后的经费开支不仅表现较为平稳，而且呈现下降趋势。光绪初期山东省黄河修防经费尚且不到十万两，大约自光绪十六年（1890）以后基本都处于开支极巨的状态。

　　光绪朝黄河河工经费的管理内容仍然施行定额制度，但是清代定额制度的施行到了光绪时期已经基本很难实现和维持，执行效果有限。光绪朝也一直延续着每年经费"比较上三年之数"的做法。此外，在经费的具体使用过程中，对经费预算以及最终核算方面都有明确的规定。其中涉及的内容有各项工程具体数额，包括经费来源、经费核明,以及经费不足时用何款补充等内容,都有具体数额确切的记载。

第一节 同光宣时期河政概况

河务历来是受清政府重视的重要事务,而且"政府财政状况决定着河工的规模,河工与财政之间具有密不可分的联系"[①]。对清政府财政情况的了解以及光绪朝河政机构变革的明晰对认识光绪朝河工经费管理内容有着重要的作用。欲进行光绪朝河工经费管理制度的研究还需对光绪时期河工经费的整体情况有所了解。除此之外,对清前中期经费管理内容的梳理也是必要的。这些内容比较庞杂,对它们的认识是了解该时期经费管理制度的重要基础和背景。

一 光绪时期清政府财政状况

河工的兴作涉及人力、物力、财力,人力、物力则需要大量经费作为支撑来实现。清政府的财政状况如何影响河工的兴作情况。

清代财政的构成主要是常项收入和非常项收入,以常项收入为主要来源,非常项收入属于临时性收入,数额不固定。财政支出内容主要由常例支出和例外支出构成,常例支出属于较为固定项目的支出,例外支出属于临时性的、不可预见的计划外支出。河工经费中的岁修抢修经费属于财政支出中的常例支出,而另案和大工所用经费则属于常例以外的支出。在河工经费的各项支出中往往以另案和大工所用经费为最多,岁修抢修所需经费一直呈不断上涨的趋势,但在整体支出中所占比例相对较小。

咸丰年间,清政府的财政收入结构出现新的变化,厘金和洋税成

---

① 陈桦:《清代的河工与财政》,《清史研究》2005年第3期。

为新增税种，财政收入也较清前期出现大幅上涨，清后期的"财政支出结构与财政支出总数发生较大变化"①。另，清代地方政府所征收的赋税又分为"存留"和"起运"两大部分，其中"存留"是留作地方政府的开支；"起运"则是需要运解至中央的部分。清代赋税中地方政府"存留"部分呈现逐渐被压缩的趋势，大部分财政收入需"起运"至中央政府。运解至中央财政的额度不断增加，在一定程度上意味着地方财政各方面所需支出的总额会有所减少，而"存留"中很大一部分多是用于地方政府的开支，用于河务的财政额度自然也会被压缩。

  清代财政制度沿袭明代制度。至雍正时期，清代财政的各种规制大致形成，诸如钱粮奏销程序、奏销考成、交代制度以及亏空清查制度等均已走上正轨，显示了制度运作的成效。自嘉道以来，受列强入侵、太平军和捻军的影响，财政环境也发生了重大的变化，财政制度有所调整。晚清时期，原有的奏销、解协饷制度已经崩溃，外省督抚权势陡增，纷纷自立于中央之外，户部对外省财政的整顿效果非常有限，中央部门对此也是难以控制。②

  光绪初年曾开展财政改制，改制活动所围绕的主要是西式预算制度移植，由此而次第分层展开。刘增和③认为，清廷想要进行财政改制，其中在预算的准备工作中首先需要对外省财政进行大规模的清查。同时从国外引进西方的新税制，并酝酿划分国地两税，在税政上调处中央和外省财政关系；在此改制过程中，外省的财务行政机构也进行一系列的财政改革，以适应新的财政运作制度。由于此次改制时间较短，且牵涉面较广，各个方面的问题在同一时间交错进行，彼此混杂。

---

  ① 张高臣：《光绪朝 1875—1908 年灾荒研究》，博士学位论文，山东大学，2010 年，第 127 页。

  ② 刘增和：《"财"与"政"：清季财政改制研究》，生活・读书・新知三联书店 2014 年版。第 1—6 页。

  ③ 同上书，第 1—4 页。

光绪前期（约 1875—1894 年）清朝进入了近二十年发展的稳定期。该时期户部对财政规纪的整顿举措的推行，与清政府处在一个有利于实施归复旧制的环境有着密切的关系。户部对财政的整顿也取得了一定的成效，一方面，国家财政由此前的异常支绌变为库藏相对充盈。另一方面，此时的钱粮奏销制度也基本得到恢复，并形成了一些新的政策或做法。清政府财政总体上收支持平，且略有盈余。在甲午战争之后，清政府再次陷入财政收支失衡的情况，财政结构又出现新的变化，各省外销款项积多。朝廷欲着手整顿，要求各省将外销款项和盘托出，但是整顿难度较大。而光绪前期的环境恰是处于整顿阻力较少、经济环境尚可有利于整顿取得一定成效。辛亥鼎革，清廷财政由预算轨道转入战时财政，非常态财政预算打破了财政改制的计划，最终，清廷战时财政陷入窘困。①

光绪前期清政府进行过一系列修防筑堤的工程，工程的开展及其后修守维护都需要经费的支撑。"国家财政状况的好坏和防灾、救灾投入的多寡直接影响着政府荒政的实际效果"②，这一系列工程也是在清政府财政状况较为乐观的背景下进行的。光绪初期对黄河河道的整顿和修防取得了一定的成就，在黄河下游也基本形成了较为稳定的河道。

二 清代河政机构变革

清代河政机构的设置基本承袭明代设置总督管理河政的方式，并在此基础上不断调整。清代，河政由河道总督管理。及至雍正年间河务系统已基本确立，并形成江南、东河、直隶这三大河政机构。此后，又进行过多次调整。

---

① 刘增和：《"财"与"政"：清季财政改制研究》，生活·读书·新知三联书店 2014 年版，第 1—4 页。
② 张高臣：《光绪朝 1875—1908 年灾荒研究》，博士学位论文，山东大学，2010 年，"中文摘要"，第 2 页。

顺治元年（1644），设置总河，驻所位于山东济宁。康熙十六年（1677），又将驻所移至江苏清江浦；二十七年（1688），又将驻所移至济宁。康熙四十四年（1705），河道总督又兼管山东河道。

雍正时期则是黄河河政体系大规模调整时期，是河政机构设置的关键时期。这期间黄河下游被人为地分为两段进行管理，其中河南、山东段是为"东河"，江苏、安徽段是为"南河"。雍正二年（1724），设置副总河，专门负责管理北河河务，驻所设于河南武陟。七年（1729），又设置江南河道总督和河南山东河道总督，以此分管南河和北河河务，将总河改为总督江南河道，驻所设在江苏清江浦，副总河总督河南山东河道，驻所设于山东济宁。八年（1730），在直隶设置正、副二总河，为河道水利总督，驻所设于天津。至此，形成了北河、南河、东河河道总督，分别管理黄河事务。九年（1731），北河又设置副总河，驻所在直隶固安，同时在东河置副总河，并将南河副总河驻所移至江苏徐州。十二年（1734），又将东河驻所移至山东兖州。乾隆年间，再次取消副总河的设置。乾隆十四年（1749），又裁撤直隶河道总督，直隶境内河务归直隶总督监理。①

咸丰八年（1858），即铜瓦厢决口后，黄河开启北流局面，清政府为节省办公经费开支，又裁撤南河河道总督，河务归于漕督监理。光绪年间是清代河政机构发生大变革的时期。光绪二十四年（1898），戊戌维新期间，将东河河道总督裁撤。不久，戊戌维新运动遭遇失败，又再次恢复东河河道总督的设置。光绪二十七年（1901），锡良言："直、东河工久归督抚管辖，豫抚本有兼理河道之责。请仿山东成案，改归兼理，而省东河总督。"② 请求将河务之责交由督抚。二十八年（1902），东河河道总督再次被裁撤，至此，不

---

① 赵尔巽：《清史稿》，中华书局1976年点校本，第3341页。
② 同上书，第3675页。

再设置专门管理河务的官员。① 光绪年间是清代河政机构发生较大变革的时代，在不断发生变动的过程中，黄河事务也逐渐过渡到地方官员，由地方进行管理。

三 晚清河患

黄河在历史上就以善淤、善决、善徙著称，晚清时期黄河水患更是出现高频率、重危害的特征。据统计，1840—1911年间，"黄河决口的年份正好占三分之一"，就决口频率来看，有的地方决口连年发生，有的一年决口数次。② 尽管清政府投入了大量的人力和财力，但是黄河决口的频率反而更为频繁，经费开支的加增③，使清政府治河负担愈加沉重。

光绪年间黄河水患更是频繁发生，年年决口，甚至一年内多次决口。光绪时期决口点主要集中分布在山东境内，直隶、河南亦兼有之。从气候方面来看，黄河下游地区为温带季风气候，降水季节性强，且降水主要集中在夏季，降水变率大，旱涝灾害频繁发生。④ 据郑景云⑤等人对黄河中下游降水变化的研究，1886—1990年是黄河中下游比较明显多雨的时期，不仅降雨明显增多，其降水的持续时间也较长。降水量的变化影响着黄河径流量。随着汛期黄河径流量的上升，洪水给河堤带来巨大的压力，黄河沿岸发生溃决的风险随之增加，修防治理愈加频繁。汛期也就自然成为黄河治防的高峰期，所需物料人夫增多，河工经费所需上涨较为明显。

---

① 赵尔巽：《清史稿》，中华书局1976年点校本，第3342页。
② 康沛竹：《灾荒与晚清政治》，北京大学出版社2002年版，第7页。
③ 同上书，第26页。
④ 郑景云、郝志新、葛全胜：《黄河中下游地区过去300年降水变化》，《中国科学（D辑：地球科学）》2005年第8期。
⑤ 同上。

表6-1　　　　　　　　　　光宣时期黄河决口表

年份	决口点	黄河决口情况	备注
光绪四年	山东	决白龙湾，入徒骇河	
光绪六年	山东	九月，决东明高村，漫菏泽、巨野、嘉祥数县	十一月塞
光绪八年	山东	七月，决历城北岸之桃园，由济阳入徒骇河，经商河、惠民、滨州、沾化入海	十一月塞，用帑三十四万余两
光绪九年	山东	五月，决齐东、利津及历城。十月，决清、利津及蒲台	
光绪十年	山东	闰五月，决齐东南岸萧家庄、阎家庄，历城南岸霍家溜、河套圈及利津南岸等处	
光绪十一年	山东	五月，决齐河赵家庄，入徒骇。又决章丘南岸郭家寨，入小清河。六月，决寿张孙家码头，分两股：小股漫阳谷。大股穿陶城埠，趋东河、平阴、肥城，抵长清赵王河，半由齐河入徒骇，半由五龙潭除大清河。七月，决长清打码兔，入徒骇	
光绪十二年	山东	正月，决济阳、章丘交界之南岸何王庄，分溜约十分之三，半由枯河、坝河仍归正河，半出蒲台至利津宁海庄入海。三月，决惠民北岸王家圈、姚家口，均入徒骇。又决济阳北岸安家庙、章丘南岸吴家寨。六月，决齐河北岸赵庄，入徒骇。又决历城南岸河套圈，入小清	
光绪十三年	山东、河南	六月，决开州大辛庄，灌濮州、范、寿张、阳谷、东阿、平阴及禹城。八月，决郑州，溜分三道，经中牟灌入贾鲁河，东过祥符朱仙镇，南注尉氏，由歇马营折向正东会涡河。南注周家口，经扶沟、华、商水、淮宁、项城、沈丘各县，循颍西鹿邑等县。正河断流	光绪十四年二月塞，用帑约一千一百万两

续表

年份	决口点	黄河决口情况	备注
光绪十五年	山东	六月，决章丘之大寨、金王等庄，分溜由小清河经乐安入海 七月，决齐河之张村，分溜入徒骇河	十月塞 九月塞
光绪十八年	山东	闰四月，决惠民北岸白毛坟，归徒骇河入海。又决利津北岸张家屋。七月，又决济阳北岸桑家渡计南关灰坝，水历白毛坟归入徒骇。又决章丘南岸之胡家岸，由小清河之羊角沟入海	
光绪二十一年	山东	正月，决济阳北岸高家纸坊，入徒骇。六月，决利津北岸吕家洼。又决寿张南岸高家大坝，直趋沮河，复绕东南至梁山、安山一带，仍入正河	
光绪二十二年	山东	正月，决利津北岸赵家菜园，与吕家洼倒漾之水相接	
光绪二十三年	山东	正月，决历城、章丘交界之小沙滩、胡家岸，由郭家寨经齐东、高苑、博兴、乐安等县入海。五月，决利津两口，汇由迤南丝纲口入海，东抚李秉衡请留为入海之路。十一月，决利津北岸姜庄、马庄，由霑化之泺河入海	光绪二十四年正月塞
光绪二十四年	山东	六月，决历城南岸杨史道口，夺溜十之五六，经高苑、博兴、乐安一带，由小清河入海 决寿张杨庄，由郓城穿运，仍入正河 决东阿王家庙，分溜之十一，由茌平、禹城等直入徒骇 决济阳桑家渡，分溜十之四，由商河、惠民、滨州、霑化等经徒骇直趋泺河，入海 七月，裁东河总督，九月复置 冬，李鸿章带比工程师卢法尔勘东河，估工三千二百万两	十二月塞 光绪二十六年正月塞九月塞 十月塞

续表

年份	决口点	黄河决口情况	备注
光绪二十六年	山东	正月,决滨州张肖唐堂家,历惠民、阳信、沾化、利津,由泽河入海	三月塞
光绪二十七年	山东	六月,决惠民北岸五杨家,又决章丘南岸陈家窑	九月塞 十一月塞
光绪二十八年	山东	正月,裁东河总督。六月,决利津南岸冯家庄	十月塞
光绪二十九年	山东	决惠民刘旺庄 六月,决利津小宁海庄	二月塞 十二月塞,用银45万两
光绪三十年	山东	正月,决利津北岸王庄等处,由徒骇入海 六月,决利津北岸之薄庄,穿徒骇至老鸹嘴入海,以水行较畅,故不塞	二月塞
宣统二年	山东	夏,黄河在寿张决口,致使青城等九十州县被灾	
宣统三年	山东	七月,山东境内黄河上游民埝漫决	

资料来源:《黄河变迁史》《近代中国灾荒纪年》。①

表6-1 主要是对光绪时期黄河决口的统计,从中我们不难发现光绪乃至宣统年间黄河决口点多分布于山东地区,几乎每年都有决口发生。自铜瓦厢改道之后,黄河下游放弃夺淮格局而北流山东,山东境内水患发生频率渐高。晚清时期的水患有着发生频率高、灾区范围广以及危害性大的明显特点。② 无疑给中央政府和地方政府的治河事务带来严峻挑战。

黄河治理工程经费开支主要是在大工、另案、岁修抢修等内容。

---

① 岑仲勉:《黄河变迁史》,人民出版社1957年版,第583—586页;李文海等:《近代中国灾荒纪年》,湖南教育出版社1990年版,第341—803页。
② 康沛竹:《灾荒与晚清政治》,北京大学出版社2002年版,第5—22页;芮锐:《晚清河政研究(1840—1911年)》,硕士学位论文,安徽师范大学,2006年。

光绪时期对河工经费中的日常修守和大工另案等内容的经费都有不同程度的增加。夏明方①对光绪年间的岁修经费和大工中的筑堤、堵口、浚河等项经费做了大致估算。河工经费开支中占比例最大的当属大工的支出，光绪年间用于堵口、筑堤、建坝、浚河等内容的支出的经费达2650余万两。光绪十三年（1887），黄河在郑州决口，此次决口的堵筑用款甚巨，达1000万余两。② 光绪年间，清政府对河工各项经费共投入至少5183万两（其中自光绪二年至二十五年历年修防费总额约为2532万两），年平均约为251万两，仍然处于开支极巨的状态。这与之前认为的黄河事务边缘化而导致的河工不兴并不一致，实际上，虽然黄河事务在中央层面被忽视，但就地方政府而言，仍是治下的重要事务。从整体来看，清政府在河工方面的投入较大，用于日常修守的开支亦不少。目前看到的有关光绪时期河工经费的内容更多是整体认识，对实际经费中存在的变动内容了解尚且不深。

第二节 光绪初年黄河北流新河道的确定

光绪初期进行过多次和黄河下游的筑堤工程，分布于河南、直隶和山东各省，这一系列的筑底工程也基本奠定了黄河北流较为固定的河道基础。实际上，这一系列工程的开展乃至其后的日常修守所需经费不少，但这一时期清政府对河工的重视程度已经减弱。

一 光绪年间黄河筑堤情况

河工兴办中料物、人夫乃是极为基础的部分。清代河工的征派方式在康熙年间经历了较大的转变，清初的征派是以金派为主，偶有行"召募"。康熙十二年（1673），河南停止金派募夫。自十

---

① 夏明方：《铜瓦厢改道后清政府对黄河的治理》，《清史研究》1995年第4期。
② 武同举：《再续行水金鉴》卷127，水利委员会1942年铅印本，第3342页。

六年（1677）靳辅大修全河起，大工开始采用雇募的方式，① 由政府出资雇募。河道钱粮主要用于支付官员俸饷、购买物料，同时还要承担雇募人夫的"雇值"，治河行为越来越受到市场的影响。随着清代治河事务中劳动力和物料商业化程度的加深，白银在清代治河中地位变得极为重要，行政命令的制定和执行并不能落实治河计划。②

咸丰五年（1855），黄河决铜瓦厢，此后逐渐形成了黄河向北流的局面。随着黄河的北流，黄河河政机构的设置也出现了相应的调整，南河河道总督随之被裁撤。其后，河道总督的废置出现反复。

自乾隆中后期起，治理黄河的经费大幅上涨。尽管清中期对黄河修守的经费投入较清初有所增加，但自乾隆中后期以后黄河修守经费一直处于需求极巨的状态。就如何缓解经费短缺的问题，清政府通常采取协济等手段弥补经费上的短缺。但在咸同年间，传统的协济办法也不能有效缓解这一问题，转而采取"银钞搭放"的做法，具体做法是通过户部发行纸质货币官票和宝钞，来解决东河维护工程实银供给不足的难题。但由于河钞贬值很快，导致购买力下降，能支付劳动力和物料的经费有限，治河事务难以开展，但在当时的战争状态下，这一做法也是无奈之举。同治二年（1863），为达到减少工程和节省经费的目的，河臣谭廷襄又上奏请求停止用钞，改为用银。③

此时清政府对河务的态度已经发生变化，从经费指拨内容上也能窥见一二，总体来说此时用于治理黄河的经费已经下降。清政府从河务的直接管理的角色中逐渐退出，彭慕兰④提到清政府在河务

---

① 王庆云：《石渠余纪》，北京古籍出版社 1985 年点校本，第 27 页。
② 潘威：《清代前期黄河额征河银空间形态特征的初步研究——以乾隆五十七年的山东为例》，《中国历史地理论丛》2014 年第 4 期。
③ 《光绪十六年六月初一日河东河道总督许振祎奏折》，《河道钱粮册》第 23 册，1890 年，黄河水利委员会藏，资料号：清 11-098-4。
④ ［美］彭慕兰：《腹地的构建：华北内地的国家、社会和经济（1853—1937）》，马俊亚译，社会科学文献出版社 2005 年版，第 162—163 页。

中的退出主要表现在两个方面：一是随着政府所面临的侧重点和压力的改变，原本用于河务的经费被挪用至诸如编练新军、对外赔款以及一些现代化项目的建设上。部分河务经费转而更多地由地方政府自行筹措，甚至逐渐减少岁修抢修经费。有时甚至为填补其他地方的缺额，请求河工节省经费，以此来解其他方面的燃眉之急。自光绪二十八年（1902）起，河南省需要在岁修工程款下节省经费10万两，用以凑补新案赔款。① 此时河南省岁修经费规定为每年60万两，意味着有六分之一的经费要被挪作他用。可以说河南和山东两省的经费都在不断被缩减。② 二是"水患问题很大程度上从更受重视的地区被重新分配到了黄运地区"。河道的改变，水患发生频繁的空间位置已经发生变化，由以前的东南财赋地转至山东地区。

在治河事务中大部分治河材料及河夫工钱需用铜钱支付，政府所用经费均以"银两"为单位计算，实际上，由于受晚清时期"银贱钱贵"的影响，河工额定预算经费无形中再次被削减。有清一代银钱的比价存在较大波动，咸丰七年至宣统三年（1857—1911）是银钱比价中"银贱钱贵"的时期，此前基本以"银贵钱贱"为主。咸丰至宣统时期的银钱比价由一千五六百文跌至一千一百文。③ 受此影响，山东省大运河的治理经费也从原来的16万两削减至7.5万两。更有研究显示中央政府的治河费用从1850年以前占财政总支出的12%，而在1850—1900年间则已经下降至3%，1905年再次降至1.38%④，不难发现，河工支出比重剧烈下降的时期也正好处于铜瓦厢决口以后的时期。河工这一曾被中央政府视为"三大政"的政事，至清朝晚

---

① 《光绪三十二年十月二十八日，河南巡抚张人骏奏折》，《河道钱粮册》第36册，1906年，黄河水利委员会藏，资料号：清36-7-112-3。
② ［美］彭慕兰：《腹地的构建：华北内地的国家、社会和经济（1853—1937）》，马俊亚译，社会科学文献出版社2005年版，第169页。
③ 杨端六：《清代货币金融史稿》，武汉大学出版社2007年版，第176—179，206—212页。
④ ［美］彭慕兰：《腹地的构建：华北内地的国家、社会和经济（1853—1937）》，马俊亚译，社会科学文献出版社2005年版，第179页。

期地位已经发生变化，河务边缘化趋势愈加严重，在经费方面面临着严峻的挑战。

纵然黄河治理的地位已经同康熙时期的不可同日而语，但在中央受重视程度的减弱并不意味着在地方缺乏重视。相反，因为河务同黄河沿岸各省乃至更多省生民的利益攸关，考虑到地方的利益，地方官员也必须承担起河务工作。光绪初期黄河新流路的确定经历了较为漫长的过程，从光绪元年（1875）一直持续到光绪十年（1844）。经过近十年的时间才基本形成了黄河下游较为完整的堤防修筑。

同治十年（1871）黄河在郓城侯家林决口，此后清政府逐渐有了全面治理黄河的打算，开始讨论在黄河两岸修筑堤防，当然此时讨论的重点依旧是黄河的流向问题。主要集中在"堵铜瓦厢以复淮、徐故道"和"东省筑堤即由利津入海"两策①，仍然不能全面致力于修筑堤防，至光绪时期断续进行了一系列堤工的修筑，筑堤事件主要集中出现在光绪初期。其间筑堤事件大致如下：光绪元年（1875），东明决塞，"并筑李连庄（今山东省东明县）以下南堤二百五十里"。二年（1876）春，山东巡抚李元华言："黄河南堤，自贾庄（今山东省济南市）至东平（今山东省泰安市境内）二百余里均完固，惟上游毗连直、豫，自东明谢寨至考城七十余里，并无堤岸，此工固，上游若不修筑，设有漫决，岂惟前功尽弃，河南、安徽、江苏仍然受害，山东首当其冲无论已。臣拟调营勇，兼雇民夫，筑此七十余里长堤。"② 此七十余里筑堤工程于光绪三年（1877）完工。光绪三年（1877），又修筑山东省黄河"濮、范、寿张、阳谷、东阿五县北民堤一百七十里"③。光绪九年（1883），山东巡抚陈士杰请求修建张秋以下两岸大堤。后派遣侍郎游百川往山东会勘东省河患，提出办法"疏通河道、分减黄河、亟筑缕堤"，"民间自筑缕堤，近临河干，多

---

① 赵尔巽：《清史稿》，中华书局1976年点校本，第3746页。
② 同上书，第3751页。
③ 姚汉源：《中国水利发展史》，上海人民出版社2005年版，第481页。

不合法，且大率单薄，又断续相间，缕经塌陷，一筑再筑，民力困竭。今拟自长清抵利津，南北岸先筑缕堤，其顶冲处再筑重堤，约长六百余里，仍借民力，加以津贴，可计日成功，为民捍患，民自乐从"。① 此长堤修筑历时九个月，至光绪十年（1884）四月工程完成。光绪年间黄河南北两岸堤防修筑情形大抵如上所述。

二 光绪元年堤工及其经费内容

光绪元年（1875）的筑堤工程主要是在直隶、山东境内进行。光绪元年，黄河在堵筑贾庄决口时，河务官员既请求修筑南堤。光绪元年正月二十日山东巡抚丁宝桢上奏称，堵筑贾庄决口"先赶筑南岸大堤，预为筹防"②，规划南岸筑长堤。据河臣丁宝桢陈奏，此次堤工经查明丈尺后即在正月兴办堤工，主要在黄河山东境内南岸展开，丁宝桢认为"南岸东明之堤近在大坝之上，视为不得不办之工"③。筹划之初估南北两岸需筑堤500余里，所估需经费一百五六十万两，且原估规模为南北两岸尽修堤岸，考虑到经费支撑南北两岸同时兴筑有一定的困难，最终决定先修筑南岸最紧要之工。"嗣以坝工系在南岸，且北岸地势较高，应先将南岸丈量明确，上下游同时施工，计东省菏泽等县工一百九十余里，直隶东明计四十三余里。又东明续增李连庄以上堤工十八里余，综计直东两境南堤共二百五十余里"④，其中直隶东明境内堤工所用津贴银由山东省拨给。本年堤工各工用款总计用款达81万余两。⑤

此外，南岸长堤的修筑不可避免地会出现"与民争地"的情况，"此次筑堤借资民力已属力尽筋疲，被压之地悉皆居民生产，一旦为堤占压，永无垦种之期，情形尤堪悯恻，自应酌给地价以示体恤"，

---

① 赵尔巽：《清史稿》，中华书局1976年点校本，第3753页。
② 武同举：《再续行水金鉴》卷103，水利委员会1942年铅印本，第2677页。
③ 同上书，第2679页。
④ 同上书，第2683—2684页。
⑤ 同上书，第2689—2691页。

要解决这一问题就需要给农民一定的补贴。"实在被堤占压地亩菏濮郓阳东寿六州县共五十五顷六十二亩零，酌中核定每亩给发地价制钱五千文，共需制钱两万五千三百十二千四百六十八文，按各属市价合成银一万四千二百六十两零，饬据藩司于地丁项下如数筹拨。"① 这部分经费的支出也是保障堤岸修筑正常进行所不可缺少的部分。

此次工程原奏请需款为150万两，实际仅从河南借到2万两，其余"悉就本省（山东）腾挪济急"②；且其中不敷之款照例由"（山东）藩运粮道各库及临清东海关随时通融挪凑"③。除此之外，还通过以下途径补充需款："（光绪元年）坝工余存银两万三钱四十五两零，又两淮解到上年原拨需盐厘银十万两收数，仅此两款，其余皆由东省藩运粮道各库通融筹拨，俟各省奉拨未解工需续行解到，即随时分别归款。"④

三 光绪三年堤工及其经费内容

光绪三年（1877）是黄河堤工兴筑较为频繁的一年，主要在山东境内展开。山东巡抚文格称，"本年北岸新堤仍当竭力筹防，以期捍卫，如其上埝堤均能完固，诚为幸事。倘仍有漫溢之虞，则将来再为变计"，"现饬防汛文武与修培堤身加厢埽，所多事宜，赶紧分别办理，仍将金堤冲要残缺之处量为修补，藉备不虞"⑤。

光绪三年（1877）四月，完成自直隶东明起经长垣至河南铺止南岸35公里的长堤，此段堤防虽较短，其修筑却有着相当重要的意义。这一时期正值库款极为竭厥，但为顾全大局，河务官员认为这段直、豫境内35公里堤工实为不得不开展的工程。光绪元年（1875）十一

---

① 武同举：《再续行水金鉴》卷103，水利委员会1942年铅印本，第2708—2709页。
② 同上书，第2679页。
③ 同上。
④ 同上书，第2689—2691页。
⑤ 《光绪五年二月二十四日山东巡抚文格片》，《河道钱粮》第17册，1879年，黄河水利委员会藏，资料号：清（8-1）-2-5-4。

月，曾国荃即上奏陈明"目下先其所急理宜防守南堤，为保全山东运道及江北财赋之区，一俟各工办理完竣便可设官照旧修守"①。此时库款支绌，这项工程的办理预估需银二三十万两，经费的筹措也就成了一大难题。

光绪二年（1876）十二月，山东巡抚李元华也曾上奏折对该段长堤缺乏堤岸防护的情况进行陈奏，此段堤工的修筑旨在能将上下游堤岸连为一气，"免至溜再旁趋"，避免"百密一疏"，致前功尽弃，贻害沿岸生民，力求保全清廷东南财赋之区。此段一旦出现失事决口情况，后果将不堪设想，不仅本已经济拮据的政府需要担负支出大额堵筑决口、赈灾抚恤的经费，灾害带给沿岸人民生产、生活的经济损失更影响深远，会给本来就已经极为拮据的财政增添更大的压力。

该工程在河南兰仪境内筑堤 10 公里，直隶长垣境内筑堤 25 公里，地跨直隶、河南两省，较为特殊，遂请求直隶督臣李鸿章、河南抚臣李鹤年协力襄办。光绪三年（1877）八月初一日，山东布政使李元华奏称，此工甚为重要，"虽当库款支绌，然以大局而论断不能不设法筹办，经臣调拨营勇，添雇民夫协同修筑，计三月兴工至四月告竣"②。

此前所提到的堤岸工程大多是对南岸堤工的修筑，虽然清政府及官员曾多次在筑堤规划中提到需要对黄河南北两岸均开展筑堤工程，但由于受到各方面因素的影响，多是出于对经费状况的考虑，最终选择修筑最紧迫的南岸。这样规划的主要原因在于北岸一直有金堤防护，所以一般都不将其考虑在最紧急修筑工程范围内。李元华曾于光绪二年（1876）十二月亲自考察了黄河北岸，后来他上奏陈明北岸堤防情况，并以此为依据请求在北岸开展堤工："至濮范之民自黄水改道以后流为泽国，下民昏垫十有余年，迨至贾庄决口稍有生计，及贾庄合龙后复受灾如故。故查南堤至北面金堤中间相隔六七十里，虽

---

① 武同举：《再续行水金鉴》卷 103，水利委员会 1942 年铅印本，第 2698—2701 页。
② 同上书，第 2744—2745 页。

有金堤时加修筑而谓屏蔽京师，则可于濮范之民村庄田亩不能保卫。此次亲赴河干据濮范沿河绅民纷纷具禀，谓南堤既筑而北堤未修，同是朝廷赤子未免向隅，该绅民等情愿承修北堤，惟力有不支，恳请酌加津贴，既成以后请派弁勇一律修防。"① 后来这道堤防自上游濮范至下游东阿境的长堤完成，共长 85 余公里，于光绪三年（1877）四月初旬完工。

除上述南堤和北堤段落堤工外，实际当年还有规模较小堤工的修筑，八月初一日李元华奏称另有"沮河下游东平、东阿接壤之处黄河两岸添筑新堤一道，计长七百二十余丈，已经臣饬令接修完竣以资联络"②。

光绪三年（1877）筑堤工程较为频繁，经费使用情况也较为复杂。工部尚书福锟对本年各项堤工的经费内容有过专门陈奏，光绪十年（1884）十二月十八日，福锟上"为销山东省光绪三年修筑黄河南北两岸堤工及采买建闸椿料、填补支河缺口、挑挖北路运河并办理黄河防汛各工用过银两应准开销"奏折，对光绪三年（1877）所进行的筑堤规模、经费用度等内容有详细的说明：

> 开修筑濮、范等五州县黄河北岸新堤计长三万一千五十丈，用银十六万两千两；又添筑支河缺口计长二万一千丈，用银一万七千两；修筑直、豫境内黄河南堤计长八千一百丈，用银两万八千四百三十二两一钱八分七厘；修筑东平、东阿二州县南岸新堤计长七百二十一丈，用银三千两；挑挖东平等九州县北路运河淤浅计长一万八千九百丈，用银两万三千八百八十三两二钱；采买建闸椿木用银七千两，灰石用银六千两；光绪三年分黄河南岸防汛用银六万八千二十一两九钱八分四厘，黄河北岸防汛用银四万五千四百六十四两七千八分。以上通共用过实银三十六万八百两一钱五分一厘，均系实支实用，并未核扣成平册内并称办理前

---

① 武同举：《再续行水金鉴》卷 103，水利委员会 1942 年铅印本，第 2729 页。
② 同上书，第 2744—2745 页。

项各工，先后奏提藩运粮道各库共银三十七万六千两，内除缴回藩库银一千两，前曹州知府马映奎移交接署曹州知府积庆防汛经费银一万三千五百四十五两八钱二分九厘。又北岸余剩防汛银五百三十五两二钱二分，与用存余剩银两一百一十六两八钱，前经声明留为次年防汛之用。光绪十年十二月十八日①

本年筑堤南北两岸都有进行工程，用费较多，其经费来源依旧以奏提藩运粮道各库存银为主。其中，在修筑濮范至东阿段的堤岸时，正值年岁收成不佳，河务官员以"以工代赈"的方式解决了一部分经费问题。此外，实际的经费在使用和报销中存在较为混乱的现象。直豫境内南堤所请经费为5万余两，实际上光绪三年（1877）"南岸堤工自直隶东明谢寨起至河南考城圈堤止实长四十余里，共用经费银两万八千四百余两"②，最终其余经费为其他工程项目所用。虽然后来对所支的5万两作出了必要的使用说明，但还是窥到经费使用和经费报销中的混乱问题，支用的具体数目和项目并不明确。

四 光绪九年南北两岸长堤

光绪八年（1882）正月间凌汛淹及黄河下游五六州县，"本年山东黄河凌汛涨发，漫溢民埝。惠民县属之清河镇冲塌民房八百余间，牛家庄等处民房亦多被冲"③。至光绪八年（1882）春夏秋间黄河水盛涨，根据曹州府知府樊希棠等官员的禀报"伏查本年黄溜之大异乎寻常，多年淤滩均已刷尽"④，山东历城迤下至蒲台各州县"多陷巨

---

① 《光绪十年十二月十八日工部尚书福锟奏》，《河道钱粮》第16册，1884年，黄河水利委员藏，资料号：清（8-1）-7-15。
② 武同举：《再续行水金鉴》卷106，水利委员会1942年铅印本，第2782页。
③ 《光绪朝实录》，光绪九年二月。
④ 武同举：《再续行水金鉴》卷109，水利委员会1942年铅印本，第2845页。

浸，淹毙人口不可胜计"①，灾情极为严重。光绪八年（1882）七月，黄河又决历城北岸桃园，由济阳入徒骇河，经商河、惠民、滨州、沾化入海，地处黄河下游的济南府和武定府上年本已被灾，"民田积水未消"。

光绪九年（1883），山东部分州县在初春时节就已遭受"凌汛"，"本年正月间黄河凌水陡长丈余，历城、齐河、长清、济阳、齐东等县境内民埝决口，各庄亦均被淹，并冲塌济阳县城垣二十余丈，现经分投抢办，已将北泺口一带堤岸堵筑，其余各工，设法筹办等语。本年黄河凌汛，异常盛涨，致将各属民堤冲决，览奏殊深廑系，亟应赶筹堵筑，以卫民生"②。黄河漫溢冲决的发生愈加频繁，清政府要求游百川、陈士杰、任道镕一道妥善应对此次工程和灾后抚恤。

当时清政府河务官员对山东境内黄河所面临的河患问题也有较为清晰的认识。光绪九年（1883）三月间，游百川、陈士杰所上奏折中提到，"黄流汗漫迁徙靡常，当其南行入徐淮故道也，豫省河面宽处二三十里，窄处亦十余里；山东大清河河面不及豫省十之一二，加以淤垫日高水势稍大便不能容，是以泛决之患年甚一年"。黄河下游铁门关至牡蛎口各处"当黄流当消之时，水行归槽便与岸平，及至盛涨则一片汪洋，弥漫百余里，入海之路迄无定所"，当时为缓解此问题多是沿用古法，即用船只携带铁笼子、混江龙等工具来回疏刷河底，但是古法只能做到使新沙不停蓄，河水泛滥仍所难免，因而议"亟筑缕堤"，以资保障。③

此时山东境内黄河两岸汛情严重，决口频发，连年面临严峻的险情。黄河在铜瓦厢决口后，在山东境内尚未形成较为稳定的流路，这也使灾害的发生及灾后应对情况更加难以把握。光绪九年（1883）三月，游百川奉上谕查勘山东境内黄河形势，经过详细查

---

① 武同举：《再续行水金鉴》卷109，水利委员会1942年铅印本，第2846页。
② 《光绪朝实录》，光绪九年正月。
③ 武同举：《再续行水金鉴》卷109，水利委员会1942年铅印本，第2870页。

勘之后他拟出了办法三条，一为疏通河道，一为分减黄流，一为亟筑缕堤。"亟筑缕堤"中提到"御灾悍水无过修堤，缕堤近邻河干，民间自行修筑取土太近，多不合法，且大率单薄又断续相间，有堤之处一筑再筑，已复屡经塌陷，民力困竭，端由于此。今求济急之方，拟上自长清下抵利津南北两岸先筑缕堤一道，本有之堤加高培厚，无堤之处一律补齐，其顶冲险要处再添筑重堤一道，约长六百余里，两岸计千余里"①。这才正式提出在山东境内南北两岸修筑堤防工程。

光绪九年（1883）六月，黄河进入汛期，"黄汛盛涨，漫溢历城等处堤工"，游百川、陈士杰上奏称"据称五月十八至二十三等日，黄水骤涨，湍激异常，齐东、利津、历城等处民埝漫溢，决口二三百丈至数十丈不等。齐河、济阳、惠民等县堤工。亦均岌岌可危"②，汛情险峻。在严峻汛情的"逼迫"下，南北长堤于光绪十年（1884）闰五月一律告竣。

当此段堤防尚在预估阶段时，预估南北两岸堤长达670公里，根据不同的筑堤规模所估需经费相去甚远。筑堤最紧要的一项内容是土方的购置，另外，筑堤时难免会出现民田压于堤下的情况，这种情况还需支出一部分"地价银"，这两部分的经费构成了筑堤工程中最主要的支出款项。《河道钱粮》中游百川、陈士杰的一份奏折将此次工程预估款内容进行了详细的陈说：

> 夫筑堤之法愈厚则愈坚，照部议高宽丈尺，尚为稳固可靠，按底宽八丈、顶宽二丈、高一丈二尺，每丈计土六十方，每里一万八百方，自长清起至利津止计六万七十余里，两岸共计一千三百四十余里，总共需土一千四百五十六万方，其填平沟凹应需土方尚不能悬估在内，津贴银两以近案为权衡。查最近之

---

① 武同举：《再续行水金鉴》卷109，水利委员会1942年铅印本，第2865—2866页。
② 《光绪朝实录》，光绪九年六月。

案莫为桃园新修官堤，据报每土一方除成平外津贴银一钱五分六厘七毫三丝，每里用土一万八百方，需银一千七百一十四两八分五厘，一千三百四十余里，除成平外共需银两百三十余万两，尚省委员绅□薪水及各项杂支不在此数，其堤基压估地亩既非加修民埝，自宜给予低价。查光绪二年贾庄旧案每亩系给制钱为串。又今以底宽八丈计之，每里应压民田二十四亩，一千三百四十余里，共计压地三万两千数百余亩，需制钱十六万数千串文，约合银十一万余两。查宽庄所压之地本属瘠区，今由长清至利津，膏腴居多，每亩似宜酌加银数钱，以示体恤又须加银一二万，除成平外同统共约需银二百四五十万两，此照部定高宽丈尺核计之确数也。

查桃园上年新筑官堤，系底宽六丈、顶宽一丈、高一丈，若此时仿照丈尺兴办，以后逐年增加，计每里需土六千三百方，扣银一千两，一千三百四十余里需土总计约需银一百三十余万两，加堤基所压民田，照六丈宽，□减一千三百四十余里，每里十六亩，应压民田两万四千余亩，约计地价银九万余两，除成平外，统共约需银一百四五十万两。此现拟仿照桃工高宽丈尺核计之确数也，应否仍遵部定章程，抑或如臣等就拟办理伏俟命下遵行，共将来岁修经费如悉动帑项，未免岁縻巨款，即东设立厅汛难以责成亦等如许营勇可资分布，应仿照濮范、寿阳、北堤成筑，即令各□饬民先就近防守，按里拨给津贴，其需用椿料之处于春初官为储备，督修大汛时遇有险工，抽调附近营勇协同民夫抢户，以免疏虞，□如期办竣，臣等初议亦如是。惟现奉部文，叶已四月中汛，距伏汛仅止月余，若必尅期举办，每日需用民夫五十余万，届农忙时仅招集徒使百姓惊扰，揆度情势万赶不及。

至筑堤工需部臣不待臣等请拨，先拨银四十万两，具见部臣先事□功，顾全大局，然臣等尚有不能不□请者。查堤工一千三百四十余里，照部议原实丈尺除成平外，约需银二百四五十万两，即照臣等所拟除成平外，亦需银约一百四五十万两。现奉旨拨四十万两，照部定款仅六成之一，照臣等所拟仅四成之一，且各省□奉指拨而解到尚属无期，即俟秋后兴工拨款恐难全到，必须于本省先行设法筹垫，东省近年库款本已支绌，加以上年秋冬至本年春间办工办赈，共计用银七十余万两之多，实已筋疲力尽。今筹本省河工自应责无旁贷，纵于藩运各库竭力罗掘，亦不过能筹三四十万两，即照臣等现拟办法计，所短尚在七八十万两，照部定丈尺所欠尤巨，筹拨既极艰难，办到更须时日，若开办后停工待款，关系甚重耗费亦多。臣等再四筹思，实未敢轻于一举，惟部议有工程应用确数，应即详核具奏，如有不敷，由部陆续筹拨，□敢通盘筹画，详细具陈，仰恳圣慈，饬部复核，预为指拨，有著之款与前拨之数一并勒限迅解来东，以济工需，地方幸甚。臣等现以伏汛降至，不敢不先事筹防，业将调到舢板等船先行拖带制成器具，沿河上下梭刷，臣士杰于藩、粮两库各提银八万两，会同百川派饬印委各员督率勇夫，先择险要之处赶紧修筑，俾资悍御，以仰副朝廷保卫民生之至。

光绪九年四月二十七日（四月二十日）①

这份奏折所涉及的经费内容尚在工程的筹划阶段，筹划之初山东境内黄河南北两岸所需筑堤里数计 670 公里，预估所需经费的多寡由于受到筑堤规格的不同而有所差异，其筑堤规格有"部议"和"鲁抚"（山东巡抚）所议两种。现将此奏折不同筑堤规格内容及经费内容整理如下（见表 6-2）：

---

① 《光绪九年四月二十七日，游百川、陈士杰奏折》，《河道钱粮》第 19 册，1883 年，黄河水利委员会，资料号：清 78-22-42。

表6-2　　　　　　　光绪九年山东境内堤岸预估经费

项目	筑堤土方（预估南北两岸长670公里）			压民田		预算合计（两）
	筑堤规格	土方规模	土料需银	规模（亩）	预算银（两）	
部议（贾庄）光绪二年	底宽8丈、顶宽2丈、高1丈2尺	10800方/里，1714.085两/里	230余万两	3.2万	11万	240万—250万
鲁抚（桃园）光绪八年	底宽6丈、顶宽1丈、高1丈	6300方/里，1000两/里	130余万两	2.4万	9万	140万—150万

从此规划内容可知此次长堤所需经费浩繁，按照最低标准来计算至少达到140万两。在经费极难筹措的情况下，不管是对中央政府还是对地方政府来说，所需要的开支都是庞大的。后来实际筑堤执行标准并不能如原"部议"标准来执行，筑堤标准有较大变化，最终此次长堤总计施工540公里，规模比原计划要小，但是所用经费基本同此前"部议"规格所需额度基本相同。实际堤岸丈尺规格并未严格按照先期规划丈尺来执行，而是依照南北两岸具体环境执行，其情况大致如下：

  南岸东阿、平阴、肥城依傍山麓地势较高毋庸修筑；现由长清起筑至之利津交界起三里庄止长三百三十余里，均底宽八丈，顶宽二丈，高八尺。北岸地势较洼，上接濮范金堤，自东阿界接筑起合平阴县共长九十五里余，该二县北岸低于南岸，较之他县地势略高，定以底宽五丈，顶宽一丈，高八尺，其下为肥城地界，逐渐洼下，由该县北岸其至利津民埝第一段至计长四百零三里，均底宽八丈，顶宽二丈，高八尺。又齐河、齐东、济阳、蒲台等县近城添筑护堤，长清、历城、惠民等县加筑格堤、月堤约四十余里。其利津城以下奏明改修民埝沿河地段长一百六十余里，定以底宽五丈，顶宽一丈二尺，高八尺；铁门关以下添修龟坝长五十余里，底宽三丈，顶宽一丈，高八尺；统计南北两岸由东阿至利津龟场止共长一千零八十余里，缘逢湾取直核实丈量，是以与上年原估里数节省较多。①

最终，此次修筑长堤共用银 142 万两，比实际指拨截留银 160 万两尚节省 18 万两。② 其费的来源主要是通过部拨、本省各库自行筹垫的方式解决。户部通常也会指拨其他省份经费，但这项经费具有一定的滞后性，很难及时解到，最后又转由本省自行筹垫。本次大规模筑堤工程所涉及的经费，不仅有筑堤时工程本身所需物料、人力等费用，相关的活动亦需要经费的支撑，如水手口粮、制船等方面亦是堤工开展所需经费内容。

五 光绪初年工程用银评价

光绪初年进行的筑堤工程比较频繁，而且工程规模较大。现在简单地将这几次工程所涉及的经费使用情况作一对比分析，统计如下（见表 6-3）：

表 6-3　　　　　　　光绪初期堤岸工程经费统计

工程	规模	经费（万）	筑堤地区	经费来源	其他
光绪元年正月	250 里	81	山东、直隶	坝工余存、两淮盐厘银、东省运库藩运粮道各库筹拨	本省藩运粮道各库及临清东海关随时通融挪凑
光绪三年四月	70 里	2.84	直隶、河南	奏提藩运粮道各库银	—
光绪三年四月	170 里	16.2	山东		—
光绪三年	720 丈	0.3	山东		—
光绪九年	1080 里	142	山东	户部拨 40 万、藩粮库提银	—

① 武同举：《再续行水金鉴》卷 113，水利委员会 1942 年铅印本，第 2961—2962 页。
② 同上书，第 2962 页。

从经费来源来看，光绪初年各项工程开展所需经费大都是由地方自行解决，户部指拨经费的比例已经明显下降。黄河治理工程已经逐渐由中央完全管理过渡到地方管理，河务越来越趋向于地方化。在中央财政支持减弱的背景下，河务管理地方化趋势加强。从黄河决口后河道筑堤工程可以发现，下游河道的固定是在多次筑堤过程中实现的，而且经费筹集一直都是中央和地方考虑的重要内容。这几次工程的开展是断续进行的，所考虑的最基本原则是"择要"修筑，光绪九年（1883）开展了较为大型的筑堤工程，才最终基本形成了较为固定的下游河道。河工中曾在道光年间实行过开捐例的措施。光绪年间也曾开过捐例，其中有海防捐，也有过河工捐，这次河工捐主要是为堵光绪十三年（1887）的郑工决口而开。但是在光绪初年的筑堤工程中并没有采取这种做法。

光绪初期的财政状况较为乐观，基本达到收支平衡，有时甚至还出现盈余的情况。然而，财政上出现的乐观状况在河工方面表现得并不明显。河工各项工程兴办时经费依旧紧张，工程所需经费自然要通过不同的方式来筹集。光绪元年（1875）堤岸修筑工程则动用了两淮盐课银，甚至山东省海关银也需要用来贴补河工。而经费筹集最为普遍的做法是从省藩库、运库、粮库等库提银。目前仅在光绪九年（1883），修筑南北两岸堤岸工程时，户部指拨一定款项，其余的经费基本都是由地方先行筹集，等到协济各省款项解到后再归还各库。这样来看，中央政府插手河务的情况在减弱。

此外，光绪初期所进行的筑堤工程，还带来了黄河管理机构设置上的新调整，以及黄河经费管理内容上的变化。

在机构设置上就有新的变动。光绪元年（1875）山东境内南岸125公里堤防修筑完成后，后续还需要进行日常修守工作，亦需要设置厅汛管理。丁宝桢曾提出要对此工程的修防应该设立厅汛，纳入黄河日常管理的范围，认为："此项大工原为保护东南灾区及运道大局之计，故堵筑决口则必须筑长堤，既筑长堤就不能不资防守，而新工大堤长至二百五十余里，又加以防护金堤一百数十里，合计两岸长堤至四百余里，皆无专管之官，转瞬大汛即临，从容留意，臣只好将留防各营勇分布巡防，并以地段过长复饬各州县督率附近民夫一遇险工竭力随时抢护，以为一时权宜之计。惟防汛必须料物，而各省指拨工需银两至今报解仍应饬司宽为筹拨应用，以期免贻误，各省协款解到再行归还，至将来此项工程之如何修防似应设立厅汛，改归经制，方期持久，应请饬下部臣河臣通盘核议奏明办理，实于河务地方均有裨益。(《丁文诚公奏稿》)"①

光绪三年（1877）修筑完成直豫境内35公里堤防，其设官情形考虑如下："南岸新堤拟分别设立厅汛文武各官以专责成也。查自兰阳汛十堡起至山东运河寿东十里堡止，计程约三百三十余里，新工创始，土性既多沙松，堤身又觉单薄，防守之员必须棋布星罗方昭慎重。兹拟请将兰工失事后所裁厅营文武汛弁缺额改于新工分段复设兵丁堡夫，亦即于原裁兵夫数内酌量移拨，以免另行添设。查原裁仅止同知两缺，今移设多一同知，应以通判酌改原裁并无守备，今移设守备二员，应以协备酌改，盖官职较大，则呼应较灵，较之原裁之数尚少十七缺……"②

光绪九年（1883）长堤修筑后，黄河南北两岸新筑长堤进行相应的设防，其"防汛章程按三里建堡房一座，每堡设防兵五名，并另募勇丁二千五百名，分段驻守以备三汛抢险之用"③。堡房的添筑，以及相应的营勇和长夫的布防。

第三节　光绪年间河务用银规模

光绪初期黄河下游新河道基本形成，其经费使用情况大致如上所

---

① 武同举：《再续行水金鉴》卷103，水利委员会1942年铅印本，第2684—2685页。
② 同上书，第2702页。
③ 《光绪十一年六月初八日山东巡抚陈士杰片陈》，《河道钱粮》第24册，1885年，黄河水利委员会藏，资料号：清16-9-22。

陈。水利工程兴建后能否发挥其功效，还在于兴建后的日常维修情况。堤岸的修筑不唯其本身需要大量经费的支撑，堤岸筑成后所需要的维护工作也必不可少，也就对经费提出了新的要求。光绪初期在黄河下游所进行的多次堤岸修筑，无疑会使黄河两岸堤防段落在原有基础上有所增加，随之黄河沿岸所需日常修守经费的开支亦会上涨。例如，光绪十四年（1888），山东黄河两岸堤埝需要加培，其经费预估银两拟于各省所有郑工捐款内指拨，其中由湖北省司库需交银14407两。[①] 仅靠山东省来解决堤防日常修守中经费短缺的问题是极为困难的，还是需要外省协助才能勉强筹足相关经费。

清政府对涉及黄河治理工程中的岁修、抢修以及另案工程经费的管理采取定额制度。自嘉庆十年（1805）始，河南省黄河修守经费基本固定为每年30万两。咸丰年间库款支绌，期间又采取搭放钞票的办法。同治年间河臣谭廷襄"筹议减工节费，停钞用银，请将历年添办防料砖石及伏秋防汛防险银两概行停拨"，于是每年寻常修守的经费变为20万两。[②] 但是日常修守经费的缩减对黄河治理的掣肘在所难免。

《河道钱粮》（光绪、宣统时期）这套资料主要收录的是光绪、宣统时期河道总督、豫东两省巡抚以及其他省份部分官员的奏报，奏报内容主要围绕黄河修守、防汛等相关经费内容。其中涉及黄河相关工程的经费内容有：豫省河厅岁修砖埽土石各工用银情况以及光绪十七年（1891）奏改新章出现的河防局委办土石各工用银；山东省运河奏办、咨办各工内容以及防汛经费等内容。笔者通过对该资料的整理和提取，对光绪年间河南、山东黄河治理经费中的岁抢修经费、防汛经费等河工经费内容有了更进一步的认识。

[①] 《光绪十四年七月江西巡抚德馨片陈》，《河道钱粮》第27册，1888年，黄河水利委员会藏，资料号：清19-091-（2）。

[②] 《光绪元年四月初十日暂管河东河道总督、河南巡抚钱鼎铭奏折》，《河道钱粮》第23册，1875年，黄河水利委员会藏，资料号：清112-5-3-44。

一 下游各省经费规模

1. 直隶境内

直隶境内光绪元年（1875）修防南岸新堤 30 余公里，并于光绪七年（1881）开始设置厅汛各官驻扎修守。其日常修防经费初时并无固定额度，自光绪七年（1881）起，时任督臣李鸿章请求"奏请每年由山东、直隶各拨银两万两，共合四万两"①。后来直隶总督张树声提出，"豫省中河厅工长三十余里，岁需正额、另案埽料等银十余万两。东明工长 30 余公里，河身节节弯曲，险工正多，关系国计民生正巨"，意在以 4 万两之数治理东明黄河 30 余公里之堤，这是远远不够的，于是请求添拨经费。其中，"应行添购物料银三万三千余两，仍饬于练饷局、江南协款及大名厘金项下凑拨，以备要需"②，其实这种添拨款的做法在晚清时期属于较为常用的方法。

及至光绪九年（1883），直隶境内堤工常年所用经费开始仿照河南省黄河例案，施行造册报销的做法。也正是在这一年直隶黄河额定岁修经费定额为 7.3 万两。在此之后直隶黄河修守情形所需经费仍在不断增加，光绪十一年（1885）以后几乎无岁不于定额之外另请添拨经费。光绪十二年（1886）年汛内黄流节次盛涨，势极汹涌，出现"坝基溃塌，堤帮亦多劈去"的情况，情形岌岌，几致不守。经过数月的努力，才趋向于稳定。本年所有动用各款计原拨藩库、练饷局银 73350 余两，另案添拨藩库及大名厘金银 43200 余两。③ 光绪十三年（1887）郑工失事全河夺溜，直隶东明河身淤垫越来越高，而郑工合龙后大河仍循旧轨，原有的险情未能解除转而又出现了新的险

---

① 《光绪八年十二月十九日直隶总督张树声奏折》，《河道钱粮》第 24 册，1882 年，黄河水利委员会藏，资料号：清 8-9-209-1。

② 《光绪九年六月二十二日直隶总督张树声奏折》，《河道钱粮册》第 24 册，1883 年，黄河水利委员会藏，资料号：清 10-8-5-33。

③ 《光绪十三年五月十九日工部尚书昆冈等人奏折》，《河道钱粮》第 25 册，1887 年，黄河水利委员会藏，资料号：清 9（109）-1-2-57（5）。

情。光绪十五年（1890），工情万分紧急，所用款已经达到20余万之多，额定的岁款根本不敷支用。

至光绪末年，东明黄河所用经费用度出现回落。光绪三十四年（1908）额拨修防经费为73500两，实际岁修砖土埽工并各员津贴薪水河兵口粮等项请销银为63500两，于额定73500两的岁修经费额度尚有节省。

2. 河南境内

清代河工经费的管理在嘉庆时期出现新的变化。"嘉庆二十一年准工部咨开凡河道另案工程无论题咨各案于三汛后将一切统用银数汇奏一次，并将上三年另案用银多寡分析比较，以凭查核。又于道光八年十二月内续准部咨奉上谕，嗣后汇奏清单内除岁抢修定额外，凡一年另案工程俱入单内比较。俟于道光十五年九月内复准部咨奏奉上谕，嗣后汇奏清单务遵奏定限期无论奏咨各案汇为一册比较上三年之数，原从清单而出毋庸分为两事致滋歧异。道光十七年二月内又准工部咨奏奉上谕，嗣后无论动用何款着一并归入比较。"① 此"比较上三年之数"的制度执行时间较为长久，一直持续到清末宣统年间才告终。河工经费管理中很重要的一项内容是进行综合统计河工所涉及的各项名目所用经费，在统计方法还比较传统的时期，"比较上三年之数"这一做法仍然有其优势，它最有利的方面是能够比较直观地呈现出所用经费在近几年内的起伏变化情况，给政策决策者和经费管理者反馈一定的信息，用以决策和计划的参考，促进决策和管理的合理性和及时性，同时在一定程度上达到控制经费用度的作用。

光绪十六年（1890）八月，清廷为查革河南河工积弊，计划对河南省原来河工相关的章法进行修改，并在河南省开设河防局，以求达到"保险工而节浮费"之目的。同年六月，给事中张廷燎②曾上奏对河

---

① 《光绪十二年四月二十五日，河东河道总督觉罗成孚奏折》，《河道钱粮》第25册，1886年，黄河水利委员会藏，资料号：清9-2-5-88-2。
② 武同举：《再续行水金鉴》卷129，水利委员会1942年铅印本，第3367—3368页。

南河工积弊提出了自己的看法，"河南河岸七厅每岁发帑银六十万两，由藩司拨至道库拨给各厅层层折扣，求十万两到工亦不可得。嗣后请由厅员迳向藩库领款，每年酌提一成为办工之需，二成存储藩库为购石筑坝之用，其七成尽归工上广购料垛土方，以备抢险培堤，并严定偷减除分等语"。奏折中提到了河南河工经费中存在层层克扣的现象，实际经费能用到河工的竟不及六分之一，这也是河工中存在的较为普遍的现象，张廷燎一并提出了相应的解决办法。同时，光绪帝对革除河工中存在严重积弊的态度亦十分坚决，"着许振祎、倪文蔚破除情面，将一切克扣偷减等弊严行查革"。

光绪十六年（1890）八月，河东河道总督许振祎就张廷燎的奏折作出回应。对张廷燎所提出河南河工积弊各条逐一陈说，认为河南河工确实存在积弊，且亟须解决，提出了几条相应的解决措施。身为河道总督的许振祎自然是站在河务官员的立场发表看法，"言官条陈河工重在惜费，臣之条陈河工重在保险，先保险而后筹减费，人之所共知也"，河臣也认识到"此事固非改章不能行，非河臣身任其事不能行"，并决定"先胪积弊后明办法"。①

就此，许振祎提出的解决措施有以下三条，其一曰：把持之弊，针对河工经费下拨过程中出现的层层克扣之积弊，"即初次抵任，即不用延用库储"。其二曰：镠辖之弊，针对料物采购和交卸时存在的混乱问题，规定"于霜降后查取各厅秸料、砖石、概行充公，不准再立交代名目，以段葛藤"。其三曰：失算之弊，"河工款项名目纷纷有所谓额款者，有所谓奏添节省防险者，有所谓另案砖工埽工土工石工者，其实皆取之司库分别各名以便报销，而弊端即由此出"。就河工款项名目的含混错乱问题，"拟定改章每年请款即以六十万两为率，寻常抢险似可不必加添，而将各名目概行不用，特定名目岁修额款六十万两而已。拟请司库定于每年发四分之一以办秸料、砖石，次年二

---

① 武同举：《再续行水金鉴》卷129，水利委员会1942年铅印本，第3378—3381页。

月发四分之一以办春镶埽工，次年五月发四分之一以办大汛防险。次年七月发四分之一以办善后各工。眉目厘然，免至所报非所用，所用非所报，于是河督道厅人人有保固之责，不得不讲求不得不节省"。其四曰：忙乱之弊，就用料用石采购上存在的"河督至则人工纷纷无从稽核"，"不知岁领之款所办何事，何至有工即而竭厥，谓之舞弊"等混乱情形，坚定提出"非另设河防一局究竟不能更易。旧辙积久终属空言，何也？河工习气已深，耗费亦甚，计发款尽归厅员，而厅员每办一工，实比外人所办昂贵数倍"。河防局的设置可以在"遇有险工臣局先有人专司，则各厅之人究其无从蒙蔽，故臣拟请岁支司库六十万两，其四十八万两概归七厅赴司分四次支领，另提十二万两设一河防局，由臣主之，所委各员部分河工地方，总求廉介精细熟谙公务之人"。许振祎的这份奏折深刻地剖析了存在于河工的严重积弊问题，八月二十二日，上谕"河工河道总督许振祎奏查革河南河工四弊，并拟改章设局以保险工而节浮费如所请行"。① 这份奏折中所提出的各项办法和措施在后来逐一实现。

最终，形成了河南河工经费每年以"六十万两为率，寻常抢险不必加添，各种名目概行不用，拟定岁修额款，其四十八万两概归七厅赴司分四次支领，另提十二万两设立河防局委员办工"② 的格局。此改章自光绪十七年（1891）开始正式实施，也正是从这年起便有了额定河银分次支领和河防局的设置及其相应的管理内容。

在改章之前，河东河道总督所陈奏折中，对河南省上游七厅所办各项工程都是用"另抢砖埽土石各工"来称。自光绪十七年（1891）开始，这些工程名目在奏折中皆用"岁修砖埽土石各工"之称，奏折中"另抢"变为"岁修"名目。实际改新章前后各经费支出的项目是一致的，根据河道总督所呈奏折，在对光绪十七年（1891）所

---

① 武同举：《再续行水金鉴》卷129，水利委员会1942年铅印本，第3378—3381页。
② 《光绪十八年四月二十八日，河东河道总督许振祎奏折》，《河道钱粮》第34册，1892年，黄河水利委员会藏，资料号：清9-8-117-9。

用"岁需砖埽土石各工"的经费同前三年例行比较时，比较数额中并未对"岁、抢"两项作出明确区分，而是依旧沿用新章之前的数额，即"另抢砖埽土石各工"经费数额，进行比较，于是我们将新章之前的经费内容也统计于新章时期的比较序列内。从已经整理的光绪时期黄河河工经费资料，可统计出光绪朝河南、山东黄运两河相关经费内容，并绘制折线统计图。经费内容中有部分年份经费数据并不连续，但是通过"比较上三年"奏折的内容已经填补了大多数，独光绪七年（1881）经费内容无法填补。在改章之前，河南省岁抢修以及砖埽土石各工所需经费已处于开支极巨的状态。自光绪元年（1875）至光绪十六年（1890），从40多万两到80万两不等，每年额定经费依旧不敷支用，每年都需要奏请支用添拨"历年节省防险银"，且有时添拨防险银两可达本年经费开支的一半甚至更多。

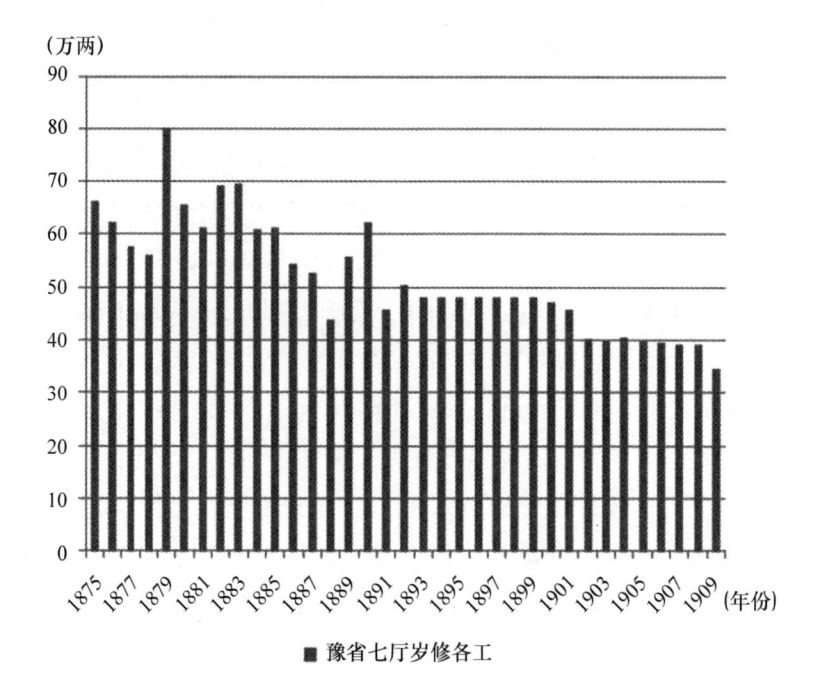

图 6-1 光绪朝豫省七厅岁修经费统计

自改新章开始，即光绪十七年（1891），河南省出现河防局委办的砖石、土石各工，新章规定每年拨给河防局经费 12 万两。通过统计各年所用经费，绘制以下图表：

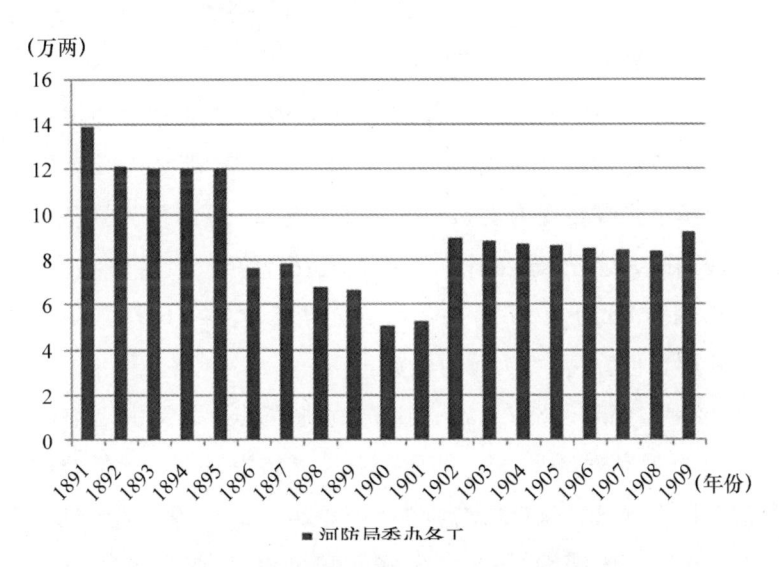

图 6-2　光绪朝豫省河防局委办工经费统计

从图 6-1 与图 6-2 可知，河防局委办各工各年数额起伏变化较大。但是，从光绪二十八年（1902）起基本稳定在八九万两之间。其中，除新章执行之初额度较高，超出 12 万两额度外，其余年份基本都在定额以下，光绪二十二年（1896）以后基本不超过 10 万两。而光绪二十六年（1900），河防局所办南北两岸七厅的土工、石工共计用银约 5 万两，本年实际节省经费将近 7 万两，经费管理中对已经节省经费的一般处理方法是，"发藩库兑收另款留备河工缓急之用"①。

3. 山东境内

黄河治理工程修防的关键在于能够实现料物宽为储备，料物的宽

---

① 《光绪二十六年十一月十九日，河东河道总督任道镕奏折》，《河道钱粮》第 35 册，1900 年，黄河水利委员会藏，资料号：清 9（102）-2-44-7。

储又跟经费息息相关。根据《河道钱粮》（光绪朝）中有关山东黄河防汛经费的奏提内容，可大致了解光绪年间山东境内黄河日常修守经费内容的概貌。光绪初年山东境内黄河防汛经费奏提数目尚在4万—6万两，实际所用经费超过所提数目。至光绪十年，岁额定为40万两，分配给上游8万两，下游32万两。光绪十二年（1886）以后，山东省民埝改由官为修守，工程所需经费增多。"加以黄流改由韩家垣入海，加筑新堤又须添募勇役，分段修防，需费愈觉不赀"[①]，此前就经前抚臣张曜在任内奏请每年请添拨银20万两作为筹备料物之用，即便如此，经费仍然不敷支用，光绪十五、十六两年（1889、1890）所用达88万及97万两不等，光绪十七年（1891）山东黄河防汛经费用费也曾高达97万两之数。

自光绪十八年（1892）起，山东黄河防汛经费又由之前的岁拨40万两变更为岁拨60万两。即便如此，光绪中后期防汛经费的加拨情况依旧极为频繁，每年请求加拨5万—20万两不等。光绪二十九年（1903）山东巡抚周馥奏："维修防黄河其紧要关键全在料物宽备……臣与司道通盘筹画，与其事急请款不济急，不如宽为筹拨，如法加厢，以免临时竭蹶，请将本年防汛经费额拨银六十万两之外加拨银二十万两，共八十万两，由司道各库筹拨备用。……在于督粮道征存光绪二十八年分漕折正项，并减平项下提拨银十八万七千余两，又在藩库提拨银一万两千九百余两，共银二十万两，发交三游添购秸石次第兴工。……光绪十八年原定（山东省）岁修银六十万两，彼时银价每银一两易制钱一千六百文，迨后银价日落，料价如故，办理春厢即形不足。历年易钱逾少，工料逾薄，近年来每银一两仅易制钱一千一百文上下，现岁加拨二十万，同原拨工八十万，其实在支用尚不

---

① 《光绪十七年十一月初一日，山东巡抚福润奏折》，《河道钱粮》第35册，1891年，黄河水利委员会藏，资料号：清9（68）-4-6-9（44）。

足从前六十万两之数。"① 光绪二十九年（1903）户部对请求加拨20万两的请求驳回，最终决定仍照例仅添拨5万两，其余15万两由本省自行筹款，不允许挪借户部正项款。从这份奏折中不难发现，在原来防汛经费的基础上请求添拨的做法，已经成为比较常见的弥补经费不足的做法。

从山东境内防汛经费的变化趋势来看，光绪朝用于山东段黄河河工经费的比重一直处于不断上涨的状态。仍然能够感受到河务逐渐边缘化的处境。

二 河工日常修守经费管理

对河工经费中涉及经费来源、支出问题的研究，属于较为传统的研究内容，尤其是河工经费支出内容受到学界诸多学者的关注。毋庸置疑，对河工经费支出的变化情况的研究，能够从宏观上对清朝河工经费有一个整体的认识，这也成为进一步研究黄河经费内容的基础。本书所关注的是，经费使用过程中更为具体的管理方面，尤其是日常修守状态下经费管理情况如何。

光绪时期，经费在管理上继续沿用道光年间所采取的"比较上三年之数"的监管方式，这一做法存在时间较长，一直持续到清朝结束。它也基本可以实现政府和官员从宏观角度把握河工经费开支情况，也能在经费支用方面起到一定的限制作用。如下，光绪二十六年（1900）河东河道总督任道镕上奏折将"光绪二十二年（1896）分豫东黄运两河各厅并河防局办过岁修计咨案各工动用银数比较上三年用银多寡"循例陈奏：

> 嘉庆二十一年准工部咨开凡河道另案工程无论题咨各案于三汛后将一切统用银数汇奏一次，并将上三年另案用银多寡分析比

---

① 《光绪二十九年三月二十一日山东巡抚周馥镕奏折》，《河道钱粮》第26册，1903年，黄河水利委员会藏，资料号：清30-7-19。

较以凭查核等因。又于道光八年十二月内续准部咨奉上谕，嗣后汇奏清单内除岁抢修定额外，凡一年另案工程俱入清单内比较，以凭查核，嗣于道光十五年九月内复准部咨奏奉上谕，嗣后汇奏清单务遵奏定限期无论奏咨各案汇为一册而出，毋庸分为两事致滋歧异……道光十七年二月内又准部咨奏奉上谕嗣后无论动用何款着一并归入比较……光绪十八年二月二十七日准工部咨该部具奏嗣后河防局工需请饬归入比较一片奉旨依议……

兹据河南黄河七厅并河防局计山东运河道各将办过光绪二十二年分各案工程造具细数比较清册先后详送核奏前来，臣查上南、中河、下南、黄沁、卫粮、祥河、下北七厅奏办岁修埽砖土石各工共合银四十八万六百九十五两六钱，比较光绪二十一年分计少银四百七十三两六钱一分六厘，比较光绪二十年分计多银六百三十八两九钱七分六厘，比较光绪十九年分计少银六百七十五两七钱五分八厘。

河防局委办岁修土石各工共合银七万六千五百四十九两九钱八分七厘，比较光绪二十一年分计少银四万三千五百三两四钱二厘，比较光绪二十年分计少银四万三千四百七十五两五钱八分九厘，比较光绪十九年分计少银四万三千六百五两八钱三分六厘。

运河道属咨办各工共合银六千九百九十五两七钱八分四厘，比较光绪二十一年分计多银八两六钱七分一厘，比较光绪二十年分计多银七两四钱五分九厘，比较光绪十九年分计多银四十八两三钱六分八厘。覆加详核均属相符理合遵章汇缮清单循例恭折。①

由河道总督将该年份河南、山东黄运两河所用经费额度及其比较上三年之数一一进行陈奏。这份奏折所陈奏的内容较为全面，对经费有整体的认识。

---

① 《光绪二十六年八月十九日河东河道总督任道镕奏折》，《河道钱粮》第41册，1900年，黄河水利委员会藏，资料号：清35-7-7-014。

此外，河工经费在预算以及最终核算方面都有明确的规定。河南省每年的岁抢修经费有固定的额度，至每年工程结束后，河道总督需要将该年度所产生实际费用专门上折陈奏，包括河南省七厅、河防局所办各工以及运河道属经费，涉及的内容有各项工程具体数额，包括经费来源、经费核明，以及当经费不足时是用何款补充等内容。

光绪二十二年（1896）八月十九日，河东河道总督任道镕对黄河两岸七厅办过岁修土工用银总数确核，并上奏折陈明，"覆加确核银土数目，俱属相符，并无浮冒"。对工程规模，所用土方、预估土方银，以及津贴在内的经费都有详细的陈明：

> 黄河大堤为修防根本必须岁事增培庶埽坝有所依附，本年两岸七厅应办岁修土工先经前兼署河臣刘树堂按照今年章程饬厅择要确估，臣莅任后诣工复勘撙节核准分饬赶紧兴筑，旋据各该厅照估筑做完竣，先后禀请验收前来臣逐段查验尚属一律坚实，并无草率偷减锥试渗漏等弊，计上南、中河、下南、黄沁、卫粮、祥河、下北七厅共估办岁修土工八段长一千一十三丈，估土八万一千六十三方六分，每方估例价银二钱一分六厘，共例价银一万七千六百九两七钱三分七厘。其隔水绕远取土艰难者每方估津贴银一钱三分四厘，工津贴银七千五百一十六两年九钱九分九厘，统共估需例津二价银二万五千二十六两七钱三分六厘，覆加确核银土数目俱属相符并无浮冒。①

光绪二十二年（1896）九月初二日，任道镕再次上奏。

"豫省黄河南北两岸七厅办过岁修土埽砖石各工，并河防局委办工程用银总数分别截清"，做出例行陈奏。

---

① 《光绪二十二年九月初二河东河道总督任道镕奏折》，《河道钱粮》第 21 册，1896 年，黄河水利委员会藏，资料号：清（8）-9-11（7）。

所有光绪二十二年分南北两岸七厅岁修土埽砖石各工约共用四十八万六百余两，内用本年南岸三厅采割堤苇草刀工银五百六十余两，向在河银项下支发，又用四次岁支司库银四十八万两，计尚不敷银一百余两，臣诚命细数另行设法弥补。又河防局委办土石各工约共用银七万六千余两，内除修筑上南厅郑下汛十二堡单薄堤身土工用银四千九百余两外，其余尽以买石分运各厅尽数加抛，臣亲驻工次再三核减撙节动用岁款十二万两，约计节省四万三千两有奇，请俟霜清后查看情形，再行奏明办理。现在节届寒露，大河水势渐次归槽，河流顺轨工程平稳，臣仍当督饬加意防护永庆安澜不敢稍涉疏懈以期仰恳圣主廑念河防之至意，以上各工共用银数臣按款确核，俱系实工实用无可删减……①

除此之外，例行陈奏的内容还对本年河南省南北两岸七厅"办过岁修埽砖土石各工动支司库银款总数"，以及河南省"河防局承办各厅土石工程用过方价银两细数谨缮清单"，这两项支出详细数目写专门奏折陈明。

所有光绪二十二年分黄河南北两岸七厅岁修土埽砖石各工统共用银四十八万六百九十五两六钱，内除用本年南岸三厅采割堤苇草刀工银五百六十二两五钱七分一厘，向在河银项下支发，再除不敷银一百三十三两二分九厘，使用司库银四十八万两，覆加确核拨支银数相符，尚未逾奏定额数。至不敷银一百三十三两二分九厘，业于截数折内奏明，由臣另行设法弥补在案，除将奏准每年酌提工费银两仍遵照户部定章在于六十万两内随工支给外，不另开报外，所有确核豫省黄河两岸七厅光绪二十二年分办过岁

---

① 《光绪二十二年八月十九日河东河道总督任道镕奏折》，《河道钱粮》第21册，1896年，黄河水利委员会藏，资料号：清（8）-9-11（7）。

修埽砖土石各工动支司库银款总数缘由理合，会同河南抚臣刘树堂循例恭折……

光绪二十二年九月二十日①

河东河道总督任道镕跪奏，为查明光绪二十二年分河防局承办各厅土石工程用过方价银两细数谨缮清单恭折奏销。……臣查上南河厅属郑州下汛十二堡至十三堡单薄堤身难免加帮土工一段，长二百二十丈，共估需例津二价银四千九百八十九两六钱，又该厅属郑州下汛十七堡裴昌庙迤下加抛石坝二道共长二十六丈一尺，共估需石方银三万六千三百七十两二钱四分五厘。中河厅属中牟下汛三堡顺堤第三道砖坝下首建石坝一道长八丈一尺一寸，共估需石方银一万二千八百七十一两三千四分九厘。下南河厅属相符上汛十八堡月埝第一道土坝基迤上加抛石坝一出道长七丈六尺二寸，共估需石方银二千九百七十五两九钱七分九厘。黄沁厅属唐郭汛拦黄埝迤下抛筑石垛一道长六丈七尺八寸，共估需石方银一万六两四钱六分六厘。祥河厅属相符上汛十五堡鱼鳞坝迤下空档加抛石坝一道，长九丈九尺五寸，共估需石方银三千七百九十四两九钱七分七厘。下北河厅属相符下汛三堡迤上加抛石坝一道长十三丈八尺八寸，共估需石方银五千五百七十一两三千七分一厘。以上各工统共估需土石方价银七万六千五百四十九两九钱八分七厘。覆加确核俱系实工实用……惟查原领司库银十二万两，计节省银四万三千四百五十两一分三厘，业经臣饬发藩库兑收存储另行附片具陈……

光绪二十二年九月二十二日

---

① 《光绪二十二年九月二十二日河东河道总督任道镕奏折》，《河道钱粮》第21册，1896年，黄河水利委员会藏，资料号：清（8）-9-11-（16）。

此外，山东省所涉及黄河修防经费主要为"防险银"的支发内容，同样着较为详细的管理规定。光绪十八年（1892）起，提高了山东境内黄河防汛经费定额额度。原来成案为每年所给定额40万两作为防汛抢险经费，同时规定上游防汛经费定额为8万两，下游定额为32万两。光绪十八年（1892），山东境内防汛经费定额增加至60万两。较光绪初期，防汛经费定额已经增加20万两。尽管如此，在所需额度增至60万两的情况下，请求添拨的情况依旧没有停止，每请求添拨则至10万两，有时甚至一年两次甚至多次请求添加经费。光绪二十三年（1897），以山东为例，黄河道里绵长，且河身淤垫情况日益严重，依旧需要大量经费用以购买物料和雇募民夫。而且，当时的货币贬值情况也比较严重，"今春料价之贵银价之贱，较往年为尤甚，现在每银一两仅换京钱两千有奇，暗中折耗几至三分之一"①。于是请求添拨经费10万两，用以山东境内黄河上中下游防汛经费中各项工程所需经费，以及填补银贱料贵所带来的短缺经费。光绪二十九年（1903），山东巡抚上奏请求加拨本年黄河防汛经费，这次请求添拨经费达20万两。同年六月，黄河险情再次严峻，"陕州万锦滩陡然长水三尺，山东河身曲狭，近海高仰，前水尚未消落，来源又旺，转瞬狂流奔注，更不知若何危险"②，需要更多的人夫和经费抢护。于是山东最终选择在"东海关征收洋税八分经费支胜余款内提拨银五万两，再于司道局各库不论何款匀拨银五万两，共十万两"，以此缓解经费短绌的情况。

清代黄河治理工程中依旧是以料物的宽足储备为最基本的方面。而随着清代黄河料物购买和人夫雇募中商品化现象的出现，也对经费提出了更为严格的要求。加之晚清时期白银存在严重贬值的现象，使

---

① 《光绪二十三年月日不详河东河道总督任道镕片陈》，《河道钱粮》第22册，1897年，黄河水利委员会藏，资料号：清（9）-1-161。

② 《光绪二十九年七月初二日山东巡抚周馥奏折》，《河道钱粮》第41册，1903年，黄河水利委员会藏，资料号：清35-9-3-103。

已有河工经费购买力严重下降，无形中给中央财政和地方财政带来更大的压力。

另外，更为重要的方面是河工经费管理制度发生的变化。整体来看，光绪时期黄河日常修守所需经费呈现不断增加的趋势。光绪十七年（1891）的河南省管理方式出现了岁修经费分批次、多次支领的做法。有清一代，清政府对河工岁、抢修经费实行定额管理，每年日常修守经费都有固定数额。但是这一定额制度在这一时期并不能继续有效执行。日常修守经费存在经常性添拨、加增的情况。

第四节 河务"在地化"过程及定额河银制度之尾声

一 近代西方科技进入河务

晚清时期，随着对外交流大门的被迫打开，在社会、政治、经济等方面都越来越多地受到西方影响，包括光绪初期进行的财政制度改革，也是在学习西方的财政预算制度。从这个方面来看，晚清的向西方学习，不完全是仅停留在器物层面，制度上的学习亦有所体现。而在河务方面的体现之一就是开始使用异于传统治河的设备，一些诸如挖泥船在内的新型设备开始在治河过程中得到运用。光绪十六年（1890）二月十五日，山东巡抚张曜上奏称，为疏浚山东靠近入海河段之泥沙淤积，认为"……先购造机器挖泥船二只，上年试用甚为得力，此项机器船再上海购造，每只工料需款一万八千两□再在上海先行购造八只，随时疏浚，较为迅速"①。可见，光绪年间挖泥船的应用已经不再少处了。

又光绪十四年（1888）八月二十九日，山东巡抚张曜即上"购制机船机器并修补金堤动用经费银两"一折，奏称"直隶督臣李鸿章奏

---

① 《光绪十六年二月十五日张曜奏折》，《河道钱粮》第33册，1890年，黄河水利委员会藏，资料号：清29（1）-1-9-8-2。

明订购法国公司德威尼承办，试挖山东黄河海口外洋机器船二只，价值连保险费合龙等项……又臣奏派河南候补道魏纶先赴沪购办外，洋抓泥机器二副、轮船二只……又东海关道盛宣怀购买外洋吸水水龙二架……所有机船机器均系购自外洋，其工程做法内地无从深悉"①。

光绪十六年（1890）十二月二十五日，山东巡抚张曜为请十七年（1891）防汛经费一折中有提到"铁路运土及挖泥浚河各船经费需用之三万两"②，可见，此时铁路运输已经在黄河治理工程中有所运用，虽然相比传统的运输工具运费昂贵，但更为便捷。后又设电灯助工，还有石坝灌缝用塞门德土，即三合土。

光绪三十年（1904），山东设全河电线。③ 光绪二十五年（1899）河道总督任道镕提到"户部电咨山东河工需款"④；再如光绪二十九年（1903）提到"现又接据河南来电六月三十日申时陕州万锦滩陡然长水三尺，山东河身曲狭……"⑤ 史料中所能找到的类似记载较多，可见光绪时期电报在河务中的使用已经甚为频繁。

同一时期还有外籍水利工程师提出的治河方略，侧重于利用近代科学方法治理黄河。光绪二十四年（1898），李鸿章带领比利时工程师卢法尔在东河地区进行考察、测绘，这些工作取得了一定的成效。卢法尔也是最先使用近世科学方法研究治理黄河的人。对于黄河为患甚重的原因，他明确指出虽然黄河为患在山东，但是病原并不在山东。黄河铜瓦厢决口后，卢法尔提出了黄河"下游停淤之沙，系上游拖带而来，一过荥泽，一派平原，水力逐杀，

---

① 《光绪十四年八月二十九日张曜奏折》，《河道钱粮》第33册，1890年，黄河水利委员会藏，资料号：清28-091-12。
② 《光绪十六年十二月二十五日张曜奏折》《河道钱粮》第36册，1890年，黄河水利委员会藏，资料号：清31-9-4。
③ 岑仲勉：《黄河变迁史》，人民出版社1957年版，第638—639页。
④ 《光绪二十五年四月十四日，河东河道总督任道镕片陈》，《河道钱粮》第36册，1899年，黄河水利委员会藏，资料号：清33-9-4-2（5）。
⑤ 《光绪二十九年七月初二日，山东巡抚周馥奏折》，《河道钱粮》第41册，1903年，黄河水利委员会藏，资料号：清35-9-3-103。

流缓则沙停，沙停则河淤，河淤过高，水遂改道"①的主张，认识到黄河泥沙的来源是在上游，由于下游地势变得平缓河水携带的泥沙极易淤积。

但这些新式器物或者科学思想都没有改变整个晚清河务不断衰落的状态。

二 "在地化"过程

从同治元年（1862）唐郭汛工程到光绪十年（1885）山东新堤告竣，是清代重启河务的关键时期。同治时期河务用款"动用银数之多寡向无一定"②。同治十年（1871）、光绪十三年（1887）清廷两次下决议，确定新河流路，贾国静已经指出促使清廷决心黄河改道的主要原因之一即为款项问题，无法筹集恢复故道的巨额工程经费，成为屡次否决恢复故道的重要理由。③ 在"回河之争"起伏之时，国内战乱也渐趋结束，由于捐厘的推广，清朝度过了财务危机中最严峻的一段时间。但厘金、捐等财政行为也导致了清王朝财政权下移，地方督抚在财政事务上拥有了更大的权力。④ 外省对鲁豫河务的款项支持趋向停滞，河务财政开始对接到鲁、豫各自的地方财政之上，河工向"在地化"转化。

1. 河南

同治元年（1862）的唐郭汛工程是重启河务的标志，也开恢复实银使用之先声，这次工程的意义在之前的研究中被低估。咸丰八年（1858），唐郭汛工程就制订了计划，准备在次年开工，但由于经费

---

① 岑仲勉：《黄河变迁史》，人民出版社1957年版，第628页。
② 《署河东河道总督谭廷襄同治三年九月十二日奏折》，《河道钱粮》第9册，1864年，黄河水利委员会藏，资料号：清3-9-12。
③ 贾国静：《黄河铜瓦厢改道后的新旧河道之争》，《史学月刊》2009年第12期。
④ 此问题在陈锋《清代中央财政与地方财政的调整》，《历史研究》1997年第5期；倪玉平《从"国家财政"到"财政国家"——试论清朝咸同时期的财政转型》，《社会科学辑刊》2016年第6期。

无从筹措，故一直处于停工状态。同治元年（1862），该项目申请的四万四千二百十九两余白银（实际开支为四万三千零二两余）得到批复。①唐郭汛工程的前一年，即咸丰十一年（1861）四月，宝钞局被裁撤；工程开始前夕，清廷初步恢复了漕运②，战争结束已经可以预期（太平天国运动以失败而告终）；而在工程进行的第二年（1863），应署理河东河道总督谭廷襄奏请，河务停用宝钞，恢复使用现银"工料总须实发现银方可随时应手，况征收钱粮业已停止收钞，无可再拨，自当一律更改……变通旧案，改用现银"③。从河务财政角度而言，同治元年的这次工程实际具有转折意义。这次工程所用款项全部由白银支付④，在谭廷襄申请"停钞用银"前一年，河南的河工运作已经恢复了使用白银，而非道光末期的"银钱搭放"，或咸丰时期的"银钞搭放"。

雍正至道光时期，黄河工程大体被分为岁修、另案与大工等类型，其中岁修为每年的常规性工程，其用银规模有定额限制，大工则为临时性的大型工程，这类工程非常少见，其用银总量不受定额限制，但物料、劳动力、运输费等的单价则依旧要受到定额限制。⑤咸丰十年（1860）裁撤江南河道总督，入同治朝后，原"南河"已经无工可兴；山东则在铜瓦厢决口后依靠地方士绅带领民众创筑民埝，其经费也主要来自民间。此时，只有原河南段仍保留了河东河道总督、河南巡抚管河的局面。铜瓦厢决口之后，其缺口处形成漫流之势，其以上河段的河防很快陷入"提移不定"的境地，开始出现堤防

---

① 《工部尚书文祥同治二年二月初五日奏折》，《堤防工程》，1863 年，黄河水利委员会藏，资料号：清 12 - 2 - 5。

② 周健：《第二次耗羡归公：同治年间江苏的钱漕改章》，《近代史研究》2019 年第 1 期。

③ 吴筼孙：《豫河志》卷 16，《同治二年五月署河东河道总督谭廷襄奏》，河南印刷局 1923 年印本。

④ 黄河水利委员会藏：《同治二年六月初六日工部尚书文祥奏折》，《堤防工程》，资料号：清 2 - 6 - 6。

⑤ 潘威：《清代前期黄河额征河银空间形态特征的初步研究——以乾隆五十七年山东为例》，《中国历史地理论丛》2014 年第 4 期。

垮塌现象。① 这种影响基本贯穿整个同光时期，而同治朝又相对更为严重。这类垮堤现象直接威胁到开封，比当时已经无法挽回的铜瓦厢决口更为严峻，也相对更易操作。由此，也造成河东河道总督治下的河南上游七厅在同治时期以另案工程为主，河务用款缺乏制度约束。

  河南另案工程的用款在嘉庆十年（1805）及二十一年（1816）有过定额化的行为，道光和咸丰时期先后减少预拨款项额度，希望减少河务部门的"浮冒"，将另案工程类开支限定住。② 同治二年（1863），谭廷襄在提出"停钞用银"的同时，也强调了"减工节费"，"减工节费"的本质是将原本额定较为宽松的另案工程银定额固定下来，将预支的三十万两另案工程银降低为二十万两。"前于嘉庆十年及二十一年节经各河臣抚臣议请，每年先由地丁项下提出银三十万两，以备抢险之需，俟将次支完，体察情形，预为筹计，尚应添拨若干，会核具奏一面行司提取备用先后奏奉。咸丰五年兰工失事，下游各工停办，虽上游虽只七厅而工程仍需办理。近以库款支绌，搭放钞票办工倍形竭蹶，同治二年黄河臣谭廷襄筹议减工节费，停钞用银，请收历年添办防料砖石及伏秋汛防险银两概行停拨，各厅每年寻常修守由司拨银二十万两有奇，共开归河北两道额征河银，除黜缓及欠解各每年所收之项，仍照向例归抢修案内，就数提用。"③ 谭廷襄和张之万是同治时期的重要河臣，据此二人以及文祥等人的奏折来看，同治时期河南七厅都没有"岁修"的记录，而"另案工程"用银规模仍保持了较大数额，大概在五十万两到七十万两。如同治元年（1862），河南上游七厅另案工程用实银七十余万两④；同治七年

---

  ① 《河东河道总督李钧咸丰七年六月十八日奏折》，《河道钱粮》第 7 册，1863 年，黄河水利委员会藏，资料号：清 10－1－9。

  ② 张丽洁：《光绪朝黄河河工经费管理内容研究》，硕士学位论文，陕西师范大学，2017 年，第 56—62 页。

  ③ 《河东河道总督觉罗成孚光绪十三年四月三十日奏折》，《河道钱粮》第 10 册，1887 年，黄河水利委员会藏，资料号：清 1－25（4）－8。

  ④ 《山东巡抚兼署河东河道总督谭廷襄同治二年三月十四日奏折》，《河道钱粮》第 7 册，1863 年，黄河水利委员会藏，资料号：清 2－3－8。

(1868)，四十七万二千余两①；同治八年（1869），六十一万六千余两；同治九年（1870），六十一万三千余两。② 同治十年（1871），五十七万两余。③ 同治十一年（1872），五十一万八千余两。④ 二十万两的"寻常修守"银并不具有实质的约束力。同治时期的开支规模虽然远高于二十万两，但也不是毫无规矩，大概在六十万两的规模。

此时，河南段的经费已经基本仰给于河南藩库。同治五年（1866）开始，浙、鲁、粤等地需要每年为河工提供银两，各省每年拨银一万两，但这有限的经费也被连年拖欠，地方督抚对清廷的拨款要求基本都敷衍了事。"头品顶戴兵部尚书兼都察院右都御使两广总督硕勇巴图鲁臣刘坤一题为报解河工银两起程日期，事据署两广监运使方濬师详称，案查广东运司衙门递年应解河工银两，先因道路梗塞，奉准暂缓起解，嗣于同治五年奉准工部咨行，以淮水淤塞，拟将已涸旧黄河挑深数尺，再将张福口等处挑浚，引河等工行令。自同治五年起，将额解河工银两按年征解，以期无误，要工等因咨行遵照，当经前任监运使将应解同治五年分河工银一万两交来员将钟瑞领解，又同治八年十一月十三日承准军机大臣，字寄同治八年十月二十日奉上谕，张之万奏请饬催欠解河银等语，山东、浙江、广东欠解河银并著迅速拨解，以济要需等因钦此。又各前任运使将应解同治六、七、八、九、十、十一、十二等年分河工银各一万两，按年筹拨，给交银号，汇解前赴漕运总督衙门投纳，各在案尚有同治十三年及光绪元年河工银两，现经漕运总督委员安泉来粤守提。兹在于征存同治十三年分监课

---

① 《署河东河道总督苏廷魁同治八年四月二十四日奏折》，《河道钱粮》第 7 册，1869 年，黄河水利委员会藏，资料号：清 8-4-24。
② 《河东河道总督乔松年同治十二年四月二十九日奏折》，《河道钱粮》第 8 册，1873 年，黄河水利委员会藏，资料号：清 12-4-1。
③ 《河东河道总督乔松年同治十一年四月十五日奏折》，《河道钱粮》第 8 册，1872 年，黄河水利委员会藏，资料号：清 9-3-27。
④ 《河东河道总督乔松年同治十二年四月二十九日奏折》，《河道钱粮》第 8 册，1873 年，黄河水利委员会藏，资料号：清 12-4-1。

项下，先行筹银一万两作为同治十三年分应解河银，给交殷实银号志成信等汇兑取具汇单先交来员安泉斋，一面由该银号代领，文批于本年二月十一日，附搭轮船起程，俟到清江浦厅同委员支取银两，齐赴漕运总督衙门，投纳所有前项银两，候列入同治十三年分奏销册报详请具题等由前来，臣复核无异。谨题请旨。"①河南必须以一省财力面对千疮百孔的河务。由于财源缩小到河南一省，河务开始向在地化转变，名义上还是清廷事务，各省也有协济的任务，但实际上已经日益成为河南本地事务。

2. 山东

同治十年（1871）山东郓城侯家林发生决口，此次决口引发了山东巡抚丁宝桢与河东河道总督乔松年关于黄河流路的争论，最终中央支持了乔松年意见，黄河改走山东。② 这次争论之后，基本确定了晚清黄河流路，黄河自兰考东北折向入山东，在利津入渤海。之后虽然还有一些讨论，但已经不可能改变既有格局。与河南境内旧有一套河务管理机构和制度不同，新河所经的山东并没有专门的河务机构与规章的成例。需要重新建立一套制度来保障河务运作，当然也包括必要的财务制度。

光绪初年之后，山东巡抚开始主导境内河堤修建，修筑河防工程已不再仅仅依靠地方社会力量。晚清河工档案也体现了这一现象，同治时期并没有关于山东修防的任何记录，而光绪元年（1875）开始，山东进行了多次堤防修筑。如光绪元年，筑贾庄黄河南堤二百五十里。二年（1876），筑贾庄至东平七十余里黄河南堤③。三年（1877），又修筑山东省黄河"濮、范、寿张、阳谷、东阿五县北民堤一百七十里"④。九年（1883），创建张秋以下两岸大堤。"民间自

---

① 《两广总督刘坤一光绪二年二月二十七日奏折》，《河道钱粮》，黄河水利委员会藏，1876 年，资料号：清 11-2-5（17）。
② 贾国静：《黄河铜瓦厢改道后的新旧河道之争》，《史学月刊》2009 年第 12 期。
③ 赵尔巽：《清史稿》，中华书局 1976 年版点校本，第 3751 页。
④ 姚汉源：《中国水利发展史》，上海人民出版社 2005 年版，第 481 页。

筑缕堤，近临河干，多不合法，且大率单薄，又断续相间，缕经塌陷，一筑再筑，民力困竭。今拟自长清抵利津，南北岸先筑缕堤，其顶冲处再筑重堤，约长六百余里，仍借民力，加以津贴，可计日成功，为民悍患，民自乐从。"①

创筑堤防之外，山东还将境内民埝改为官堤。每年有藩库拨付一定额度的银两用来修防。光绪五年（1879）之前，山东已经开始民埝改堤，并通过给予所在地绅民津贴银的方式保障维护。"东省黄河南北两岸，每年经历三汛向委文武员弁，驻工修防，由司库酌拨银两，以备购料之需。近年溜势变迁，下游利津等州县时出险工，次当津贴绅民一律防护……支除项下……支北岸濮、范、寿、阳四州县绅民防汛津贴银二千五百九十两二钱二分，前项津贴每里酌发银三十两。"② 民埝自身的维修自然也成为地方政府河工财政支出的组成部分，如光绪十一年（1885）六月支给堰头镇、杨家庄两处民埝1.3万两白银用来整修。③

山东与直隶交界处的黄河西岸有一道金堤，据传这道堤防是宋代旧制。铜瓦厢决口之后，金堤也被视为山东黄河北岸的重要屏障。"查东省黄河北岸原以金堤为保障，其近水之民埝，听民间自为修守，与直隶办法相同，自就埝改堤，因以防金堤而代防民埝，于是民埝资岁之经费，即等堤之同，如实与民生有益，亦何惮而不为，无如地势、堤形等，或谓金堤即多一关键，即多一藩屏……至新堤有失，再行回顾金堤，转而误事。此次上游漫水，沿金堤北注，抢护已费周事，现在并办民埝，决口虽绠，合将来汛致内情形差何殊，虽逆睹，况直隶向守金堤，不防民埝，此埝与东省新堤相接，东省仅防下游亦属无益。故就治河大局而言，东省亦应防守金堤，将此改堤之埝仍令

---

① 赵尔巽：《清史稿》，中华书局1976年版点校本，第3753页。
② 《山东巡抚周恒祺光绪六年十二月二十五日奏折》，《河道钱粮》第14册，1880年，黄河水利委员会藏，资料号：清14-9-1。
③ 《山东巡抚陈士杰光绪十一年五月二十九日奏折》，《河道钱粮》，黄河水利委员会藏，1885年，资料号：清1-5（9）-49。

民间自为修防。庶直东金堤上下联络一气，似为正办。"① 光绪七年（1881）开始，经直隶总督李鸿章奏请，由山东、直隶各拨款2万两白银用以修防。

随着山东境内堤防规模的扩大，完善维护制度也在所必行。设立机构与筹措款项是执行维护策略的支撑。丁宝桢最初计划将河厅制度应用于新河，"新工大堤长至二百五十余里，又加以防护金堤一百数十里，合计两岸长堤至四百余里，皆无专管之官，转瞬大汛即临，从容留意，臣只好将留防各营勇分布巡防，并以地段过长复饬各州县督率附近民夫一遇险工竭力随时抢护，以为一时权宜之计。惟防汛必须料物，而各省指拨工需银两至今报解仍应饬司宽为筹拨应用，以期免贻误，各省协款解到再行归还，至将来此项工程如何修防似应设立厅汛，改归经制，方期持久，应请饬下部臣河臣通盘核议奏明办理，实于河务、地方均有裨益。"② 光绪初年，黄河已经由漫流转为受堤防束缚，维护之计但厅汛制度最终还是未能在山东新河两岸建立起来。山东不设厅汛的主要原因应该与当时普遍认为的"河工习气"有关，如光绪十六年（1890）八月河东河道总督许振祎也承认"河工习气已深，耗费亦甚，计发款尽归厅员，而厅员每办一工，实比外人所办昂贵数倍"③。这条材料出自许振祎针对给事中张廷燎陈奏"河工积弊"的奏折，其中不乏为河工辩护之语，但身为河督的许振祎本人也不得不承认，厅员在河款上下其手这一现象。河厅制度已经彻底腐朽。可见，即便是河务官员自身都不想设立河厅承担新河保障任务。

另一个支撑就是河工银供给的保障。太平天国战争带来的一个严重后果就是清廷对地方财政的控制能力极大减弱，户部与掌握厘金的地方督抚基本处于均势状态。④ 山东与河南一样，主要依靠自身藩库

---

① 《山东巡抚文格光绪五年二月二十四日奏折》，《闽浙总督卞宝第光绪十年九月初八日奏折》，《河道钱粮》，黄河水利委员会藏，1879年、1884年，资料号：清13-6-8。
② 武同举：《再续行水金鉴》，卷103，水利委员会1942年铅印本，第2684—2685页。
③ 武同举：《再续行水金鉴》，卷129，水利委员会1942年铅印本，第3378—3381页。
④ 倪玉平：《试论清代财政体系的近代转型》，《中国经济史研究》2018年第4期。

解决河工用银。除此以外，山东河工还能得到其他款项的支持，包括两淮盐厘银、临清关税银、练饷局江南协款、大名府厘金①和地丁京饷银、江汉关税银、芜湖关常税等，"再前准户部咨工部会议复山东巡抚奏查为利津为十四户，决口拟先挑引河，筹筑堤防，并由铁门关以下逢湾取直，及请开徒骇河以减溜势，一折内称此次奏准山东省截留京协各饷，其部库及各受饷之处不敷款项，自应改由各省关如数拨补该省，截留地丁京饷银八万两，改令四川盐厘项下拨办银四万两，江汉关六成洋税项下拨办银两万两，芜湖关常税项下拨办银二万两，均于光绪十年（1884）分赶紧拨办，毋误要处等因。当经转行遵照办理去后兹拨湖北汉生道监督江汉关税务，恽彦琦详称在于新征六成洋税项下动支，是库平银二万两，饬委补用，同知杨学源即补与寅会同办，赴京交纳等情详请奏咨前来，臣复核无异，除给咨办分谨会同湖北巡抚彭祖贤附片具陈"②。但此种白银供给状况具有很强的临时性，处于没有定规的较混乱状态。

三　"在地化"基础上的定额河银制度

光绪九年（1883）至十六年（1890），直隶、山东、河南陆续采用定额制度管理河工用银，清代前期执行的定额河工银制度在此时"回光返照"。定额河银制度的出现与河务在地化的发展相一致，其中光绪八年（1882）和十六年（1890），鲁、豫分别设立了"河防局"与"河务局"，抚臣治河有了专门的管理机构，在机构上提供了执行定额河银制度的保障。光绪九年（1883）五月中旬，黄河在山东利津、历城等地决堤，口门宽达数十丈至二三百丈③，大灾促使清廷和山东巡抚衙门下决心将黄河堤防进行一次大规模的修缮，最终户

---

①《太子少保署理直隶总督、两广总督张树声光绪九年六月十九日奏折》，《河道钱粮》第14册，1883年，黄河水利委员会藏，资料号：清17-9-8。

②《闽浙总督卞宝第光绪十年九月初八日奏折》，《河道钱粮》，1884年，黄河水利委员会藏，资料号：清17-3-11（6）。

③《清德宗实录》卷164，《光绪九年六月》，中华书局1985年版，第304页。

部拨款四十万两和山东藩、粮等库筹款一百零二万两白银，于当年闰五月完成了此次大型工程（见表6-3）。由于工程耗资巨大，山东巡抚陈士杰将堡房、防兵之制用于维护新筑长堤。① 至此，山东河段已经形成了相对系统的堤防（当然，此时黄河下游堤防无法与清前中期相比），堤防情况也需要建立逐年保障体制。地方河政机构与堤防建设初步完成，使河工用银的定额化应运而生。直鲁河防由于金堤而为一体，在定额化过程方面也基本同步。光绪八年（1882），山东设立河防局，统管境内河务。次年（1883），直隶河银定额七万三千两，山东定额为四十万两，此项经费被称为"防险银"，专门用来支付每年的抢修工程。光绪十八年（1892），又将其定额提高为六十万两，但此定额实际在山东被执行的情况并不理想，基本每年的实际开支都要高于这一定额十万到二十万两。② 这一时期，山东主要依赖自身藩库供给河工，光绪初年能得到的芜湖关、江汉关等外省银，此时已经停止。山东境内的东海关也曾被用作河工银来源，光绪二十九年（1903），山东巡抚将"东海关征收洋税八分经费，支剩余款内提拨银五万两，再于司道局各库不论何款匀拨银五万两，共十万两"③，以补贴当年河工。此外，自咸丰时期工捐不振后，捐纳在晚清河务中的作用较嘉道时期要大为降低，但其并未完全退出河务，如光绪二十八年（1902）到三十年（1904），为筹措河款在山东境内开捐④，属于山东自身的财政行为。河务用银除藩库拨款外，境内海关税银与省内捐纳其实也是本省财政，黄河用款全靠所在省份供给。

河南的定额形成较晚，情况也较山东复杂。光绪十年（1884），

---

① 《山东巡抚陈士杰光绪十一年六月初八日片》，《河道钱粮》第24册，1885年，黄河水利委员会藏，资料号：清14-6-1。
② 《光绪二十九年三月二十一日山东巡抚周馥奏折》，《河道钱粮》第26册，1903年，黄河水利委员会藏，资料号：清30-7-19。
③ 《光绪二十九年七月初二日山东巡抚周馥奏折》，《河道钱粮》第26册，1903年，黄河水利委员会藏，资料号：清30-8-2。
④ 《光绪三十年九月□日山东巡抚周馥奏折》，《河道钱粮》第26册，1904年，黄河水利委员会藏，资料号：清30-9-1。

河南开归、河北二河道的额征河银除了支付常规性的河务人员薪俸之外，必须解入藩库，进行省内的统一分配，这实际上已经剥夺了河东河道总督在河务财政上的独立性。在河务上，河东河道总督实际成为河南巡抚治河的辅助。① 光绪十六年（1890），河南成立河防局，与原有的河厅共同管理豫省河务。河厅承担每年的常规性工程；河防局是河南的地方机构，负责采办石料，进行防险工程。虽然东河总督仍旧管理河厅，但由于河厅财政已经在光绪十年（1884）归河南藩库掌握，河防局成立后，东河总督的必要性日益降低［至光绪二十八年（1902）］，清廷裁撤河东河道总督，由河南巡抚兼管河工事务。② 在河防局成立的同时，河南河务用银也被定额为六十万两。其依据主要是同治元年（1862）至光绪十六年（1890）前，豫省河务用银规模大概在五十万至七十万两。用银名目也被简化，将以往的"岁修""岁抢修""另案抢修"等全部废除，只有寻常、异常之分。"六十万两为率，寻常抢险不必加添，各种名目概行不用，拟定岁修额款，其四十八万两概归七厅赴司分四次支领，专办岁修工程；另提十二万两设立河防局委员办工，专办河防办石防险之需。"③ 光绪十七年（1891）之后，河防局开支基本保持在定额之内，光绪二十六年（1900）只使用了五万两白银。节省白银也并未被挪作他用，而是作为河工应急用银专款被储存于河南藩库。④ 光绪二十八年（1902）开始，河南巡抚锡良规定，每年必须从这六十万两白银中提出十万两补充庚子赔款，实际用银额度又降为五十万两。⑤

---

① 《宣统元年五月六日河南巡抚吴重熹奏折》，《河道钱粮》第27册，1909年，黄河水利委员会藏，资料号：清1-5-6（7）。
② 《清德宗实录》卷494，"光绪二十八年正月"条，中华书局1987年版，第524页。
③ 《光绪十八年四月二十八日河东河道总督许振祎奏折》，《河道钱粮》第19册，1892年，黄河水利委员会藏，资料号：清（9）-7-5（4）。
④ 《光绪二十六年十一月十九日河东河道总督任道镕奏折》，《河道钱粮》第35册，1900年，黄河水利委员会藏，资料号：清（2）-1-8（2）。
⑤ 《宣统元年十一月六日河南巡抚吴重熹奏折》，《河道钱粮》第27册，1909年，黄河水利委员会藏，资料号：清1-11-6（1）。

河南、山东定额河银制度得以开展还有一个原因就是地方财政的调整，通过革除支出事项来贴补河务，主要是通过减少军务支出，用以贴补河务。大学士管理户部事务阎启铭于光绪十三年（1887）上"筹议河工用款六条"，并得到清廷批准。其中包括裁长夫；停军火、机器购置与沿海炮台建设；在京官吏兵丁米折银改发实米；调防军协同河工，不另发饷银；盐商劝捐；预收当商汇号二十年课税等。[①] 这些措施中有的在光绪十三年（1887）前已经被河南、山东执行，如"裁长夫"，河南已经在光绪十二年（1886）前执行。长夫本为清军远征而设，晚清各省驻军改为防军，长夫一项就显多余，裁撤长夫尚无关大局。而停止购买机器、军火、修建炮台等，明显不利于近代化事业，如山东在甲午战争前夕挪用海防炮台经费补贴河务，导致海防经费短缺。[②] 有限的财政能力下，清廷和地方督抚在权衡河务与军务上，还是选择了牺牲国防以保河务。虽然暂时解决了河务上的一些问题，但付出的代价远非白银可以核算。

河工开支定额化，是清代河工用银的重要特点之一，在咸丰之前，除另案大工无用银总量定额外，其他开支基本都有定额标准。而即便是另案工程中的物料、劳动力和运费等支出，其单价也受定额控制。[③] 道光时期，定额制度逐渐动摇，造成河务开支飙升，进而成为清廷财政的沉重负担。[④] 光绪十年至十六年（1884—1890）的河银定额化及其之后数年的情况非常类似于清前中期，河工财政的发展史似乎在晚清又重演了康熙后期以来的情况。从用银无定额、无定向到形成定额制度，再到突破定额，清代河工用银历史完成了一个循环，但有一点是

---

① 《大学士管理户部事务革职留任阎启铭光绪十三年九月二十日奏折》，《河道钱粮》，1887年，黄河水利委员会藏，资料号：清17-9-8（2）。
② 贾国静对山东挪用海防经费修河持批评态度，但山东此举实际有清政府的指令。详见贾国静《选择的无奈：晚清黄河治理地方化探析》，《西南大学学报》（社会科学版）2019年第5期。
③ 潘威：《河务初创：清顺治时期黄河"岁修"的建立与执行》，《史林》2019年待刊。
④ 见魏源《魏源全集》12册，《古微堂内外集·筹河篇上》，岳麓书社2004年版，第347页。

不变的，即黄河用银始终与政府的主要财源相联系。康熙之后，地丁银成为国家最重要的财源，河工银就依附其上；嘉道时期，捐纳、海关成为政府重要的稳定财源，也同样支撑了河务运作；同光以降，各督抚依靠厘金拥有了相对更大的财务权力，清廷对各地方的财务控制能力大大降低，河南、山东不得不越来越依靠自身财政进行河务运作。

光绪中期，已经被证明是难以真正执行的"定额河银制度"再次被使用，由此反映出清朝在近代化过程中并未完成财政的近代化，只是重复过去的模式。

四 "银本位"地位丧失与河工财政

对晚清河工财政打击最大的因素，是国际市场上白银的大幅度贬值。大航海时代之后，世界贸易体系开始出现，新大陆银矿、欧洲市场和中国制造业，编织了全球贸易网络的重要组成部分。巨额白银涌入明、清帝国，导致自明万历之后就施行了"银钱复本位"，清政府因而积累了巨量白银，白银成为链接中国与世界的主要媒介。[①] 国际金融市场的波动由此与中国发生直接联系，而至鸦片战争之后，中国金融门户洞开，无法回避国际市场波动所造成的影响。

白银在清代为政府最终核算的通货，有清一代，河工作为国家最重要的公共水利事务，对于白银的依赖程度颇高。自康熙后期开始，清廷"废签派行雇募"，导致治河劳动力、物料等都需要以白银计价购买或用实银直接购买。[②] 至乾隆时期，随着黄河下游堤防系统成形，大规模新修工程减少，保障性工程增多，河务主要组成如工程、赈灾、薪俸等都高度依赖稳定及时的白银供给，沿河额征河银也以白银计价。清廷君臣关于河务的讨论不外乎白银来源、管理和提高使用效率，如

---

① 林满红：《银线：19世纪的世界与中国》，詹华庆、林满红译，江苏人民出版社2011年版，第126—130页。
② 潘威：《清代前期黄河额征河银空间形态特征的初步研究——以乾隆五十七年山东为例》，《中国历史地理论丛》2014年第4期。

嘉庆十三年（1808）工部奉旨编修《钦定河工则例章程》，规定了修河物料的单位价格，这一章程的本质是清廷希望凭借行政的控制能力抑制河工开支的快速上涨，提高现有河工银的使用效率。道光末期白银流通能力下降，河务部门无法将工捐所收铜钱兑换为白银，在一些工程中出现了"银钱搭放"的支付方式。① 咸丰时期"银钞搭放"虽源于"银钱搭放"，但由于咸丰时期清廷开始铸造"小钱"，使铜钱转变为替政府搜刮民间白银的手段。至同光时期，"小钱"被民间排斥，铜钱信用已经破产。② 这是同治初期重启河务后，没有继续推行"银钱搭放"而改为"现银"的最主要也是最直接的原因。河工事务由清前期的以白银统计转为同治以降的以实银购买，河务的"白银依赖"已经积重难返，此时一旦白银本身波动，则必然动摇河务基础。

　　光绪定额形成之后，河工用银并未如预期进入一个"平静"阶段，一股无法抗拒的力量彻底埋葬了建立在白银上的河务财政。白银已经难以获得必须的河工物料与劳动力，更无力支持黄河治理的近代化。这股力量就是国际银价的大幅度下跌。银价下跌渊源于1816年英国为便于贸易结算而施行"金本位"，由于英国的霸主地位，其他国家也不得不跟进这一做法，否则便会在与英贸易中造成本国通货流失，被英国施行金融掠夺。19世纪70年代至"一战"前，世界"弃银用金"浪潮高涨，自1871年德国采用"金本位"开始，欧洲、北美、拉美和亚洲相继采用"金本位"，各国在金融市场抛售白银以套购黄金，造成国际白银价格自19世纪70年代后不断下跌，20世纪初更是"暴跌"，金价则持续上涨。③ 而清政府则始终坚持白银本位，造成国际资本大量套购清政府黄金储备，中国金融体系和经济受到严重伤害。对这一局面，郑观应、康有为和梁启超等皆有洞察，康、梁

---

　　① 《道光二十七年十一月七日河东总督钟祥片陈》，《河道钱粮》，1847年，黄河水利委员会藏，资料号：清1-12（4）-3。
　　② 王五一：《论清朝灭亡的货币因素》，《理论学刊》2016年第4期。
　　③ 习永凯：《近代中国白银购买力的变动及影响（1800—1935）》，博士学位论文，河北师范大学，2009年，第22页。

直接呼吁清政府改行"金本位"①。光绪三十年（1904）美国会议货币专使 Jeremiah W. Jenks（中文名"精琪"）向清政府提出一套货币改革方案（"Memoranda on A New Monetary System for China"，即《中国新圜法觉书》）也被称为"精琪方案"，其中就包括在中国施行"虚金本位"，以代替银本位。②但由于此方案会削弱督抚财权，遭到了湖广总督张之洞等地方实力派的强烈阻挠，最终胎死腹中，③清政府错过了一次改良币制的时机，坚持用银本位的清帝国在巨额赔款及外债的基础上，被国际金融市场"釜底抽薪"。

同治二年（1863），谭廷襄提出"停钞用银"，将河务与实银完全捆绑。19世纪70年代，国际白银价格开始持续走低之时，中国正值同光之交，此时河务财政已经开始了与河南、山东地方财政的对接。待19世纪末白银贬值日趋严峻时，清政府和鲁、豫地方政府都已经无力挽回河务的崩溃。

光绪二十二年（1896），河南"自去冬银价骤落，至本年二三月间仅易制钱一千二百余文。……臣树堂于上年十二月兼署河督篆务，其时料价未昂，即严饬各厅于年前尽力赶办……各省制钱短绌于商民生计攸关，非铸银圆、设钱局不足以济钱法之穷。臣树堂督同司道筹拨银贰万两，河南省城于六月初二日开设豫泉官钱局，搭用钱票与制钱，来往周转并先期筹银贰万两，委员解交湖北附铸大小银圆，来汴核定价值，由官钱局分发各典互相交易，与制钱相辅而行……惟河南向无银圆，风气初开未必遽能取信，臣等公同商酌如省城官钱局银圆果能日渐流通，民间乐于行使，仍当陆续赴鄂附铸于工需钱漕自可推行……"④山东"山东黄河防汛经费额拨银六

---

① 戴建兵：《中国近代的白银核心型货币体系（1890—1935）》，《中国社会科学》2012年第9期。

② 彭信威：《中国货币史》，上海人民出版社1965年版，第917—921页。

③ 丘凡真：《精琪的币制改革方案与晚清币制问题》，《近代史研究》2005年第3期。

④ 《光绪二十二年六月十五日河东河道总督李秉恒、河南巡抚刘树棠奏折》，《河道钱粮》，1896年，黄河水利委员会藏，资料号：清28-7-2。

十万两……本年料价日贵，银价日贱，暗中折耗尤多，以致额拨经费银两已将告罄……"①

光绪二十三年（1897），河南"今春料价之贵、银价之贱，较往年为尤甚，现在每银一两仅换京钱两千有奇，暗中折耗几至三分之一"②。

光绪二十八年（1902），山东"抢险在须支现银，而银价过贱，每两仅换京钱二千二百文左右，暗中折耗甚多，且中下两游堤埝春间择要加培，即在防汛经费项下匀拨以致额拨经费银两刻已将次告罄"③。

光绪二十九年（1903），山东"光绪十八年原定岁修银六十万两，彼时银价每银一两易制钱一千六百文，迨后银价日落，料价如故，办理春厢即形不足。历年易钱愈少，工料愈薄，近年来每银一两仅易制钱一千一百文上下，现岁加拨二十万，同原拨工八十万，其实在支用尚不足从前六十万两之数"④；"……惟现在新料尚未登场，旧料业已收尽，势必割取新高粱以应急需，料价大贵，银价日低，若不勉筹经费，无米之炊，势将束手……"⑤

光绪三十年（1904），山东"惟查近来下游各处秸苇料价增长，又值银价低落，暗中折耗甚多"⑥。

光绪二十一年（1895）《马关条约》、光绪二十七年（1901）《辛

---

① 《光绪二十二年七月初十日山东巡抚李秉衡奏折》，《河道钱粮》，1896年，黄河水利委员会藏，资料号：清28-7-6。
② 《光绪二十三年□月□日河东河道总督任道镕片陈》，《河道钱粮》第24册，1897年，黄河水利委员会藏，资料号：清29-9-8（2）。
③ 《光绪二十八年七月初五日山东巡抚张人骏奏折》，《河道钱粮》第26册，1902年，黄河水利委员会藏，资料号：清28-7-5。
④ 《光绪二十九年三月二十一日山东巡抚周馥奏折》，《河道钱粮》第27册，1903年，黄河水利委员会藏，资料号：清30-8-19。
⑤ 《光绪二十九年七月初二日山东巡抚周馥奏折》，《河道钱粮》第27册，1903年，黄河水利委员会藏，资料号：清29-7-2。
⑥ 《光绪三十年七月□日山东巡抚周馥奏折》，《河道钱粮》第28册，1904年，黄河水利委员会藏，资料号：清30-7-7。

丑条约》签订，加剧了中国境内白银贬值的速度①，河务部门在条约签订的次年就感受到白银贬值带来的压力。光绪二十一年（1895），河务部门首次感受到白银贬值对河务开展的影响。此时，德、法、美、意、瑞典等欧美国家已经实行"金本位"或者限制白银流通②；而至光绪二十八年（1902），山东河务感受到白银压力时，日、俄、印度也改行"金本位"不久③。光绪二十二年（1896），河南为应对白银贬值，设立"豫泉官钱局"，通过发行本省银元，并命令河务部门所发款项和民间缴纳钱粮"准其搭用银元"④，以发行自铸银元平抑银价，达到了"日来银价亦觉稍平"⑤的效果。但这一做法毕竟只是权宜之计，无法从根本上解决白银贬值所造成的河工购买力降低。河务部门的应对之策只能是加拨银两，而当时河南、山东财源几近枯竭，外省财力也不会协助河务，不可能持续加拨以应对白银贬值。河务部门只能缩减工程，光绪二十二年（1896）之后河患日重，而工程不兴。光绪二十四年（1898），清廷遣李鸿章等筹议山东河务，比利时工程师卢法尔（Rouffart Armand）受李邀请于当年十一月考察山东河务，并提出了先以近代科技进行"测量河形、测绘河图、观测水文"⑥，以科学得了解黄河河性。卢法尔所提其实只是实现黄河管理现代化的基础性先期工作，即便卢氏所倡"新法"一一实现，也仅是获取了黄河的基础性数据，从了解黄河水文—地貌特征到提出具

---

① 《马关条约》与《辛丑条约》造成中国白银贬值的机制在于，清政府必须以黄金偿还赔款和外债，而中国贫金，只能以自己手中的白银换取黄金，在国际银价下跌的大背景下，国际市场上白银相对黄金日渐贬值；而国际改用"金本位"国家和地区则放出大量白银，用以套购中国黄金，由此造成国内银价持续贬值。请参考杨端六《清代货币金融史稿》，生活·读书·新知三联书店 1962 年版，第 311—336 页。

② 习永凯：《近代中国白银购买力的变动及影响（1800—1935）》，博士学位论文，河北师范大学，2009 年，第 20—25 页。

③ 同上。

④ 《光绪二十二年六月十五日河东河道总督李秉恒、河南巡抚刘树棠奏折》，《河道钱粮》第 24 册，1896 年，黄河水利委员会藏，资料号：清 28-7-2。

⑤ 同上。

⑥ 武同举：《再续行水金鉴》，水利委员会 1942 年铅印本，第 3672—3675 页。

体工程方案再到试验论证，仍需较长时间和大量投入。更重要的是，这些事务无一不需款项，当时山东一省财力维持既有格局尚力不从心，更无法为治河近代化提供财政支持。李鸿章引进近代水利科技治理黄河的设想就此不了了之。至光绪二十五年（1899）之后，每年的河务银两基本只能勉强维持山东、河南河务（防）局的存在，根本无力营建和有效修缮堤防。至光绪二十九年（1903），山东巡抚周馥尝试按工程需要决定用银规模，"察看工情缓急酌量收数多寡，分年办理……"①但在其前后数年都再没有出现举办工程以及勘估工程的记录，说明此方法实际并未发挥效果，周馥"量出为入"也无法解决河务用银的紧缺。至清亡前夕，黄河下游已经"一岁一决或一岁数决"②，下游沿河百姓饱受黄河泛滥之苦。

北洋政府时期，晚清河务管理的困局全部被继承并有所发展，豫、直、鲁各有其河防局或河务局，互不统属；黄河治理经费河南为40万银元、直隶为25万银元、山东为55万银元。晚清时期，直、鲁、豫三省尚能保证定额河银的足量供给，但北洋时期有限的河务经费还经常被拖欠或挪用，河务废弛较晚清更甚。③

小　　结

清代治理黄河的观念较为落后，缺乏从全局治理的思想，虽然清廷偶有人提出需要对黄河进行全局治理的想法，但这样的观念在当时很难被采纳。乾隆八年有名叫胡定的御史曾经上过河防事宜十条，其中就提出"黄河之沙，多出自三门以上及山西中条山一带破涧中，请

---

① 《光绪三十四年正月十九日署理山东巡抚吴廷斌奏折》，《河道钱粮》第28册，1908年，黄河水利委员会藏，资料号：清34-1-18。
② 《光绪三十四年十一月初八日署理山东巡抚吴廷斌奏折》，《河道钱粮》第28册，1908年，黄河水利委员会藏，资料号：清28-14-38（4）。
③ 《民国黄河史》写作组著，侯全亮主编：《民国黄河史》，黄河水利出版社2009年版，第25—30页。

令地方官于涧口筑坝堰，沙滞涧中，渐为平壤，可种秋麦"①等语，此文来自当时批驳胡定条陈的白钟山的奏折中。从所引文字可以看出当时胡定对于黄河泥沙之来源有了较为正确的认识，他的治理方略之重点自然也就不在下游，而是希望能够在中游地方着手防护。可惜他的条陈为白钟山所驳，并未能够得到实践。当时清政府中能够提出这样认识的人不能说绝对没有，但是能够被统治者及其他官员所接纳的极少。清政府治理黄河之策略多是"决于上"，由皇帝作出决策，河臣更多是执行上级下达的命令，官员们想要有所作为还是比较困难的。卢法尔又说"良由治水只顾一隅，不筹全局，故就中国治黄河，黄河可治；若就山东治黄河，黄河恐难治"②，卢法尔主张的是治理黄河不能只关注黄河的一小段，而应该统筹全局，上下游都应该考虑在治理的范围内。

  清代筹措河工经费存在一些较为传统的做法，比如，调拨两淮盐课银、举行捐纳等做法。在初期的工程中这些较为传统的做法实际被采取的较少。光绪元年（1875）的工程中动用了部分两淮盐课银。光绪九年（1883）的工程虽然规模大且用款浩繁，但是经费来源比较简单，主要以部拨和本省各库调拨这些经常性的做法为主。早在康熙中期就已经有因河工而开捐纳的做法，康熙三十三年（1694），于成龙上疏称"河工所费繁多，非开捐例不可"③。清代开捐例的事由主要有军需、河工、赈灾及营田，为河工开捐例最盛的时期是在嘉庆年间。而实际上，捐纳做法发展至光绪朝时已经收效甚微了，至宣统年间最终被废止。目前所能看到的光绪年间河工方面动用捐纳的内容，仅出现在光绪十三年（1887）郑州大工中。

  咸丰军兴时执行的"银钞搭放"使河务瘫痪，无力处置铜瓦厢决口。同治元年（1862），随着清政府漕运恢复，河工也被重启，随着

---

① 岑仲勉：《黄河变迁史》，人民出版社1957年版，第635页。
② 同上书，第628页。
③ 许大龄：《明清史论集》，北京大学出版社2000年版，第20页。

同治至光绪初期河务"在地化"的完成，建立在河南、山东地方财政上的定额河银制度于光绪十六年（1890）开始执行，但由于接踵而至的白银贬值，黄河治理不但没有逐渐稳定，反而愈加废弛，黄河长期为患直、鲁、豫三省，成为中国之患。白银问题成为压垮河务的直接原因。晚清时期，永定河治理经费也非常拮据，但由于永定河濒临首都，故而还能得到中央财政的全力支持，因此晚清财政变局对大型公共水利工程的影响具有区域差异性。①

同治元年（1862），随着清政府漕运恢复，河工也被重启，随着同治至光绪初期河务在地化的完成，建立在河南、山东地方财政上的定额河银制度于光绪十六年（1890）开始执行，但由于接踵而至的白银贬值，黄河治理不但没有逐渐稳定，反而愈加废弛，黄河长期为患直、鲁、豫三省，成为中国之患。白银问题成为压垮河务的直接原因。晚清时，永定河治理经费也非常拮据，但由于永定河濒临首都，故而还能得到中央财政的全力支持，因此晚清财政变局对大型公共水利工程的影响具有区域差异性。② 已有研究基本认为，咸丰之后，河务逐渐地方化，成为地方政府事务，这表明清廷对黄河的重视程度有所降低。这一认识尚有可商榷之处。首先，从晚清河务财政的表现来看，"在地化"比"地方化"似乎更为贴切，"地方化"是指利用各省经费举办河务，这一现象在道光时期就已经很常见，如道光二十三年（1843）"中牟大工"即利用各省经费方才告竣。③ 其次，同治以来的河务确实成为河南、山东的地方事务，但清廷对河务并非不重视，光绪末年"西法治河"计划，甚至不惜牺牲军务以追求"黄河安澜"，都说明清廷仍力求河务稳定。但政治上的决策还需要具体的实施办法，户

---

① 许存健：《清后期永定河治理经费研究（1820—1911）》，《北京社会科学》2018年第12期。
② 同上。
③ 武敬心：《道光二十三年中牟大工及其影响研究》，硕士学位论文，陕西师范大学，2018年。

部对各地财务不再具有绝对权威，河务只能依靠所在地财务才可支撑，因此，在晚清实际的财政格局下，河务在地化是相对最可行的一个方案。当然这一方案本身最终也会促成河务败坏，光绪二十四年（1898）参与李鸿章调查山东河务的比利时工程师卢法尔已经明确指出"中国治黄河，黄河可治；若就山东治黄河，黄河恐终难治"①。其所言本质，应是以山东一省财力治理黄河，断难成功。晚清时期，河务的财务基础已经崩塌，黄河治理的近代化变革注定不能在一个分裂的、落后的、保守的财政基础上得以发展。②

---

① 武同举：《再续行水金鉴》，水利委员会1942年铅印本，第3672—3675页。
② 宣统三年，清朝方才开始实施全国财政预算方案，晚清财政制度的落后、保守由此可见一斑。参见陈锋《晚清财政预算的酝酿与实施》，《江汉论坛》2009年第1期。

结 论

自顺治朝起，黄河维修就开始向定期化发展，河银耗费日渐增长；河银在康熙后期开始与地丁银挂钩，由此衍生出专门的河库道制度和考成制度，原有的随意摊征、拖欠和地方府县的消极态度得到了一定程度的控制。乾隆后期清政府用于治理黄河的经费增长，但已有的定额河银制度实际执行并不理想。乾隆中后期至嘉道年间，河南省定额河银制度经历重建的过程，即帮价银在乾隆中期出现，末年又被废止；嘉庆初年再次被提出，嘉庆中后期提出筹款生息的举措。初时帮价银由各州县摊征，而后由官员捐廉，最终筹款生息的方式使帮价银征收得以稳定下来。至少在东河地区，额征河银过度依赖少数州县承担，其他州县承担的额度太小，更为重要的是，灾害更多的地区承担了更多的河银任务，这些空间上的特征直接影响了额定河银的足额按期完缴。额定河银由于存在收缴上的巨大问题而使这一制度缺乏可持续性，在物料价格不断上涨、雇佣民夫取代签派的背景下，养护工作面临着日益严峻的挑战。以农业经济为基础的地丁银难以满足河工这种具有持续、稳定用银需求的国家事业，乾隆二十七年（1762）改制使东河的财政脆弱性日益凸显，额定河银制度从征收层面就难以落实。额定河银制度的内在性缺陷使河工开支上涨过快，最终成为国家财政的负担。

19世纪中期气候异常成为解释中国近代衰落的一个原因，似乎清朝的衰落只是比较不幸地遭遇了环境的变动。但从河务这一角度来看，至少大型公共水利工程管理的衰落与气候变化并不直接相关。魏源评价道光河务为"国帑漏卮"，不仅仅是指河工耗费的巨大，更是指河银来源已经遍布清廷各项常规性收入，确实如同"黑洞"一般，吸纳着日益衰弱的清王朝财政能力。其中，环境因素在19世纪40年代起的作用相对更大，坦博拉火山喷发与道光时期的环境灾变无关，转冷的气候可能也仅是背景。19世纪40年代是近250年来黄河水文环境突变的重要阶段，直接导致了"中牟大工"这样的耗银以千万两计的大型工程，但如果没有河工银制度本身的问题，这一外部的环境突变尚不足以使"河务"成为清廷财政能力极具降低的决定性原因。在进行环境与历史关系的研究中，首先还是需要从人类社会和政府制度本身着眼（至少历史学者当如此），不能简单地将很多问题推给"气候变化"。同时，气候本身自有波动，对社会能形成影响的主要是幅度大、速率快的变化，在研究实践中应尽量避免将"气候变化"泛化，使研究丧失必要的科学性。从康熙以降的定额河银制度来审视道光朝，我们可以发现，早于环境突变之前，河工银就已经开始失去控制，定额制度的实际执行层面在嘉庆朝就已经出现动摇迹象。与道光朝相始终的河工耗费巨大问题，其最直接的原因是定额河银制度的逐渐崩溃，河工开支开始脱离既有的定额财政制度。道光皇帝对设立新定额标准以维持该制度在河务上的权威性始终持回避态度，在河工开支失控上，这一因素较外部因素（如水环境突变）更为重要。

清代河务成也白银，败也白银。明万历年间潘季驯"黄淮大工"之后才最终确定了"单股行水"的局面。① 这一有悖自然规律的格局极为仰仗定期维护制度，需强有力的中央政府协调各地各部门方能保障黄河稳定。而清代利用白银为这一制度提供了"燃料"，建立起中国历史上最为宏大的河防体系。咸丰之后河务制度上的多处变化其实

---

① 邹逸麟、张修桂主编：《中国历史自然地理》，科学出版社2013年版，第252页。

都与白银有关,河东河道总督的治河财权在虽然光绪朝清中央政府和地方也不乏振兴河工的意愿,但由于对白银的依赖过高,导致晚清河务成为国际金融市场的牺牲品。大型公共水利工程的修建与维护至今仍是中国政府与社会必须高度关注的事务,在其中采用商品化因素,使公共工程与市场产生直接联系,究竟是不是一条经久之计?

附 录

清代河工财政史料摘编

康熙四年，漕运总督林起龙疏言、国家每年挽运七省漕粮四百万石、以实天庾。近见粮艘北行、阻闸阻浅、处处见告。窃以为欲申速漕之令、宜先清济漕之源。查济宁至临清、四百余里、地势虽系建瓴、而东平济汶之间、有安山、马踏、南旺、蜀山、马场等湖、皆自故明万历年间、筑堤插柳、蓄水济运。又各湖高下相承之地、筑有束湖子堤、名为水柜、以资蓄洩。又东平、汶上、平阴、肥城、宁阳、泰安、莱芜、新泰、滋阳、邹县、曲阜、泗水、济宁、鱼台、滕县、峄县等处、有二百五十余泉、为之接济、具载河防一览。年来近湖泉之地、多被土豪兼并、或阻水渠、而不使之入、或决河岸、而阴使之出、以致湖泉之水、不能济漕而灌田。水柜日减。泉源日塞。止凭一线河流、安得不致浅阻。请敕河道总督、躬亲踏勘、查照河防一览、所载旧迹、诸湖曾否收水。水柜果否成田。柜闸有无堵塞。子堤曾否修筑。斗门是否填闭。堤岸有无废缺。诸泉果否开浚。务期浚泉清湖、深通河道。不惟可济目前之运、更可以裕千百年之利矣。下部议行

《清圣祖实录》卷18

七月。河道总督靳辅疏言、河道敝坏已极、修治刻不容缓、谨条列八疏以奏。一、挑清江浦以下、历云梯关至海口一带河身之土、以筑两岸之堤。一、挑洪泽湖下流高家堰以西、至清口引水河一道。

一、加高帮阔七里墩、武家墩、高家堰、高良涧、至周桥闸、残缺单薄堤工。一、筑古沟、翟家坝、一带堤工、并堵塞黄淮各处决口。一、闭通济闸坝、深挑运河、堵塞清水潭等处决口、以通漕艘。一、钱粮浩繁、须预为筹画、以济工需。一、请裁并河工冗员、以调贤员、赴工襄事。一、请设巡河官兵。疏入、命议政王、大臣、九卿、詹事、科道掌印不掌印各官、会同详确议奏。寻议、黄河关系运道民生。固应急为修理。但目今需饷维殷、且挑浚役夫、每日需十二万有余、若召募山东河南等处、不惟贫民远役、途食无资、抑恐不肖官役、借端扰民。应先将紧要之处、酌量修筑。俟事平之日、再照该督所题、大为修治。得上谕曰、河道关系重大、应否缓修、并会议各本内事情、著总河靳辅、再行确议具奏

《清圣祖实录》卷68

河工设立河兵、堡夫两项、修防堤埽工程。向有缺出、募民顶补。河兵系武弁管辖。力作守兵、每名岁给饷米银十四两。桩埽战兵、二十两。堡夫系文员管辖。工食银六两。同属修防劳苦、所得饷米工食、数大相悬。且河兵由守拔战、拔外委、拔分防递升至千把以上、进身有阶。堡夫工食外、别无寸进。是以河兵缺出、不待招募、即报充有人。堡夫缺出、多观望不前。

《清高宗实录》卷618

徭编堡夫每名每月工食银五钱，乡堡夫每名每月工食银四钱。

康熙《仪封县志》卷4

户部尚书巴哈尔河道钱粮出自北直并山东河南江南浙江四省，地

方辽阔，每一行文不下数十纸，而仅遭搪塞……查旧例河银照京边钱粮，亦有考成之法，岁参以十分，率未完一分降俸一级，戴罪督催，未完二分三分降职一级，起送吏部调用……请皇上严立考成之法，即以所属州县之完欠定司道之贤否

顺治五年三月三十日

顺治六年三月内该职题前事，窃照黄运两河各有额设夫役以供修浚，而各夫工食每岁每名或十二两或十两八钱或七两二钱及五六两不等，其坐支于河库者详明职衙门，批给其额瓜于条鞭者，有司道给发而类报者有州县征完而径给者又纷纷不等，原不载于奏缴册内，查裁停一项因河道变迁，夫役不用，乃前朝河臣裁革者也，查占役一项系各衙门人役坐占夫食，自职到任后裁革者也，查旷工一项是未役外旷夫食并各月小尽亦自职任内逐年扣出者也，其裁停银两原有定数，旷工银两实夫多则旷工银少，夫少则旷工银多，须按工查核，每年有此项而无定额，占役银两二三两年具应查追解库，自三年题准，四年为始，工食一一还夫，夫役名名着工，四年以后则无此项。每年止将裁停旷工二项另造一册，随岁报奏交……题明在案续于顺治十年正月初五准工部咨，为河工日繁，河帑不敷，乞留原项河银以济急需……该职等看得裁停、旷工银两原系河工节省，应于河工项下动用，向因河患稍宁，准谘解部，今值河工紧急，工大费繁，四五年以后银两原系河夫工食，请留为河工之用，以河银济河工，事属两便……俟河患稍宁，仍从前例，解部可也……

顺治九年十二月初九

户部尚书戴明说奏……各司道项下顺治十二年分额征河道钱粮共二十六万二千五百七十二两四钱九分一厘三毫五丝七忽七微八织九沙

五尘……又比河南旺二司带闰入额银三十八两三钱二分五厘，又南河分司下收过杂项无额银一百八十两九钱五分三厘，共二十六万两千七百九十一两七钱六分九厘三毫二丝七忽七微八织九沙五尘，除荒缺额并免水灾银八万七千七百五十九两六钱三分六厘三毫三丝九忽四织七沙七尘九渺二漠六埃，实征银十七万五千三十二两……已完银十万六千四百七两……未完银六万八千六百二十四两……带征顺治二三四五六七八九十十一年未完河银十八万一千四百八十八两……司道库内多解并添入银四百二十八两，共十八万一千九百一十六两

顺治十二年十二月

今总河臣疏江浙苏松江宁八府节年拖欠不少，但各府州县拖欠河银数目册籍……敕下总河臣速行造册报部查明，藩司道府州县各官所欠分数照题定新例请旨议处，如有侵挪等弊令总河臣据实指示参追捕。……各直省河道钱粮系供黄运两河岁修之需内，河南山东以及庐凤淮徐，其除荒，科熟所征无几，唯赖江浙各府河银接济，急工拒意各府州县官吏，明恃隔省途远，敢于膜视河强，任凭节次行催，正具空文报完其银……或银已解府，而府又挪解别项者，甚至有将已报追完银两而又覆改未完者，有前册原报侵银人犯而后册删去姓名者，有原报解役经承今称人亡产尽者种种情弊皆由司道府县，各官上下蒙混已成积习，查钱粮起解，委托匪人，以致侵欺……

顺治十四年四月十三日

顺治十二年二月初十河道总督杨方兴……查该县（山阳县）八年起至十二年止共该未完河银裁夫并岁修还库三项共银四千零三十四两四钱八分一厘零，今查对山清厅库报并厂收八九两年除完过外尚欠二千四百四十四两零四毫九丝，其十十一十二十三年等银除完过外尚欠九百二十

三两九钱三厘七毫九丝……各年未完如许，何故申称丝毫无欠

顺治十二年二月初十

河道提督朱之锡为请明宽限事案照先准户部咨开各督抚镇每年终将所辖各营路及道标各项兵马支放过本折钱粮备开管收，除在等项清册例在二月奏销，职标下济宁中左右并城守四营官兵马匹支过顺治十五年分廪饷米折豆草各项数目文册，节行山东布政司并济宁道造报去后……奉旨阅视淮工已于二月二十四日登舟南下舟次邳州泇河……查得济宁道册开济宁四营十五年冬季官兵廪饷，该司拨过运河厅库储济宁四营。济宁四营十五年冬季节年朋扣桩银一万两千六百六十一两六钱零一厘二毫，山东布政司册开济宁四营十五年冬季官兵廪饷动支司库额编兵饷司道造报互异及查拨过运河厅库储朋扣桩银原系该司因兵饷不敷，暂行借拨前项银两，尚未补还钱粮……职一面严催该司速还前银再行查

顺治十六年三月

都察院佥都御史总督河南山东河道奴才朱藻奏，为东省河工钱粮仰请循例归并道库以专责成，以便稽查，窃查东省河工钱粮自正项河银而外又有军徭、浅溜、闸坝等兵夫工食之不一，又有帮贴、裁旷、遇闰加增之不同，所收之银则有直隶、江南、山东三省远近不齐，所解之处则有内部南工及东省各衙门多寡之不等，而各项钱粮向例俱解储运河厅、东昌府两库，名为河库，凡经收支解俱由该府厅为政，其余若黄河泉河以及捕泇上下六河厅兵夫工食并大小挑酌募帮贴银两，亦俱由各该厅夫收，俟有盈余始解归河库应用，此东省历来之成规也。唯是正杂均系钱粮丝毫均关国帑。今款项既属繁多，头绪又复百出，而意府厅之自收自支自解，其中保无有不肖，属员轻出重入，克扣侵挪，肥私误工情，况各员之中每年不无升迁事故，其间交代盘查

文移往胥吏乘机舞弊捏领混冒俱未可定，是以该府厅凡有收解动用即令报名备案……奴才伏思河库之有河银犹藩库之有正赋也，总河之有河道犹督抚之有藩司也，通省钱粮既以藩司为总汇之地，则通工钱粮也应以河道为统领之司，查豫省河工钱粮俱解储管河道库汇收汇储，入则有案可稽，分解分支；出则有数可核，经手属之大员，掌司定有专责，法至密而意至善也，今山东曹东道既经改为通省管河道可否？仰请皇上照豫省之例，将运河厅东昌府两库及黄河泉河捕河泇河上河下河各厅银两俱归储山东管河道库，嗣后凡有征收河工一切正杂钱粮饬令径解道库存储，遇有应用之处……

雍正十二年八月二十日

河南山东河道总督白钟山疏称豫省南北两岸黄沁两河岁抢各工应用料物每年请拨司库银五万两，于八月内发办十月内办完，以备次年三汛修防之用，今岁孟县小金堤民修工程钦奉恩旨令委员承修，需用银两统于岁抢修项下动支报销……雍正十二年核减桩木银十六两已奉旨宽免外，其余未完银两现在勒追，均未完缴……

乾隆元年

河南巡抚兼署河东河道总督臣迈柱跪奏……御史胡景桂条陈有以山东黄河归河督管理，河南黄河该归巡抚兼管之奏奉旨允准……今预办乾隆二年岁抢修并孟县小金堤等工料物应如该督所题准其在于豫省司库银内动支银五万四千两给发承办之员务于十月内照额办足，运储工所……

乾隆元年十二月十一日

江南河道总督臣高斌谨奏为河银徵解不前，库储不敷接济……

窃照江南河库每年部拨两淮盐课并各省运司节省以济直隶河南山东拨解河银等项约共银476000两不等，名曰部拨协济专供黄运湖河岁抢修工程之用，如有余剩储库以资兴举大工之需，又每年江安浙江三省各州县编徵河银并淮扬关税以及苇营柴价工银二十二万余两，名曰外解河银，柴价专供河苇两营俸薪兵饷等项余剩银两留为河工之用……成规循行已久……查乾隆元年、二年、三年、四年等年上下两江报灾停缓州县徵解不前总计历年共欠解河银十七万余两，尚未拨补解库……现在估挑浚安东大通口之马家港引河、修补高堰旧石工、加帮宿迁以下之中河南堤又江都运河之三汊河、瓜洲由闸之越河现议估挑俱系必不可缓之要工，务于明年二月桃汛之前兴挑修筑，现存河银不敷支用……仰请皇上圣鉴敕部于就近议拨银十万两于来年二月内解到河库……

乾隆五年十二月初七日

江南河道总督臣完颜伟谨奏为工需紧要库储不敷……今自乾隆二年起至乾隆七年上下两江报灾停缓州县共欠解河银二十七万两余，以致河库支用不敷，近年伏秋水势异涨，黄运湖河各工在在危险，其平堤溢岸之处俱经加筑子堰镶做防风，竭力保护……黄河上至萧砀铜沛下至山安海防两岸各工，洪泽湖之高堰、山盱一带及淮扬运河两岸堤工经此异涨之后……多有残缺……至清口之蓄清坝为湖河之关键，前经大闸以泄湖涨，目下水退亦应接筑束水济运……查往例岁抢修工程系动用河库额解银两，如兴大工另行提请拨银……四十万两接济应用并请于近省藩库现存银内拨给，于十一月内解交河库……再日前工需紧要……所有两淮盐课明年正月应解河库银十五万两内……

乾隆七年九月初八日

文渊阁大学士陈世倌、直隶总督高斌、刑部侍郎周学健、两江总督德沛、江南河道总督完颜伟、江苏巡抚陈大受、安庆巡抚张楷奏……窃照上下两江淮扬徐海凤颍泗等府州水涝频仍……各处河道水利工程……所需工料银两除上江水利城工约需银四十余万两……统于安徽藩库续收丁地各款银内陆续支给……其运库续收之银仍有额解各款及场窭被水赈恤之用……内除石林口坝工及接筑束清东坝,堵闭高邮、邵伯等处滚坝,发办古沟石土堤工、拨发兵饷等银动用之外,现在存库无几,又今年春季应解盐课银十五万两,因抢修大工……奏明支用十万两,其余春解盐课银五万两不敷岁修之用,又上下两江各州县本年额解河银十二万三千两,内多被灾缓征,但此银两皆系给发备办岁修抢修紧要工料及兵饷等用,河库现在无项可支,再请酌拨银二十万两余二月内解储河库……

乾隆八年正月初二日

江南河道总督臣白钟山跪奏为库储河银无余,止敷河苇二营兵饷之需,不独融借动之银两,无项可抵……兹据各道等恳请仍照前奏协拨银两以资接济……皇上……敕部于江南相近地方动拨银二十万两解储河库,酌量发办料物,俟过三汛之后,容臣将前后部拨银两并已用过银数彻底清查造册……如有余剩银两即于下年岁修案内核算……

乾隆八年二月二十七日

署理江南河道总督顾琮奏称,河工善后工程……兹据河库道、淮扬河道、淮徐河道……查此案善后大工原估需银四十二万两余,今除山盱厅属砖工遵奉廷议停修外,其余增筑堤堰、添筑月堤、桥闸、开浚河道各工共需银三十六万两余,均关紧要……历来兴举大工均系另行奏请拨发银两……仰恳于就近拨给银三十六万两解交河库……

乾隆十一年十一月二十一日

窃照江南河库每年部拨两淮盐课并各省运司节省以济直隶河南山东拨解河银等项约共银四十七万六千两不等，名曰部拨协济专供黄运湖河岁抢修工程之用，如有余剩储库以资兴举大工之需，又每年江安浙江三省各州县编徵河银并淮扬关税以及苇营柴价工银二十二万六千六百余两，名曰外解河银，柴价专供河苇两营俸薪兵饷等项余剩银两留为河工之用……

臣白钟山……河库额收……各款之中有地方辽远，有经年始能解到者，有分为四季两解到者，更有灾地拨补不能依期解到者，统计岁额就款支放尚有通融详借之处……余银另款存储，以备另案工程之用……

乾隆二十二年三月初十日

张师载于六月二十八日奏明请俟水势消落……嗣又漳、卫两河骤涨直注东省之德州临清一带，堤埝在在残缺……除自韩庄以上至南阳中间尚有数十里湖河一片之处……其自南阳以上至德州水势已消……查运河道库现存银十万两余……仰恳圣恩于山东布政司库内先拨银十五万两解交运河道库……以免冬寒冻阻之虞……

乾隆二十二年九月十八日

吏部侍郎南河副总河臣，窃照江南河库动支公项内向有无定款无定数一项经钦差刘统勋等奏请照耗羡章程之例……通共动支银一万二

十七两，奏明统入无定款无定数公项内

乾隆二十二年九月二十六日

两江总督革职留任尹继善奏……淮徐海各属内通支达干河，渠汊港尚有淤塞浅阻之处，均应分别疏浚一律畅达……臣查此次续办各河共计二十余处，约需银四十万两，前次奏拨江苏两粮道库项一百万两有零，除先办各工动拨之外，余剩无几；查淮安、浒墅、扬州三关现存银二十万两余，明岁二月以前约可续收银十万两余，均系应行解部之项，但现在工程紧要必须就近动支……应请将淮安、浒墅、扬州三关现存库项并截至明岁二月底上续收银两一并尽数拨用，以济工需，倘有不敷之处扬请就近于淮运司库照数拨足……

乾隆二十二年十二月二十日

文渊阁大学士吏部尚书兼管工部事臣史贻直奏……内阁抄出江南河道总督高晋等奏……乾隆二十七年七月十五日奉该部议奏钦此钦遵于七月三十日户部将原抄咨送到部……江南黄运两河每年修防银两向编江南州县地丁项下征收，解赴河库道济用……每遇特恩豁免及突重请蠲请缓并坍荒无征常款河银缺少不能如数解足，多于布政司库纳正项钱粮，内动拨……例应司道查详，具题俟部知道准始行解交，其中又有缓征之项不在拨补之例，须俟带征始解……查河工钱粮奏效时虽为另计考成，但同为田地正赋不过并征分解，与其由州县分解河库道，遇有短少又由布政司详题拨补，何如令州县将额征河工之银统解布政司，兑收其河工钱粮，即由河工之银由布政司每年春夏二季照额于司库正项银两内，委员解交河库，如遇蠲免并荒缺之数由司据实造册，毋庸请补，径征河银之州县亦即并入布政司地丁项下统按分数核计，以定考成，如此则每年河银可以如期起解……查徐州府所属萧县、丰县、砀山三县尚有起解山东河道闸夫工食银一千八十两，向因该三县荒灾蠲缺不能照额清解，屡准山东河臣咨催补解，臣现行司查明历年所缺银数题请拨补，查闸夫工食原难悬待东省垫支，江省解补亦费周折，请照山东解赴江南河银改归江南起解之例，将江南应解山东之闸夫工食径归山东河道就近酌款济用，其丰萧砀三县应解山东闸夫工食径解本省藩库充饷，实为妥便……

乾隆二十七年七月十五日

　　江南河道总督李弘……窃照各省藩司及粮盐驿道库储钱粮每年于奏销后，该管督抚亲至盘查……惟河库道于雍正九年设立，向来于工料钱粮准销之后造入岁报具题，而本年库存银数河臣虽偶一盘查，并不保题，缘从前分设之始每岁额收盐课河银夫食等项共银六十八万两余。额支河苇等营兵饷堡闸等夫工食并各厅购买岁抢料物，加高土工等项约共银六十五万两、六十六万两，除收支相抵外，奏销之后实存库银为数无多，且有因另案工程存库不敷，无项可支奏请协拨者，是以未经定有盘查保题之例……现在河库银两已积至八十万两余，加以该年新收支发合计旧存银两按月造报……嗣后河库每年于四月工程奏销后及新旧道员交代河臣就道赴库盘查一次……朱批如所议行

乾隆三十四年

　　江南河道总督臣吴嗣爵……乾隆三十二年二月内接准部咨钦奉上谕，着传谕各督抚即就所辖属员内通行查察有无亏空……江南河工设有河库道，经管钱粮出入并设同知、通判十七员领银办料修做工程……本年四月内经臣照例盘查……今届岁底，并无亏空……所有乾

隆三十七年年底盘查道厅库储无亏……

乾隆三十七年十二月十五日

臣李世杰、李奉翰、书麟……窃照本年河湖水势盛涨，兼值异常风雨以致黄运两河漫口七处，现在遵旨分别先后堵筑……所需料物夫工等项前经奏明估需银五十万两余……又黄运湖河善后应修各工共约估银需三十四万两余，统计需银八万四千两……仰恳天恩俯准在于上下江藩库并关库银内照数动拨……

乾隆五十一年闰七月二十一日

工部尚书总管内务府大臣金简等为查理乾隆五十一年岁报河道钱粮事工科抄出江南河道总督李奉翰题命尔总督江南河道提督军务，驻扎清江浦，凡江苏淮徐、扬镇、海通、安徽凤泗各该地方俱照旧督理……合用人夫照常于河道项下附近有司军卫衙门调取应用，其该省岁修河工钱粮但系河道工程俱照近日新行事例通融计处支放。务要现划停当，年终将修理过河道人夫钱粮照例备细造册图画贴说，奏缴。乾隆五十一年分应造岁报河道钱粮并做过工程照例备行各司道查照册报去后，兹据浙江江宁苏州安徽各司并淮徐扬常镇河库各道等陆续造送前来……

乾隆五十三年八月初八

两江总督孙士毅、江南总河兰第锡核明修筑砀山县民堰各工动用银两酌请分摊、带徵、还款……窃查乾隆五十五年砀山县境内王平庄民堰漫缺，刷成沟槽……漫缺之处尚未断流，该处虽系民修之工，但现在民力不继，自当官为经理……此处堤堰向系民修由来已久，若因此次官为办理即援以为例，国家经费有常，其端亦不可长，所有补修堤堰各工事竣后仍将所用工料银两核明数目分年带徵，但不可使官吏借此浮冒开销……统计王平庄堵筑大坝并挑水坝二坝边埽等工动用正杂各料以及夫土夫工共用银十四万八千九百八十两零……急应改筑补修除河形……估需银三万八千七百余两，虽系例应民修但民力不继，先于江宁藩库借支按照土方给发该厅县挑筑……所费工料银自应仍按地亩分年带徵还款……但念该邑究系积欠之区，所用银两若令一县摊徵未免民力稍艰，前经饬令司道等酌商筹……黄河下游之萧县、铜山、睢宁、邳州、宿迁五州县同处沿河凡遇紧要工程原应通力合作……拟令各该州县按照地亩钱粮均匀摊徵……以乾隆五十六年为始，分作五年带徵

乾隆五十六年正月二十五日

书麟、兰第锡奏为循例请拨还垫发银两以济工需……窃照江南河库每年额收河银专供各厅岁修抢修及河茅各营官兵俸饷役食等项之用，遇有另案奏办工程即于此项银内先行借支垫办，工竣题估后核明动支银数会案，奏请拨还以归岁抢修等项本款支放向来遵循办理……乾隆五十五、五十六两年黄运各厅办理筑坝蓄水，帮筑堤戗镶新埽安扎木龙以及建盖兵堡并本年帮培堤工开挑徐城北门越河修补山盱石工等项工程共二十一案，统计借动河库岁抢修等银五十九万两零

乾隆五十六年九月初十日

河南抚臣穆和兰为摊徵岁料帮价银两恭折具奏……窃照豫省黄河南北两岸岁修抢修各料物向系民间自行办运，止给例价，原无帮价银两，后因乡民运交艰难，乾隆三十年经前任抚臣阿思哈奏准动

款，官为代办，其帮价银两事竣核实在于沿河三十二州县地粮内摊征还款，自四十三年以后，险工较多，用料日繁，帮价递增，各属频岁不登

乾隆五十六年十二月二十二日

乾隆五十七年二月十七日奉旨户部驳穆和蔺酌改征收河工帮价章程……于沿河州县内按数摊征尚属近理，至通省州县与沿河者较远，全于河工无涉亦令一体均摊，虽为众擎易举起见，但事理实未协……当仍摊归沿河州县为是……至河工采办物料虽时值贵贱或有不齐，然各处情形大概相仿，即如江南、山东均有河务，均须采办物料并未闻有例价不敷加增摊派之事，况河工偶遇险要巨工或需用物料紧急，价值较昂于例价之外稍有加增致须帮价尚为情理所有，若岁修抢修则系每年常办工程，乃亦借口物价昂贵辄议增添竟至作为定额，年付一年，伊于何底？

乾隆五十七年四月十七日

河东河道总督李奉翰跪奏……今据开归道苏尔芳阿称，豫省黄河南岸要工林立，埽坝繁多……尚需拨发河南藩库银七万两……沿河州县分办数目承领例价银两……

乾隆五十七年八月二十八日

两江总督书麟跪奏为循例奏明仰祈圣鉴，窃照动支司库耗羡银两如有不在常额之内者例应随时具奏，兹据江宁布政使陈奉兹详称六合、桃源、萧县、通州、泰兴、海州等州县水旱各汛营房炮台或系年久倾塌，或被风雨江潮坍塌，逾固限应行修建通共估需工料银二千一

百七十一两零，请于司库耗羡银内动支给办……

乾隆五十八年二月十一日

该臣等查得升任河南巡抚景安疏称豫省协济江南丰汛六堡漫工秸麻需用价脚银两题准部咨豫省河工则例……事竣均由江省报销，今嘉庆元年丰汛漫工豫省协济麻、秸准江省咨覆山东省协济丰工料物价脚银两即由东省报销，豫省协济秸麻事同一律应由豫作正开销，是以此次由豫省造报，虽报销先由江省今由豫省，稍有不同，而所办麻斤俱循照（乾隆）十八、二十一、三十一等年节次办理，协济江南漫工料物成案，尽一造报并无浮开……臣部查江南省乾隆十八年张家、马路，二十一年孙家集，三十一年韩家堂等处漫工豫省协济秸麻系由江省报销，近日市价现在果昂，兼赴邻省采买必需运脚已饬办员据实开报等因是张家、马路漫工协济秸麻系因市价昂贵，专折奏明办理，并非定例，今豫省协济丰工秸麻既由本省报销自应即照该省河工则例开报，何得援引张家、马路等案？且协济秸麻自应在附近州县地方采办，今未据开明道路里数仅一律开报，殊属含混无凭，将原册发还，具题核销……

嘉庆元年四月初十日

臣费淳臣康基田……奏请拨还库储另案工程银两以济支放……遇有另案奏办工程即于此项银内先行借支垫办，工竣具题后核明动支银数会案奏请拨还以归……兹据署河库道叶雯会同淮扬、淮徐两道详称南河办理另案各工内嘉庆元年、二年等年份应还河库银两业蒙拨归款而现在堵筑砀汛、邳家坝及疏浚大河暨发办来年各厅岁料河苇各营官兵月支俸饷等项核计河库银两仍恐不敷支放，查南河嘉庆三年办理里河厅属筑做太平、天然、张福口引河坝工，中河在属接筑双金闸并杨庄头二三坝又丰萧二厅境内嘉庆二年、三年两年疏挑大河工程俱经先后奏明办理，逐案造册具题在案……

嘉庆四年十月初七日

臣费淳、吴璥循例奏请拨还库储另案工程银两以济工需，窃照江南河库每年额收各省河银……系库储钱粮岁有定额，向无余存，如遇另案奏办工程，即在此项银内暂行借支垫办，于工竣题估后核明银数，汇案奏请拨还以归岁抢修等项，本款支放历来遵循办理，上年伏秋异涨，为从来所未有……嘉庆六年、七年奏办另案工程，黄运两河各厅办过抢镶新埽坝台，建筑越堤土堰，镶做防风、挑浚运河、修筑纤道、堵闭骆马湖、疏挑通湖引渠、筑做束水坝工、搂护补修砖石各工以及加高徐城石工等共二十五案，俱系奏明办理，统计借动河库岁抢修银六十五万一千四百八十七两余

嘉庆八年闰二月初六日

河南巡抚马慧裕跪奏为酌筹款项，备拨河工动用恭折具奏，一面先将所需工料银数饬司遵照拨发在于地丁项下动支，仍俟题估经部覆准之后始将拨支银款咨部入于该年钱粮奏销案内开除，相沿已久……查豫省司库从前本有封储一项，备拨工需，每遇抢修即值库存之项不敷动用，亦可随时通融借支，嗣以军兴之时，将备储银两业已动用无存，而钱粮额徵有数，尚有拨协邻省饷银为数浩繁并钱粮停征月分又正在夏秋防险之时，每遇河工动拨常形支绌……此项抢险银两自拨支以至题估覆准动经年余，余款项久悬且向不先行咨报，设遇拨饷而河工先已动用部中，无案可稽，仍照应存银数指拨，每至办理掣肘，殊非慎重，钱粮之道似应酌为更定，期臻妥善，奴才与布政使温承惠悉心筹划另案工程用银虽无定数而较数岁之中亦可酌量筹备，先事绸缪，更

为缓急有恃，溯查嘉庆七八九等年每年用银二三十万及七十余万两不等

嘉庆十年七月二十七日

各藩运关库存款未能充裕，若不早为筹计一时各工并举实费周章查臣与河臣戴均元、徐端去年具奏捐办土方一事，原系仿照前河臣靳辅旧案，诚恐河库收银易滋流弊，是以陈情改由藩库缴纳，本属不得已之举经部议驳后改为在部报捐，但得工项有出无须区分，惟查此次所定数目照川楚例加一成半，较衡工例即加至四成半，当屡经报捐之后在各职员未尝不情殷报效，或因资本匮乏，心余力绌，以致观望不前，数月以来闻报捐人数寥寥有名无实，似不足以济要工之需，且堰工现在筹办坦坡，又黄河改道事宜今昔情形迥异，似与新例报输土方料价名目不符，应请酌为更易，以归核实……仰求皇上敕部另议或仿照工赈衡工两次原数上下仍分单月双月及不论单双月并过班名色听各职员具呈报输，分别议叙予以出身之途，自必倍加踊跃于现在工需不无裨益

嘉庆十一年

臣戴均元、徐端跪奏循例预购明年岁料核计河库存银不敷发办，仰恳圣恩俯准拨发乘时购备以裕工需事，窃照河工料物以秸柴为大宗，向例于秋令新料登场之后即约计明年岁抢修应需料数预为发银购办，勒限年前全数到工，先由该管道员验报，河臣再行覆验，方准春修动用，盖秋末冬初民间刈获甫毕，急于出售，不至居奇，若迟至冬底交春后则工作将兴，料贩得以囤积增昂……现已霜降安澜，应即赶购明年岁料以备岁抢修之用，臣等督同淮扬徐州常镇三道确按各厅工程之平险酌定料物之多寡……

嘉庆十二年九月二十六日

大学士管理工部事务臣费淳等谨题为题销豫东两省南北两岸各厅借款成造埽船用过工料银两册造浮多，应行核减……前总河牌开嘉庆十年六月十一日恭折具奏为借款成造各厅捆镶埽船，以重要工，以安商贾……窃照豫东黄河南北两岸各厅时值伏秋大汛，抢办险要工程埽段必须用船跨篓软镶……此项船只向由沿河州县预行封备，定以船身长至十丈以外者方为合用，于入伏之日差役押送各厅工次备用，其船户水手饭食以到工之日为始，各厅按日发钱文……霜降安澜后始行释放，此历来办理之章程也。惟查沿河州县差役封船多有沟通埠头封多报少，以图卖放渔利……及至汛期每以小船充数，不堪适用，往返驳换未免稽迟……船户籍载为业，终岁风涛涉险，全家赖以谋生，一经封雇捆镶动经数月之久，不但不能揽载受值，而且镶埽兵夫等稍不经心每多磕损，是封雇民船一事在船户固非乐从，而遇工程紧急，即已装载客货亦需卸空应用，客商尤视为畏途，此河工抢险积弊……河东南北两岸共计黄河十三厅除粮河一厅现无临黄埽段可以毋庸置办，其余每厅应成造十一丈长埽船一只，共计十二只分给各厅以为镶埽之用

嘉庆十三年三月十九日

　　河东河道总督陈凤翔跪奏……山东兖沂道库每岁额征河银一万五千两，为发办料物之用，嗣因逐年添有新生工段，需料较多，河银不敷，循照豫省之例奏拨山东藩库三万两……豫省南岸七厅办来年岁料秸麻除分拨荒缺等项外请拨藩库银七万两，又据河北道详称北岸五厅应办来年新料秸麻除分拨荒缺外请拨藩库银三万五千两……据兖沂曹济道详称曹河、粮河二厅应办来年岁料，河银不敷支发，请拨发藩库银三万两……

嘉庆十五年八月十七日

两江总督百龄、南河总督陈凤翔跪奏为南河兴举要工用项烦多，恳恩先准拨给商捐银两解工济用

嘉庆十六年八月十六日

江南河道总督臣陈凤翔跪奏为预购明年岁料，循例恳圣恩俯准拨发乘时采买……窃照河工料物以秸柴为大宗，向例于秋料登场之后即约计明年岁修抢修应需料数预为发银，勒限年前全数到工，先由该管道员验报，臣再覆验方准春修动用……奏蒙圣鉴是年及十三、十四、十五等年冬间预购下年岁料俱经前河臣戴均元、吴璥、徐端等专折具奏……恩准拨银一百二十万两得以乘时购备在案，查各工埽经本年非常异涨刷塌空虚者甚多

嘉庆十六年九月十九日

臣百龄臣朱理臣阿克当阿跪奏为淮商吁请捐输河工善后银两，据情代奏恳恩赏收……臣会同……高堰山盱及毛城铺会同该管厅营详细勘估……河臣陈凤翔商酌善后各工内如萧南厅属毛城铺石滚坝减水去路及高堰山盱大堤帮戗二事为最要最大之工……应分别缓急，次第兴修……本年徐州一带河流顺轨水势走准中泓……臣力守束水攻沙之议，虽伏汛盛涨，而减水之天然、峰山二闸亦未开放，现已节过处暑，秋汛期内定可无虞……毛城铺减水之坝亦可稍缓办理，惟该坝在徐州西北，系黄水入江境之上游，设遇非常盛涨大河稍纳不及，必赖毛城铺即时启放宣泄，南河下游工程皆可免于危险，实为减黄助清第一得力之关键，该处地势稍低，必须将坝基提高数尺，泄水方有节制，而提高石坝灌注灰浆又必须俟其坚老经过伏汛一次乃可开放无虞，本年冬令严寒难于工作，拟于来年二月开工，计四月内完竣，迨明年过伏之后灰浆干老，十九年即可备启放之用……盖现在高堰大堤

砖石各工尚不十分卑薄，足资防御，其余加建束清坝，帮修磨盘埽及补筑天然、峰山闸石墙等工……据两淮盐散商等而禀上年王营减坝及李家楼漫工成灾……

嘉庆十七年八月初四日

署理江南河道总督黎世序跪奏为……本年四月二十七日准工部咨开钦奉谕旨工部奏南河历年办理各工造报迟延再行请旨饬催一折，南河另案工程上年六月间据该部奏有未经开单具奏及未经造册估销者共一百数十案，曾经降旨饬催，令即勒限造报，今已半载有余，其未经开单具奏者仅据将嘉庆十五年堰盱风掣石工一起开单奏到其余并未奏呈清单，其已经开单具奏者仅据造报六十八案，而未经估销及驳查未覆者仍有一百余案之多，南河自去年以来安澜无事，该督等正可督同工员将积年工用钱粮认真查核，仍任其玩延不报，日久弊生难保无影射捏冒情事百龄、黎世序督催不力，着传旨申饬，若再迟延定加处分……奉到部文后限四个月全行奏报，其未估未销及驳查未覆各案着于奉文后限六个月全行造报……又另片所奏，自乾隆五十七年起至嘉庆十四年止不准找领各款并着即速查明案由及每案未结各数造册，送部以杜前后牵混之弊……南河历年办理工程已经开单具奏尚未造册估销及未经开单奏之案，积压繁多……因本年微山湖水势短绌，奏明令臣前往查勘苏家山及水线河是否可以启放……现在重运帮船甫经催促，全数出境……至乾隆五十七年起至嘉庆十四年止不准找领各款，现在赶紧查核，即造册咨部核办……

嘉庆十八年六月二十八日

署理江南河道总督黎世序跪奏为嘉庆十四、十五年办理培堤筑堰挑河堵坝等工，工段丈尺用过银两经督臣派员分别勾稽，谨覆加查核遵例开单具奏，窃照嘉庆十三年三月内前督臣铁保于缕陈湖河实在情形案内奏称江境地处下游为众水汇归之区，连年漫工叠出河底日益淤高，堤工日形卑矮，请普律培筑……钦派协办大学士长麟、戴衢亨来江逐工查勘，勘得徐州以上堤岸略为整齐，卑薄之处较少，至淮扬所属桃南北即多滩高堤矮，外河、山安、海防等厅更有滩与堤平，仅赖子堰护持，惟堤长贰仟余里，估修银二百万两余之多，一时难以猝办……

嘉庆十九年二月初三日

河南巡抚方受畴跪奏为循例筹拨河工抢险银两……嘉庆十年经前抚臣马慧裕查奏嘉庆七年、八年、九年等三年每年用银二三十万及七十余万两不等，议请每年预筹银三十万两于地丁项下提出以备本年抢险之用，岁以为常……惟豫省河工自嘉庆十八年睢汛漫口到处淤沙停积，河流不能顺轨畅行，嘉庆十九年伏秋大汛各工段屡次出险，随时抢镶始得平稳，迨二十年二月睢口合龙之后更因夏秋大雨时行，河水异常涨盛……更较十九年为甚……所需工料银两倍于往昔……临时添拨银两向由河道具详，河臣一面咨臣，一面行文司库提取……

嘉庆二十一年二月初四日

山西道监察御史跪奏为河工动拨银款事竣……河工……动拨钱粮俱各造册分送户部，并于报销题咨文册声明动用银款兵、工二部于各本案核覆后随时知照户部备案，此历来办理一定章程也，惟查南河东河办理岁抢修及另案工程每年奏拨多至六七百万两，近年以来河流顺轨，请拨银两亦不下三四百万两，而户部一遇奏到请拨银两因关系河工从不敢拘泥成例，稍事诘查，惟有急筹拨解，以济要需，迨至工完事竣各河臣仅止造册提报工部核办，工部亦只照例核覆其于何项工程估用若干，动支何项，拨款及部拨银两有无支存余剩，数目亦无从深悉，并不知照户部以致漫无稽核，臣伏思河工用费甚巨，自应较寻常动款更加详慎，且查各省藩库钱粮出纳，户部俱有稽查，而河库出入钱粮户部反无案据，诚恐日久纠缠不清，滋生弊端，急应明立章程以归核实相应，请旨敕令该河督嗣后办理岁抢修及另案工程动支部拨银两即照藩库出纳钱粮之例，自嘉庆二十一年为始，划清款目造册分送户部备案，仍于题咨报销文册声明动拨事案银款并令户部设立册档，将出入支销细数逐一注明，毋稍遗漏……工部于核覆后亦即逐案知照户部以凭查核，如此办理似为周密……

嘉庆二十一年六月十一日

两江总督孙玉庭、江南河道总督黎世序跪奏为河工备防大汛工需银两循例奏恳圣恩拨还河库以资防守，事窃照南河各厅岁抢修工程动用银两每年于岁前新料登场奏请拨发岁料银一百二十万两，又每年各处例解银内除支发官兵俸饷及额支各款外余银约三十万余两，共银一百五十万两余，以为每年岁抢修额定工程之用，其伏秋大汛水势盛涨溜势上提下移或因河势坐湾，溜近堤根，无工处所陡然生险，抢厢新埽并帮培堤堰修理闸坝砖石工程及随时启闭宣泄收蓄机宜，所用料物钱粮向归于另案报销，近年……河流顺轨，动用钱粮比从前较有樽节，即请发银两亦略有章程，是以每年于请发岁料外桃汛之前另行奏请拨发银一百五十万两为预备大汛生工及各另案工程之用，即遇水势过大，秋汛工用不敷，亦只酌请银数十万两以资添助，此近年来办理之章程也。上年请发本年岁料银两于霜降后拨解到工给发各厅，岁料之外所余无几，去冬河口添筑御黄二坝堵截洪湖引河等工动用将完，现在春汛届临，急应赶办之工如里河厅惠清越闸损坏，高堰、山盱、扬河、扬粮各厅上年风掣砖石工即应分别估修黄运两河堤工，应行择要帮培包埽，运中河内及河口各处漕船经行之处应筑束水、挑水各坝均系即应赶办而大汛时抢办新生险工料物及抛护碎石亦应早为筹备，庶免临事周章……臣等查南河南河成案随时抢办另案工程向系动用河库平余存款银两如存款垫用将完，仍即奏请拨还轮转支应，历年遵循办理今查河库平余存款也已动用无存，急需循例奏请拨还，方资支应，查嘉庆十八年以前办过另案工程截至嘉庆二十一年十一月止，除将各员完缴分赔各款抵还外仍有未经拨还银二百三十九万七四百八十两零，俱经报部有案……俯准敕部在于就近藩运关库内拨银一百五十万两于三月内解交河库，俾资储备而济要工……

嘉庆二十三年二月十八日

  两江总督臣孙玉庭、江南河道总督臣黎世序跪奏为遵旨查明南河历年用项情形及料物现在时价分别酌减……南河物料时价渐平……南河需用物料前因时价增昂经该督等奏明降旨饬查准其加价，嗣以南河柴秸市价稍平，复令将原增例价随时酌减，近数年来南河各工均臻平稳，一应物料价值自应更为平减乃该河督等连年报销仅将淮扬、淮海二道及宿南、宿北二厅柴秸酌减一成，海安、海阜二厅量加节减，其徐属六厅、常镇二厅尚不在议减之列，此外河工需用之蔴觔柳东湖芦杂草杉桩石料河砖土方夫匠等项款目繁多，亦均未议减。

  其另案抢办及随时堵筑挑培各工加增银数仍属不少，国家经费有常，岂容如此浮糜，着将工部原折原单发去交孙玉庭会同黎世序将单内所开各款逐一确查，据实核减，即不能悉符旧例，亦将何项可以减价若干之处分晰酌核奏明议减……伏查河工用项款目虽多，而报销章程止分三项，凡就旧有之埽段每年拆旧换新，随时镶办，此所谓岁抢修也；其向来无工之处盛涨抢险及御黄、束清、杨庄等坝随时拆展收束并各闸坝启放堵闭以及运动挑浅添筑草坝，束水刷沙，修砌砖石，增培堤堰，抛筑碎石皆为另案工程系常年必应办理之事，随时附折奏明办理所谓常年另案也；至若堵闭漫口挑河筑堤镶办御水埽工及创建拆造闸坝，改挑河道大案土工，非常年应有之事，悉归专案奏明办理，所谓专款另案也。臣等查河工修防蓄泄机宜全在未雨绸缪，布置周密，庶临时得以有备无患，断不可惜小误大，博节省之名，暗滋浮糜之实……常年另案及专款另案工程皆系相度河势情形，实有必应筹办，万难稍事延缓……方敢核实估计价银……至南河料物例价系雍正年间所定，历年久远，生齿日繁，物价渐昂，例价实有不敷，以致一切不能核实办理……嘉庆十一年经前任督臣河臣据实奏蒙钦派大员来工逐细体访，奉谕旨准照旧价银半倍至两倍三倍不等，物价既以渐而加，如果工程渐减价值渐平，自应随时酌减以重帑项臣黎世序于嘉庆十七年秋间接任南河以来……当于十九年间将料价较多之淮扬淮海二道及宿南宿北柴秸奏请减价一成，至二十一年又将海安、海阜二厅料价再加节减，其料价较少之徐属六厅及常镇二厅料价体察情形委难骤行议减，是以未经查办此先后办理之实在情形也，兹工部以南河岁抢修及另案工程嘉庆十一年未经加价以前用银较少，十一年加价以后用银较多，是价值虽已加增而工程仍未核实……乾隆五十九年起至嘉庆十年止用项较少，系因嘉庆元年以后丰北六堡，山东曹工，河南睢工、萧南邵工、唐家湾，河南衡工十余年内黄河上游六次漫溢夺溜，且有经一二年始行堵合者，计下游八年无水工程一律停修用银较少，实由于此，至嘉庆十一年至十七年南河最为多故，黄河则两次王营减坝、郭家房、陈家浦、马港口、棉拐山、李家楼等处漫工，运河则余家坝、千根旗杆、百子堂、荷花塘、二堡、三堡、状元墩、王家庄等处漫溢，洪湖则临湖石工仁义智三坝掣通，凡此七年中堵筑工程甚多，并岁抢修例案外其两岸堤埽内除李家楼地处上游，余俱下游漫口掣溜，更甚非特不能停修情形更为吃重。实因工程比前加多，即钱粮不免多费，是河工用银之多寡全视工程之险易，并非因加增料价以致用数悬殊也，且嘉庆十五年以前所用钱粮曾蒙皇上饬派户部尚书驻工清厘逐款稽核，将逾例多用银两奏明着赔，其余均属工款……谕旨饬令前督臣百龄委派地方道府大员设局清厘，题部覆准销，是嘉庆十七年以前所用钱粮业已层层稽核……自嘉庆十八年至二十一年……为南河棘手之时，黄河河底垫高，两案堤工无不卑矮，减水坝工率多废坏……蒙睿谟旨授机宜数年之间次第修复黄运湖河堤工，普律加帮始得一律高巩，又于徐州创建虎山腰减水坝以抵毛城铺滚坝之用，又将王营减坝修复，遥堤一律增培，又将山盱智信二坝石底接长数年无冲决之患，又于蒋家坝以南创挑三道引河以抵旧仁义礼三坝之用，其余运口及邳宿运河、高邮各闸坝均以次修整……数年来水势涨落应时启闭，蓄泄得以操纵由人，一切渐复旧制，各工均非常年应有之事，悉归专案奏明办理，现在有工可验，毫无不实。臣孙玉庭自上年履任两江因河务工程素非熟谙……现在埽工比之十年以前人不营增至两倍三倍均有工可验……徐州一带工次有前任河臣康基田、吴璥用碎石抛护埽段，日久尚然完整，工段既化险为平，又比秸柴经久……碎石体质笨重载运维艰，目前不能不用钱粮第以碎石护埽不独省用物料，且更处处得力，经历年久节省实多，现在徐属各厅间段抛有碎石，每厅每年所用钱粮比之从前已省至七八万及十余万两，而淮扬淮海两道各属因距山较远，抛用碎石之处较少，即埽工料物不能遽减，两者计算明效显然此又臣黎世序于常年防汛银内曲筹节省之方，以为经久之际……以南河少为平宁自当物力稍丰，请将各项料价一律减省……国家经费有常，近年南河险工较少，比之前数年物力自稍宽舒……查河工正料以柴秸二项为大宗，秋秸产自豫东徐属接壤之区，购办稍易，至宿桃以下地势卑洼，秋秸出产无多，必须购自徐州上游，用船装运，人夫饭食船价折耗转比购价加倍，海柴产自海滨，更需逆流輓运，风水靡常，迟速不定，所费尤巨，较之豫东工次就地购买应用……百物实价总以粮价为根本，河工运料办公必先敷其口食，而后可计工酬值，今虽数载安澜而生齿日繁，米粮价值尚无减落则一切市价自难过于裁抑……杉桩一项产自江西、湖广，由粮船客贩到工，日贵一日，难以议减；惟石料一项，堰盱修砌工程所用较多，从前悉用大江以南及徐州等处采办，脚价较昂，近因盱眙洞溪地方采出见方石料，可适工用，水程较近，应请将高堰、山盱、里河、外南、外北五厅有估办闸坝工程之处石料酌减一成，其余各厅不用涧溪石料者例价如故，至河砖、石灰、米汁、铁锭、土方、夫匠等项逐加体访，现在市价情形均未便概行议减以致工员难于办理，臣等仍当随时体察，此后或遇岁收不齐，料价长跌靡常，办理势难划一之处……物料价值实尚未能过减……所有现拟酌减之柴秸石料例价本年时已五月，一切工料业照现行例价发办，且现在柴秸市价均比例价较昂，应请俟本年霜降节后为始再照减价办理……

嘉庆二十三年五月二十一日

两江总督孙玉庭、江南河道总督黎世序嘉庆二十三年六月十三日奉上谕据工部奏，南河现减料价一成，计算每岁仅省银二三万两不等，仍饬该督将岁抢修款内各项料物普律大加节减，土方、夫工大宗项下确切删除，按成议减等语。南河近数年来工固澜安，河流顺轨该河督等经理一切事宜，尚属妥协……据工部奏请令将柴秸等项价值议减，据该督等奏将秸料、江柴、湖芦、涧溪石价俱减一成，虽已核减，为数尚不为多，曾降旨令该督等随时体察，如遇丰收年份，不论何项料物价钱即据实奏明核减，倘再遇价贵之年，仍准奏明加增，兹又据工部奏请饬令再行议减连岁河工安稳，年谷顺成，该督等遵照前旨如各项料物、夫工实有可以节减之处……

嘉庆二十三年六月十三日

江南河道总督臣黎世序跪奏为核明徐属各厅嘉庆二十三年抢办另案新生各工实需银数循例开具清单……每年伏秋大汛各厅抢办另案新工章程于嘉庆八年准工部咨行令于每年霜降水落后将一年内所办新工银数通共约计若干汇奏一次，以凭考核等因，所有徐属各厅嘉庆二十三年抢办另案新埽抛护碎石抢加子堰防风护埽并启闭各闸坝筑坝捞浅等工均经臣督率，道将厅营随时抢办……在案兹查徐州道属各厅嘉庆二十三年办理另案各工共十八案

嘉庆二十四年六月初十日

江南河道总督臣黎世序跪奏为查明嘉庆二十三年南河各道属另案工程总用银数遵例与上三年比较开具……窃照河工每年另案所用银数于嘉庆二十一年准工部咨行内开凡河道另案工程于三汛后将一年统用银数汇案一次，并将上三年另案所用银数多寡分晰比较以备查核……而各厅埽坝抢镶不已之处即用碎石抛砌以资经久……奏请办理新建工程非常年所有之事，无从比较外，凡每年培筑堤堰新生工段并旧工复出及启闭闸坝收蓄济运，抢护培补等项常年另案工程……

嘉庆二十四年七月二十日

河东河道总督叶观潮奏……自嘉庆二十一年升任河南抚臣方受畴奏奉谕旨允准后每年钦遵奏请

查嘉庆二十一、二十二、二十三年等大汛水势不甚相应，另案工用虽有不敷道库杂款银两尚可垫拨足用，一俟霜降减准各工销数奏送另案清单，并报拨藩库银数，即由司找拨清还道库……本年未交伏汛来源即长发频仍，沁黄两河屡见同时并涨……且溯查黄河伏秋水势最大之年自宁夏至万锦滩并沁河来源合计长水七丈七尺八寸，即为异常盛涨，今未交白露各路来源已长至八丈八尺一寸，询之年老兵民，佥称从所未有，以致迎溜埽段厢修不停，旧险新工层见叠出，加以兰仪、仪睢先后抢险所用尤属繁多，除岁添各料并例拨防险银两，伏汛初交动用已竣外，即添拨防险银两，臣于力求前后察看各工料物钱文用多存少……并经各道于存库杂款尽数垫给，窃以常年工用料计储备

已属至宽……于河南司库内照数拨发以资有备无患……

嘉庆二十四年七月二十二日

河东河道总督张文浩跪奏为查核嘉庆二十五年黄运两河各道属奏咨另案用银总数比较上三年银数循例缮具清单……窃臣卷查前准工部咨行内开凡河道另案工程无论题咨各案于三汛后将一年统用银数汇奏一次，并将上三年另案所用银数多寡分晰比较，以备查核……除岁抢例办之工，岁有定额，毋庸比较外，其另案奏咨各工自应严查确核，以昭慎重，查豫东黄河两岸埽工自经嘉庆二十四年异涨或先经塌尽或全被沙埋，虽有存者，俱刷塌残缺，迨嘉庆二十五年马工合龙，黄河初复两岸已递有抢工，而豫省上游又以仪封漫口掣溜，迅驶汛水，是以仪封以下，正河断流，两岸修守各工比之历年道里较短，而另案用数转比常年稍多，运河各案亦以大水未能较少，所有该年黄河新生工段及旧工复生运河修闸及土石堤并埽坝挑渠等工……统计所用银数除东省兖沂道属另案，无工无可比较外，河南河北道属较上三年未多，开归道属虽较嘉庆二十三年稍多，而较嘉庆二十二年、二十四年两年均少，运河道属咨案较上三年均多奏案，虽比嘉庆二十四年为多，而较嘉庆二十二、二十三两年尚少……再查嘉庆二十五年据豫东两省另案土工因马营坝大工之后普律增培非常年例办可比……

道光元年五月初三日

二品顶戴署理河东河道总督臣张文浩跪：奏为查核嘉庆二十五年分黄运两河各道属奏咨另案用银总数，比较上三年银数循例缮具清单恭折。奏祈圣鉴事窃臣卷查前准工部咨行，内开凡河道另案工程，无论题咨各案，于三汛后将一年统用银数汇奏一次，并将上三年另案所用银数多寡分晰比较，以备查核等因奏。奉谕旨依议钦此通行遵照并按年具奏在案伏恩。黄运两河工程动用料物钱粮丝毫皆关国帑，断不容稍有浮靡。而河流初复，险要叠生，又必须随时抢办，力保平稳，不敢拘于银数多寡，致有贻误。除岁抢例办之工，岁有定额，毋庸比较外，另案奏咨各工自应严查，确核以昭慎重查豫东黄河两岸埽工自经嘉庆二十四年异涨，后或先经塌卸，或全被沙埋。虽有存者，亦俱刷塌残缺。迨二十五年马工合龙，黄河初复，两岸已递有抢工，而豫省上游又以仪封漫口掣溜迅驶汛水长落堤坐不常以致溃坝塌堤之险不可枚举。是以仪封以下正河断流，两岸修守各工比之历年道里较短，而另案用银转比常年稍多。运河各案亦以水大未能较少，所有该年黄河新生工段及旧工复生，运河修闸及土石堤并埽坝挑渠等工均经臣及前署运河事务臣李鸿宾随时确核分别奏。咨办理统计所用银数，除东省兖沂道属另案无工无可比较外，河南河北道属较上三年为多。开归道属虽较二十三年稍多，而较二十二、二十四两年均少。运河道属咨案较上三年均多，奏案虽比二十四年为多，而较二十二、三两年尚少。据河南开归河北二道、山东运河道造送各案银总比较清册前来，臣复核无异理合，循例缮具清单恭折具奏，伏乞皇上圣鉴，敕部存核施行。再查嘉庆二十五年豫东两省另案土工因马营坝大工之后普律增培非常年例办可比所用银数，未入单内比较，合并陈明谨奏。

道光元年五月初三日

协办大学士两江总督臣孙玉庭，江南河道总督臣黎世序跪：奏为循例请拨来年岁料银两，仰恳圣恩俯准拨发以资预购而裕修防事。窃查河工料物以柴秸两项为大宗，向例于秋间新料登场之后即将来年岁抢修工程应需料数预为发银购备，勒限年前全数到工，由该管各道验报。臣等再行覆验以备修工动用。缘秋末冬初民间收获既毕，急于出售购买较易。若迟至冬底春初，即有贩户预购居奇价值昂贵且工作将兴，为期已迫，发办验收不免匆促，易滋弊窦。是以必须先事预筹发办较早则稽核易周，所需银两每年定例奏请拨银一百二十万两，历经遵循在案，现在节届秋分，新料已陆续登场，芦柴亦渐坚，实转瞬即可刈采。上年仰蒙皇上于秋间早发岁料银两，预为购办备用，是以本年伏秋汛内屡经危涨而料物充足均得抢护无虞，所有来年岁料银两即应乘时筹备，兹据河库淮扬淮海徐州常镇各道具详前来，相应循例专折奏请仰恳皇上天恩俯准，勅部于附近省分藩运关各库内拨银一百二十万两于十月内全数解到河库，俾得乘时预购。臣等即当督饬各道酌量各厅工程核发赶办，勒限年前全数到工，逐一确查实贮以重帑项而裕工需实于修防，有裨相应恭折具奏伏乞皇上圣鉴，谨奏。

道光元年九月初三日

臣孙玉庭、臣黎世序、臣魏元煜跪：奏为萧南厅属王平庄添厢民堰新埽抛砖碎石等工借用银两分年摊征还款缘由，恭折奏祈圣鉴事。窃照萧南厅王平庄民堰历次修筑埽坝并新生埽工向归民办，仍由官为经理，均系先在河库借款垫办。令江宁藩司动项拨还所借银两，在于徐州砀山及下游萧县铜山睢宁邳州宿迁等六州县额征粮田内摊征归款。历经奏明遵办在案。兹查嘉庆二十三年冬添厢新埽，估需料物土方银四万九千一百五十三两七钱一分三厘。又二十四年埽外抛砌碎石估需石料运脚夫工银四万九千六百四十两一钱五分二厘。经臣黎世序汇入。徐属各厅嘉庆二十四年办理另案各工实需银数案内开单具奏声明应归地方摊征，并经造具估册题报在案，兹据江宁布政使郑裕国详称，嘉庆二十三年冬王平庄添厢新埽，并二十四年埽外抛砌碎石共用银九万八千七百九十三两八钱六分五厘，应由司库正项银由动拨解还河库。再请奏明摊征归还司库原款，惟现在司库地丁存款因各属赈恤口粮动用尚请协济，并无余项可以拨还河库。应俟续收各地丁项下积有存银再行拨解。先将用过工需察核地方情形，酌定摊征年限详请具奏前来。臣等伏查王平庄添箱民堰碎石等工在河库借用银两既据藩司查明司库地丁正项，现无存银，拨还应俟续收丁银纪有存款，即按数拨解河库还款。另咨报部至用过厢埽碎石工需银九万八千七百九十余两，覆查徐属频年被灾应征递缓各款钱粮不少，同时摊征民力实有未逮。合无仰恳圣恩俯准，将前项银两从道光三年起在于徐属砀山等六州县额征粮田内分作五年摊征还款，以纾民力。除将摊征细册咨部查核外，所有借修民堰工程恳请分年摊征还款缘由，谨合词恭折具奏伏乞皇上圣鉴，谨奏。另有旨

道光二年五月二十七日

河东河道总督臣严烺跪：奏为确核豫省黄河南北两岸各河厅道光二年另案抢办土埽各工，动拨司库银款总数循例恭折奏祈圣鉴事。窃照豫省黄河南北两岸堤埽绵长每交伏秋大汛，水势盛涨，遇有险要工程随时抢办向于司库动拨银款应用。嘉庆十年经前任抚臣马慧裕议奏，每年先于地丁项下提出银三十万两以备抢险之用。奉旨先行历年遵办，嗣因两岸工程屡次出险工用倍于往昔，除例拨三十万两之外其余随拨随用，虽工竣核实报销，而动拨未经先为奏明，不足以昭慎重。复于二十一年二月内经升任抚臣方受畴会同前河臣李逢亨奏请照例先拨银三十万，俟将次用完之际，由河臣体察情形预为筹计应需添拨若干，与抚臣会核具奏。一面行司提出备用等因。奉旨允准钦遵在案。本年黄河长水十八次，沁河长水二十二次，洛河长水三次，统计来源共长水十丈有余，已较上年大逾四丈以外。而自伏及秋雨多晴少，滩地积水数尺，无不汇流入河以致前水未消，后涨踵至，各工长水较嘉庆二十四年大逾二、三、四尺，急溜奔腾上堤下坐两岸旧险新工层见叠出，先后抢镶实未停手。臣以国计民生所关至重，不敢稍涉因循致误事机。而经费有常，更不敢稍任浮糜，节经随时严密稽查力求撙节。除例拨银三十万两外，臣于五月内会同前抚臣姚祖同奏奉添拨银三十万两。兹查黄河南北两岸各厅道光二年另案抢办土埽各工，

经臣于霜降后切实减准共用银一百八万八钱八百八十六两六钱三分一厘，较上年多银十三万四千余两，比嘉庆二十四、五年计少用银十一万六千及十三万八千余两不等。臣现按工确核另折奏送清单在案，内除用存工秸料值银三万一百两外，计动拨添办秸料及岁麻加价银十九万二千五百六十两。连例拨添拨银六十两，内除两岸用存添办秸料值银四万七千六百两。现俱有料贮工外，尚应找拨不敷银三十一万三千八百二十六两六钱三分一厘以符奏案而清库款。理合循例会同抚臣程祖洛恭折具奏，伏乞皇上圣鉴。再查另案不敷银两系大汛抢工于道库杂款银内随时垫发凑用，历年核奏清单后即于司库找拨还款，仍循例存储道库以备垫发来年要工之用。合并陈明，谨奏。

道光二年十月十八日

　　山东巡抚调补江西巡抚臣程合章跪：奏为司库拨还曹河粮河两厅补镶埽工银款数目，仰祈圣鉴事。窃臣接准河臣严烺咨会道光二年曹河厅曹下汛五六堡并粮河厅单上汛二三堡另案补镶埽工共估需工料银二十万二千一百六十八两九钱八分三厘，前经分案具题在案内除动用备防秸麻系奏拨司库银两办理就近支销外，计道库垫用银十一万七千七百六十八两九钱八分三厘。现据兖沂道详，因当工需紧要请将道库垫用前项银十一万七千七百余两，内先由司库拨还银六万两以裕工需等因咨会前来。臣当即饬司查款发给去后，兹据藩司杨健详称查此项埽工银两应于司库地丁项下动支。现俟兖沂道备文委员赴司请领，即遵照动支银六万两给发领回。先行详请具奏前来。臣查核银款相符，除批饬俟委员领解随到随发，并咨明河工暨户工二部外所有动拨银款数目，理合恭折具奏伏乞皇上圣鉴，谨奏。

道光三年四月二十日

河东河道总督臣严烺跪：奏为河工例拨防险银两全数业经全数拨发，循例添拨以裕工需而防汛涨恭折奏祈圣鉴事。窃照嘉庆二十一年升任河南抚臣方受畴奏，奉上谕方受畴奏拨河工防险银两一折，豫省河工每年于藩库地丁内拨银三十万两另款存贮，以为抢险之用。仍照向例储备其临时添拨银两。若于具奏后给领实恐缓不济急，嗣后如遇岁定抢险银两三十万两将次用完，著该河督察看情形，应需添拨若干，会同该抚核明，一面具奏行司提取备用，俟霜降后如有余存，仍奏明归还原数款，核实报销，毋稍浮冒。该部知道钦此钦遵在案，嗣后每年交入大汛节经前任各河臣及臣奏蒙添拨银二、三十万两不等，亦在案。臣查豫省南北两岸十三厅堤埽工程绵长险要，较之从前增多数倍，本年夏至前后黄沁两河共长水七次，水长水落河溜提坐或旧埽塌出，或接生新工，均应随时抢护。仰蒙皇上天恩，于额办岁料外添办防料，得以应手无缺，惟杂料夫土以及防险钱文一切需用甚多，并有工多料少之处，酌量续添，节次于防险银内支发，计司库例拨三万两经开归河北二道全数祥拨，并据该道将支发各厅银数造册具详另行咨部。现查各工料物虽积贮尚属周备，但方交初伏汛期正长，水之大小，工之平险皆难悬定。臣伏思用数多寡固视工程之平险，而料物钱粮宜宽为筹备。故臣于上年奏蒙恩准，仍添拨银三十万两。总计上年用银数较道光二年实节省银十九万余两。今司库例拨银款既已拨完，亟应及早筹添。据藩司杨国桢详请奏拨前来。臣复再四筹酌本年仍应循照请于藩库添拨银三十万两以备工需。仰祈圣恩照数另款提存司库，如遇工用紧迫，由臣酌定银数咨行拨发，仍当认真稽核，不任稍有浮糜。俟霜降安澜后，统将抢险用银总数并动拨司库银两核明奏报。如所拨之银用有余存，仍拨还司库原款于工用钱粮均归核实。所有循例酌情添拨防险银两缘由谨会同抚臣程祖洛恭折具奏伏乞皇上圣鉴训示，谨奏。另有旨

道光四年六月二十四日

河东河道总督臣严烺跪：奏为额办岁秸不敷备用请照节年成案预筹添购来年备防秸料以裕工储而资修守，恭折奏祈圣鉴事。窃照河工修防以料物为根本，案查豫省黄河南北两岸十三厅向来额办岁料以五千垛为率，嗣因两岸险工叠出，处处紧要，以五千垛之料分贮各工不敷一岁修防之用。每届伏秋大汛，岁料用存无几，迨工紧用繁临时采买，不特重价滋费，且随买随用，难以稽查，易滋弊混鱼，恐风雨泥潦未能剋期运到，是以历任河臣节次奏明，于岁料五千垛外预请添办备防秸料两千垛，俾各厅得以从容平价收买，仍按工程平险分别存贮多寡，使要工有备而所省实多。其东省曹河粮河两厅事同一律，亦请于额贮岁料六百垛外添备五百垛。均蒙恩准钦遵办理各在案。现届发办岁料之时，臣察看情形，豫省各厅岁料五千垛，东省两厅岁料六百垛，委系均不敷用。较之嘉庆二十一、二、三、四、五等年及道光元、二、三、四年情形无异，拟请仍照成案豫省南北两岸各工共添备防秸二千垛，东省曹河粮河两厅添备防秸五百垛，即于岁料将次办完之时，接手购运，勒限完竣，另厂存贮，与岁料一体盘验，倘有办理迟延及虚松短少等弊，指名严参，不敢稍事姑容，仰恳上鸿慈俯念工需紧要准照数添备。其例帮价银臣即分咨河南山东抚臣各于司库筹项拨发以资赶办，实于工防大有裨益。所有循例预筹添购来年备防秸料缘由谨会同河南抚臣程祖洛、署理山东抚臣琦善恭折具奏，伏乞皇上圣鉴训示，谨奏。另有旨

道光四年八月二十二日

河东河道总督臣严烺跪：奏为确核豫省黄河南北两岸各河厅道光四年另案抢办土埽各工动拨司库银款总数，循例恭折奏祈圣鉴事。窃照豫省黄河南北两岸堤埽绵长，每交伏秋大汛，水势盛涨，遇有险要工程随时抢办。向于司库动拨银款应用。嘉庆十年经前任抚臣马慧裕议奏，每年先于地丁项下提出银三十万两以备抢险只用，奉旨允行历

年遵办。嗣因两岸工程屡次出险工用倍于往昔，除例拨三十万两外其余随拨随用。虽工竣核实报销而动拨时未经先为奏明不足以昭慎重。复于二十一年二月内经前任抚臣方受畴会同前河臣李逢亨奏请，照例先拨银三十万两，俟将次用完之际，由河臣体察情形，预为筹计。应需添拨若干，与抚臣会核具奏，一面行司提出备用等因奉旨允准钦遵在案。本年自四月起至八月黄河来源共长水二十四次，当沁黄并涨之时，正值阴雨连旬，上游雨水汇流入河，普律津滩水势极为浩瀚，停蓄不消至十余日之久，较比道光二年秋汛最大之水尤多数寸。急溜湍流迁徙靡常，两岸旧险新工层见叠出。臣仰丞训勉，督率道厅先后抢镶，迄未停手，固不敢稍事因循，亦不敢稍任浮糜。节经严密勾稽，力求撙节。除例拨银三十万两外，臣于六月内会同抚臣程祖洛奏奉添拨银三十万两，兹查黄河南北两岸各厅道光四年另案抢办土埽各工经臣于霜降后切实减准，除防风照例节省八束银两外，实共用银九十三万八千八百八十四两一钱二分一厘，较上年多银四万五千五百三十二两零，比二年即节省银十五万余两，比元年计节省银一万五千二百九十余两。臣按工确核另折奏送清单在案，内除用存工秸料值银一万九千六百两外，计动拨添办秸料及岁麻加价银十九万四百两。又例拨添拨银六十万两，共拨过司库银七十九万四百两，内除南岸用存添办秸料值银二万一钱两。现在有料贮工外，尚应找拨不敷银十四万九千八百八十四两一钱二分一厘以符奏案而清库款，理合循例会同抚臣程祖洛恭折具奏，伏乞皇上圣鉴。再查另案不敷银两系大汛抢工于道库杂款银内随时垫发凑用，历年核奏清单后即于司库找拨还款，仍循例存贮道库以备垫发来年要工之用，合并陈明，谨奏。

道光四年九月三十日

护理山东巡抚布政使奴才讷尔经额跪：奏为遵旨请拨协济南河工需银两恭折覆奏仰祈圣鉴事。窃奴才于正月二十六日钦奉上谕魏元煜等奏要工需银恳恩动拨一折,着护理山东巡抚讷尔经额将应拨银六十一万七千两照数动拨委员解赴江南工次以济要需,毋稍迟逾等因钦此。伏查南河筹济漕运修复湖堤诚为至要之工,我皇上轸念民生日劳宸廑前经奴才随同抚臣琦善议筹藩库银八十万两,奏请协济仰蒙恩准暂行存储,候拨旋经两江督臣河臣奏请于东省协济银内拨银六十一万七千两解往济用。兹恭奉谕旨自应照数赶紧拨解,奴才据署藩司韩文绮将此项银两如数弹兑X鞘分为六批,派委妥员自本月处工日起,业经陆续起程,先后解往并饬经过沿途各州县一体派拨兵役小心护送,催令迅速前进以应工需,不致稍有迟误。所有现在动拨银两业经全数兑发起解缘由理合恭折覆奏伏乞皇上圣鉴。再此项协济银两前经奏明动拨附贮银六十二万两。道光四年秋拨报存银十八万两,共凑足八十万两之数,今止拨解银六十一万七千两,附贮项下已敷动支所有,未动秋拨银一十八万两,仍应听候部拨合并陈明。

道光五年二月初八日

江南河道总督臣严烺跪:奏为核明徐州道属各厅道光四年办理另案各工动用钱粮数目,循例开具清单恭折奏祈圣鉴事。窃照每年伏秋大汛各厅抢办另案新工章程于嘉庆八年准工部咨行,令于霜降后核明银数汇奏一次,以凭考核等因。历经遵循办理在案,所有徐州道属各厅道光四年桃汛秋汛内抢办另案新工防风护埽创筑越堤挑挖引渠筑做土坝盘头抛护碎石并挑河切滩筑做束条各坝以及启闭闸坝等工均经前督臣河臣随时督率道将厅营分投办理,节经奏明抄折咨部在案。兹据徐州道将各案工程动用钱粮分晰造册呈送前来,共十八案。内随时抢办者先经该道确查具报完工后,经前河臣张文浩复加核实,减准其估定办理者工竣之后又经逐细验收,不容草率偷减,共计用银五十一万一千二百六十二两零。臣按册细加确核,均与估办验收册案相符,并无浮冒。除饬令该道分案另造清册详送次第缮疏具题并送部查核外,理合将徐州道属各厅道光四年办理另案各工动用钱粮数目循例开具清单，恭呈御览仰祈饬部查核施行。为此缮折具奏，伏乞皇上圣鉴，谨奏。

道光五年五月初九日

臣琦善臣严烺跪：奏为筹备大汛工需银两循例具奏仰恳圣恩俯准拨发以资修防事。窃照南河岁抢修工程需用银两每年于年前奏请拨发岁料银一百二十万两。又每年各处历解银两除给发官兵俸饷及额支各款外，除银约计三十万两，二共银一百五十万两为岁抢修额定工程之用。其伏秋大汛河溜变迁抢办新工及启闭闸坝随时相机挑筑等工，向归另案报销。每年于桃汛时奏请拨银一百五十万两为大汛另案工程之用。此历年办理之情形也。本年岁抢修银两上年请拨到工给发赶办料物，河库动用已无余存。现在桃汛已届大汛瞬临，抢办另案工程之项急应筹备。查自上冬至今办理另案各工如扬河等厅补修砖石工程，里、扬二厅加培堤工，外南河厅御黄坝，中河厅王家庄挑河筑坝并上游黄河堤堰有应择要帮培段落。又臣琦善前赴海口查勘尚有应估补堤筑坝等工俱未经另请钱粮。在在需银接济。据河库淮扬淮海徐州常镇各道会详仍照历年银数请拨前来。理合循例具奏仰恳皇上天恩俯念大汛工需紧要，勅部于就近藩关各库拨银一百五十万两，迅速解交河库以备大汛要需。臣等随时核实动用，仍俟大汛内察看水势工程是否敷用，再行核办。除造具另案拨款收支细册送部查核外，所有筹备大汛工需请拨银两缘由谨会同恭折具奏伏乞皇上圣鉴，谨奏。

道光六年三月十八日

山东巡抚武隆阿奏，曹考、曹河、粮河三厅另案抢办埽工道库垫用银十万零四钱四百六十两七钱八分四厘。前淮河臣以各厅应领一切工程不敷支发先由司库拨还银六万两，业经臣奏明在案，兹又准河臣以伏汛届临用项繁多，咨请将前项银两找拨清款，并据藩司讷尔经额详报在于库存。春拨留备地丁项下动支银四万四钱四百六十两七钱八分四厘，发交兖沂道委员试用未入流戴邦垣领回，并声明应扣市平银两由道另行汇解等情详请具奏前来。臣复加查核银款相符，除咨明户工二部外，理合附片奏闻，谨奏。

道光六年六月三十日

署理河东河道总督臣严烺跪：奏为查核道光六年分黄运两河各道属奏咨另案用银总数比较上三年银数，循例缮具清单恭折奏祈圣鉴事。窃照嘉庆二十一年准工部咨凡河道另案工程无论题咨各在案，于三汛后将一年统用银数汇奏一次，并将上三年另案所用银数多寡分晰比较，以备查核等因奏奉谕旨依议钦此通行遵照按年具奏在案。伏思黄运两河遇有险工必须随时抢办力保平稳。原不敢拘泥银数多寡，致有贻误，而料物钱粮丝毫皆关国帑，又断不容稍有浮糜。除岁抢修例办之工岁有定额毋庸比较外，其另案奏咨各工自应严切确核，以昭慎重。查道光六年黄沁两河通共长水二十三次之勤，总有六丈六尺九寸，且非同时并涨，即系接续增长。加之大雨时行山河暴涨，以致各工旧险新生层见叠出，抢护未能停手。而东省运河因湖河水势异常短绌挑渠筑坝工用亦复较多，所有该年黄运两河另案各工经前臣张井暨臣先后奏咨办理，统计所用银数。开归道属虽较三四两年稍多，较之五年仍少。其河北兖沂二道属较上三年均属减少。运河道属奏案较四年虽多，较三五两年尚少。咨案较五年稍多，较三四两年俱仍减少。兹据各该道造送各案银数比较清册前来。臣复核无异理合循例缮具清单恭折具奏伏乞皇上圣鉴。勅部存核施行，再查该年豫东黄河两岸原续估另案土工及兰阳汛柴坝添抛碎石，武陟拦黄堰放淤土埝各工系奏拨银款专案办理，非寻常例办可比。所用银数查照历年成案未入单内比较。又临清塘河挑切土山本系奏准动拨四女寺支河交商生息余银。岁修之工上年奏借司库银款办理，仍催四女寺支河息银归款，是以均未列入单内，合并陈明，谨奏。

道光七年二月十三日

江南河道总督臣张井、江南副总河臣潘锡恩跪：奏为查明道光五年徐州淮扬淮海常镇四道属另案工用银数循例开具比较清单，恭折奏祈圣鉴事。窃照嘉庆二十一年准工部咨凡河道另案工程，于三汛后将一年统用银数汇奏一次，并将上三年另案所用银数分晰比较，以备查核等因历经遵办在案。伏查另案用银总以水势大小、工程平险为定。卷查道光五年江境间值雨水堰流各厅长水已逾往岁，工用钱粮比之道光三四年不无增用。而较之道光二年用银仍属节省，统计徐州淮扬淮海常镇四道属共用银四百八十八万五千八百五十二两零。内除堰盱堵闭缺口善后浇戗加厢埽工抛填碎石补修土石堤堰。扬粮厅堵闭昭开坝及专案办理各工用银二百九十三万五千九百八十二两零。均非常年所有之工，不入比较外，实计常年另案各工用银一百九十四万九千八百六十九两零。比较道光四年另案用银一百八十八万三千一百余两，计多用银六万六千七百余两。比较道光三年另案用银一百五十八万二千一百余两，计多用银三十六万七千七百余两。比较道光二年另案用银二百一十一万五千五百余两，计少用银十六万五千六百余两。谨遵照部定章程将各道属另案工用银数分晰比较，循例开具清单恭呈御揽，理合恭折具奏伏乞皇上圣鉴。谨奏。

道光七年三月初四日

署理河东河道总督臣严烺跪：奏为河工例拨防险银两业经全数拨

发。以裕工需而资备防恭折奏祈圣鉴事。窃查嘉庆二十一年升任河南抚臣方受畴奏奉上谕。方受畴奏筹拨河工防险银两一折，豫省河工每年于藩库地丁内拨银三十万两另款存储以为抢险之用。仍照向例储备其临时添拨银两。若于具奏后给领，实恐缓不济急，嗣后如遇岁定抢险银三十万两将次用完，著该河督察看情形应需添拨若干，会同该抚核明，一面具奏，一面行司提取备用，俟霜降后如有余存，仍奏明归还原款，核实报销，毋稍浮冒。该部知道钦此钦遵在案。嗣后每年伏秋大汛节经前任各河臣奏蒙添拨银二三十万两不等亦在案。臣因经费浩繁力求撙节。上冬例办添料奏明酌留银两于今春分别发办，原期以节省之料价抵防险之工需，现届大汛，添拨防险银数自应较之历年少拨数万以符原案。何敢循例请添，稍任浮费。第自本年四月以来，截至伏秋止，宁夏黄河长水三次，万锦滩长水十次，武陟沁河长水十一次，通共长水五丈五尺有奇。近年伏秋汛涨水实无如是之大，以致南北两岸十三厅旧险新工镶修均无虚日添办秸麻及夫工积土动用已多，仍需酌量筹添以资储备。而北岸卫粮厅上游堤工距河本远，其阳武十九堡以南临河滩，唇忽因大河分流刷成沟槽，一道串注切近大堤之顺堤河下达封邱西圈堰，所经阳武阳封封邱三汛堤长六十余里如竟掣动全溜势，必沿堤生工，危险四出。经臣择要于大堤南北筑坝帮戗集料备防相机裹护并于进水沟槽签桩编柳以冀流缓淤停凡此工需又在寻常筹备之外，节经开归河北两道于例拨防险银内支发计已分拨完竣，并据将发过各厅银数造册具详咨部在案现在伏汛已过，秋汛方长。如长水情形竟与伏秋相筹，或更大于伏秋汛。则防守倍为紧要。储备必须稍宽，其卫粮厅河势如竟北趋，即照例添拨银款，尚恐不敷所用，尤不敢少拨，致有贻误，查从前开归河北两道库本有额贮银两，为数尚多，可以轮流垫支，随时济急。兹因历年应追各员著赔银两恭奉恩诏豁免，计开归河北两道库查豁银九万七千余两，额贮短绌。全赖司库筹拨银款，始可缓急无虞。臣现与抚臣藩司并各该道再四筹商，就现在情形，仍应查照向年章程请于藩库添拨银三十万两，以济工需，谨恭折具奏仰恳圣恩照数允准，另宽提存司库。如遇必须动用之项，由臣核明，再行咨会抚臣拨发。臣仰蒙皇上逾格恩施昇以全河重任于工用银款倍应核实严查，力节靡费而修防，务在安恬储备，不容短缺。惟有随事随时悉心稽核以期无误无糜。稍酬高厚仍俟霜降安澜后，统将先后拨过司库银两及大汛抢办各工用银总数核明奏报，如所拨之银用有余存，仍拨还司库原款，以归核实。合并陈明所有循例酌请添拨防险银两缘由谨会同抚臣程祖洛合词恭折具奏，伏乞皇上圣鉴训示谨奏。

道光七年六月十八日

臣张井臣潘锡恩跪：奏为核明徐州道各厅道光七年办理另案各工动用钱粮数目循例开具清单恭折具奏仰祈圣鉴事。窃照每年伏秋大汛各厅抢办另案新工章程于嘉庆八年准工部咨行，令于霜降后核明银数，汇奏一次依凭考核等因。历经遵循办理在案。所有徐州道属各厅道光七年桃伏秋汛内另案办理加培长堤坝台帮戗土工填补沟槽洼槽水塘洼塘残缺筑做缕越堤并柴土石坝篮头雁翅护埽外抛随时抢镶新埽挑浅切滩筑做束挑坝启闭各闸坝浇戗防风镶做裹头雁翅亨济闸越坝两头土坝护埽等工均经臣等随时督率道将厅营分段办理。节经奏明抄折咨部在案。兹据徐州道将各案工程动用钱粮分晰造具工段细册呈送前来，共二十四案内随时抢办者，先经该道确查具报工完后，经臣等核实减准其估定办理者，工竣之后并经督同该道逐加查验不容草率偷减，共计用银六十二万六千七百二十六两零。臣等按册确核，均与估办验收册案相符，并无浮冒。除饬令该道分案另造清册详送，次第缮疏具题并送部查核外，理合将徐州道属各厅道光七年办理另案各项工程动用钱粮遵例开具清单工程御览仰祈勒部查核施行，为此缮折具奏伏乞皇上圣鉴谨奏。

道光八年九月初一日

河东河道总督臣栗毓美跪：奏为河工例拨防险银两支用已完，请照近年酌减银数循例添拨以资备防恭折具陈仰祈圣鉴事。窃照嘉庆二十一年升任河南抚臣方受畴奏奉上谕，豫省河工每年于藩库地丁内拨银三十万两，另款存储以为抢险之用，仍照向例储备其临时添拨银两。若于具奏后给领，实恐缓不济急。嗣后如遇岁定抢险银三十万两将次用完，著该河督察看情形应需添拨若干，会同该抚核明，一面具奏，一面行司提取备用，俟霜后如有余存，仍奏明归还原款。核实报销毋稍浮冒，该部知道钦此钦遵在案。此后每逢伏秋大汛，历任河臣奏请添拨银三十万两。迨道光十一年以后，前河臣严烺吴邦庆酌减银数，每年请拨银二十五万两。臣上年到任照数请拨，均蒙圣慈允准各在案，伏念臣受恩深重，自供职河防无刻不以节省钱粮为当务。况上年奏请添拨银两钦奉谕旨，虽系循例请拨无任稍有浮费加意撙节，可省则省，不得动援成案，岁以为常，等因钦此。臣稔知经费有常，益禀圣谕之谆切，更何敢以历年常例上渎宸聪，惟河水长落靡常，大溜提坐莫定，以致豫省两岸十三厅埽坝如林，由来已久。臣通查各厅埽工之愈多，则费愈钜，此拨款所以难省也。臣于黄沁厅之拦堰下南厅之黑岗前经奏明，试抛砖坝挑溜外移冀免接添新埽。现虽已有成效，而各厅工段较多，汛期已迫，抛砖之费亦属难筹，尚未能一律照搬。新埽势难不添用项，即难逐减。且原阳支河关系北岸全局，除备防之秸麻碎石及筑坝帮堤土工先后奏拨银款分别办理外，其挑溜护堤抛筑砖坝三十余道本年加高接长并堵截北股分支各工皆在常年大汛用项之外。并查本年伏秋以前，黄沁来源仅长水三丈余尺，测以盈虚之理参之历年水报，往后秋汛正长，涨水难以豫定，险工更需备防所有例拨防险银两。自春徂夏节次添办秸麻砖块夫工等项支用已完。前据开归河北两道详送发过各厅银数清单即经咨部在案，其上年霜后用剩存工秸料银二万三千八百两，已于上冬发办防料项下奏明，照数扣还司库。臣现与河南抚臣藩司及开归河北两道再四筹商，拟仍循例请于藩库添拨银二十五万两。计秋汛应办工程料物尚属有绌无赢合吾仰恳皇上天恩照数允准俾工需得资接济全河永庆平成。感沐鸿施实无既极臣惟当随处随时认真勘核，不任稍有虚糜。如各工霜后存有余料，仍当陈请照数扣还司库，并将先后拨过司库银两及大汛抢办各工用银总数核实奏报所有循例添拨防险银两缘由，谨会同河南抚臣桂良合词恭折具陈伏乞皇上圣鉴谨奏。

道光十六年六月二十七日

河东河道总督臣栗毓美跪：奏为循例请拨豫东司库银两采办来年岁料恭折具奏仰祈圣鉴事。案查工部议奏豫省黄河两岸应需办料银两先于乾隆十年提准每年拨发额征河银三万六千余两分给开归河北二道，豫办岁料。此后南北两岸岁料银两如出原题八万五千余两之外，应令该督等据实奏明拨发等因奉旨依议钦此钦遵在案。其山东兖沂道库每年额征河银一万五千两，为发办料物之用，嗣因逐年添有新生工段需料较多，河银不敷之用，循照豫省之例奏拨山东藩库银三万两，历年遵办各在案。臣查岁料一项为河工修守要需，欲期工坚，必先料足，应于新料登场之后开厂采购年底办足堆贮要工各处，以备来岁镶修之用。本年新料业已登场，正当采购之期。据开归道张坦详称，豫省南岸八厅应办来年岁料秸麻除分拨荒缺等项外，请拨藩库银七万两。又据河北道刘体重称，北岸五厅应办来年岁料秸麻除分拨荒缺外，请拨藩库银三万五千两。并据兖沂道徐受荃详称，曹河粮河二厅应办来年岁料河银不敷支发。请拨藩库银三万两。各详请具奏前来。臣查各道详拨办料银数核与向例相符。除一面移咨豫东两抚臣行令该各藩司会同管河各道照数拨发赶紧购备，务于年内扫数运工如式堆垛以凭验收，谨循例会同河南抚臣桂良护理山东抚臣刘斯嵋恭折具奏仰祈皇上圣鉴，谨奏。

道光十六年七月二十九日

为汇覆道光二十六年分豫东黄运两河各道属奏咨另案用银总数比较上三年银数循例缮具清单恭折……奏祈圣鉴事窃照嘉庆二十一年准工部咨开，凡河道另案工程无论题咨各案于三汛后将一年统用银数汇奏一次，并将上三年另案所用银数多寡分析比较以备查覆等因奏奉。谕旨依议钦此嗣于道光八年十二月内准部咨奏奉上谕嗣后会奏单内除岁抢修定额外，凡一年另案工程俱入单内比较等因钦此，年钦遵办理旋于十五年九月内复准部咨奏奉，上谕嗣后汇奏清单务遵奏定限期，无论奏咨各案，汇为一册，其比较上三年之数，原从清单而出，毋庸分为两事致滋歧异等因钦此，十七年二月内又准工部咨奏奉，上谕嗣后无论动用何款著一律归入比较各等因钦此，所有道光二十六年分黄运两河另案奏办各工清单业经另摺汇案具奏，并将上三年所用银数随案声明比较。比较二十三年分中河以下两岸各厅秋汛内因黄流未复未修埽工，二十四年分下游两岸十一厅因黄流未复未办另案工程，是以银数均多

道光二十六年十一月二十九日

河东河道总督奴才长臻跪奏为黄河各厅承办岁储因司库钱粮未能接济展限届期仍难购竣请旨敕催速拨俾资赶办而重修防

所有各厅承办甲寅年岁储因上冬司库应拨料价银两未克依时给发，当经奴才附片奏明展限至本年三月桃汛前购齐在案，查豫省两岸十二厅额办岁秸麻斤积土除奏拨办料银十万五千两，例拨司库麻价一半银四万九千六百八十两，并帮价银十二万五千两由司库径发外，计开归河北两道库共应垫发银二十三万一千余两，随时抢险凑垫之需尚不在此数之内，东省曹河曹单二厅额办岁秸麻筋积土除奏拨办料银三万两并帮价银一万五千两由运司拨发外，计道库应垫发银一万六千余两，向均专指霜后划拨不敷银两由藩库拨还轮流垫用以资周转，兹因壬子年应划不敷之银尚未拨清，癸丑年划拨之项丝毫未拨，以致各道库无银垫发，即奏准之料价、藩库之麻价帮价仅拨发过二三成，甚有

东省运司帮价全数未拨者，虽经奴才节次严催并饬道厅设法挪措尽力垫办，无如司中屡催罔应，厅员力难多垫，其前请银票六万两虽专放河工之款，但核之应发料价所短较巨，是以桃汛已交，展限届期秸麻仍难办竣，焦灼万分，当此军务紧急需用浩繁原不敢冒昧奏催，但奴才职司河务，防河正所以防匪……请旨敕下河南山东两抚臣严催两藩司并运司将河工料麻价银及帮价划拨不敷等项赶紧筹款陆续分别拨发，俾可勒限各厅星夜采购于五月内堆齐

咸丰四年三月二十一日

河东河道总督奴才长臻跪奏为东河二次捐输人员谨覆缮职名清单恳请恩施敕部覆议给照恭折奏祈。上年豫省河工秋拨防险一项因司库奏未能依时拨发当经附片奏准由道督饬各厅设法劝捐，前已奏报一次，奉朱批户部覆议具奏单并发钦此钦遵在案，兹据各该道将先已递呈者催令缴银，未捐者认真劝谕，计续报缴银之监生涸仲山等七十八员名共捐输银十六万二千三百二十二两，兑收后发给各厅应领之款，以清积欠，具禀请奏前来，奴才按照现行常例筹饷事例接展条款分别酌减成数复明应请官阶开列清单恭呈御览……奴才仍当督饬道厅力为劝导，如有愿捐者迅速递呈上兑，务期捐项源源多集，除抵上年秋拨防险一项，余银再于司库欠拨款内作收，庶于经费河务两有裨益，统俟捐输截止将先后实收银数报部查复，一面行司划抵欠拨款项。再奴才前奏东河拨款请用官票五成、制钱三成，以二千文抵银一两，实银二成一案，仰蒙朱批户部速议具奏钦此，嗣接部文议准，惟制钱一项须照道光二十七年前河臣钟祥奏准土工成案以一千五百文抵银一两，以符定制，自应遵办，但东河用款每年总以霜降截止，咸丰四年份购料修工银两已于上年霜后至今随时支发司中均按制钱两千文作银一两搭配支放，且多各厅挪垫之款此时骤以一千五百文抵银一两，核计前后数目不符必致辗轇不清，应请本年用款照旧办理，俟霜后支发咸丰

五年钱粮时再按新定章程用银票五成、制钱三成，以一千五百文抵银一两，余钱以归撙节不扣六两平，其余二成全拨实银，仍照例扣平

咸丰四年七月一日

兵部侍郎兼都察院右副都御史总督江南河道提督军务革职留任臣杨以增谨题为敬陈河工未备事宜应请酌定以重钱粮，事案查前督臣高晋前河臣李宏于乾隆三十三年九月二十二日会奏折开窃照各省藩司及粮盐驿道库储钱粮每年于奏销后该管督抚亲诣盘查，切实保题，此定例也，惟河库道于雍正九年设立，向来于工料钱粮准销之后入岁报库储，而本年库存银数河臣虽偶一盘查并不保题，缘从前分设之始每岁额收盐课河银夫食等项共银六十八万余两，额夫、河兵等营兵饷堡间等夫工食并各厅购办岁抢料物加高土工等项约共银六十五万两，除收支相抵外，奏销之后实存库银为数无多，且有另案工程存库不敷无项可支奏请协拨者，是以未经定有盘查保题之例，今历年以来臣等禀遵皇上训示，工归实用，现在河库节存银两已积至八十余万两，加以该年新收支发合计旧存银两按月造报，四柱款项繁多，若不立定章程一体盘查保题，倘有亏挪无从稽核，应请嗣后河库每年于四月工程奏销后及新旧道员交代河臣就近赴库盘查一次……如无亏空据实保题，倘若有侵挪情弊，立即严参，兹查河库道一缺业已裁撤并经奏明出纳钱粮账目先就近归臣衙门总理，其每年四月十二月两次盘查亦经奏准部覆以该两月月底为截数之期，仍分别咨题以昭慎重各在案，兹各厅咸丰四年岁抢修工程动用料物钱粮俱经核实奏销，今将咸丰五年四月库储旧存新收各款截止四月月底止，其实存库银二十六万九千四百八十四两五钱三分八厘五毫九丝，又存钱一千千文，逐一盘查均属相符，实存在库并无侵挪短少情弊

咸丰五年十二月十八日

臣李钧前因东省征收地丁钱粮停止搭收票钞，河工宝钞难以使用，两次奏请将运河修工经费仍复全用实银旧规，均奉部议只准用实银四成，须搭用宝钞六成，仰蒙恩旨再加实银一成，嗣后拨给运河经费实银宝钞即著各半搭放等因钦此……因念运河多年未挑淤垫过厚挑挖费力，似应权宜准其全用实银至运司，津贴一项亦全支现银，俾资赶办而免贻误，洵于运行有裨，其运河修工经费不准援以为例，仍按五银五钞由司拨发

咸丰八年八月十九日

河东河道总督臣李钧跪奏为汇核咸丰八年份豫东黄运两河各道厅奏咨另案用银总数比较上三年银数循例缮具清单恭折具奏。八年份豫省黄河上游各厅奏报另案北埽砖石各工共计银八十四万二千七百二十九两一钱二分五厘，比较咸丰七年份豫省黄河上游各厅另案工程银数多用银二万九百三十余两，比较六年份多用银一万八十余两，比较五年份豫省黄河上游各厅另案工程银数少用银二十一万五千八百五十余两，运河奏办各工共计银九万三百七十二两一钱八分七厘，比较上三年多用银一千二百余两并八万余两及五万余两零，咨案各工共用银一万三千七百三十一两九钱八分一厘，比较七年份少银三两零，比较五六两年多银一千余两及二十余两

咸丰九年二月初八日

江南河道总督臣庚长跪奏为循例请拨大汛工需以资修守恭折仰祈圣鉴，南河工用向于奏令请拨大汛工需一百五十万两以为伏秋汛抢办各工之用，自军兴以来深知库藏支绌未敢如数请拨，咸丰七年先请拨银七十万两，八年拨银七十五万两且系官票宝钞，覆计实银较之先前相去悬殊……请将本年工需循照向例请拨本年大汛工需一

百二十万两

咸丰九年二月十八日

河东河道总督降四级留任臣黄赞汤跪奏查工部议奏，豫省黄河两岸应需办料银两先于乾隆十年题准每年拨发额征河银三万六千余两，分给开归河北二道预办岁料，此后南北两岸岁料银两如出原题八万五千余两之外，应令该督等据实奏明拨发……其山东兖沂道库每年额征河银一万五千两，为发办料物之用，嗣因逐年添有新生工段需料较多，河银不敷支用，循照豫省之例奏拨山东藩库银三万两历年遵办在案……查豫省南河开归道属七厅例请办料银七万两，北岸河北道属五厅例请办料银三万五千两，东省兖沂道属曹河曹单二厅例请办料银三万两，现在下游两岸七厅工虽停办而上游有河七厅埽坝林立……豫省上游两岸各厅应办来年岁料秸麻除分拨荒缺等项外，循照历届酌减数目，开归道请拨银四万两，河北道请拨银二万五千两，以资支发，其不足之数仍照向章催司将应发划拨不敷之款分次拨还，道库陆续凑垫，俾免贻误，至现请之银，臣当移咨抚臣并行藩司按三银七钞务于年内如数拨交各该道转发各厅设厂分投赶紧采购

咸丰十年八月二十七日

河东河道总督黄赞汤奏。豫东两省黄运四道库存各项银两每岁年终例由河臣盘查……所有咸丰九年份年终盘库一案前经饬据开归河北二道将库存银两造具册折详送前来，臣于二月二十四日因公进省，先将开归道库盘查，兹乘周历两岸勘工防汛之便，于六月二十六日亲赴武陟县河北道库逐款盘查开归道库应存银九百四十三两九分五毫，河北道库应存银三十七两八钱三分五厘七毫，当堂覆对库簿册籍，均属相符，弹兑平色亦皆足实，并无亏短，复查开归河北二道库额存各款

银两，向系每年凑垫各厅办料抢工之用，霜后由司全数拨还以资周转，近数年来节次垫发工需因司库支绌未及随时拨还而欠拨较多，以致道库早空，即例拨办料防险等项亦未能按时拨给，且所拨不宽，而各厅办公紧要不得不随拨随发，是以道库久无积存

咸丰十年七月初八日

河东河道总督黄赞汤奏为统筹豫省地方情形须将河工实力修防以保上游完善各州县而重财赋饷需。从前偶值水势异涨致有漫口被水之处，不独钱漕蠲缓，且多赈恤之资，是以当时即请筹拨款项，集资兴筑，克日合龙，挽黄归故，惜民命亦所以重财赋也，自咸丰五年兰阳北岸漫溢以后，因军需浩繁，难以筹款兴筑，迄今缓堵，幸黄水由东省张秋穿运走大清河归海，豫境被淹处所尚少而归陈二府所属各县连年为皖捻蹂躏，停缓蠲免钱漕村镇已多，专赖西北完善各州县征收地丁以供饷需……现查各道厅挪垫之款司库尚未拨还，是已筋疲力尽，无处再行措借，以致辛酉年岁料至今尚未设厂采购，司库应发料价屡催不发，转瞬桃汛经临，何以堵筑……查近年豫省河工岁抢修另案各工，虽每年报销银八九十万两上下，按七钞三银而计，除实钞价值过贱无济工用外，只需拨司库实银二十余万两分给有河七厅，每厅牵计只可领银三万余两，较之从前每厅领银十万八万者仅有三分之一，而额办修防料麻积土砖石以及夫工等项不能短少，民间出售料物非但价未能减，每遇抢险待料之时转多居奇抬价，是领三分之钱银需办十分之料物，修工是实形竭蹶，若每年并此实领之二十余万，司库尚不按时拨给，其修防之必贻误已属显而易见……（商议）自本年上忙为始，每月征收各州县地丁钱粮，议明几成报解京饷，几成分解各处军需，几成拨给河工，并赶筹司库收项搭用宝钞，以期价值抬高稍资补苴

咸丰十一年二月初二日

暂受河东河道总督河南巡抚钱鼎铭跪奏，为查明同治十三年分豫东黄、运两河办过另抢及咨案甎埽土石各工段办银数道，照旧季分缮清单，汇案恭折具陈仰祈。

圣鉴事窃照，道光十五年九月内接还部咨奏奉，上谕嗣后每年汇奏清单等因钦此。所有同治十三年分豫东二省黄、运两河各厅办过抢另工程均径前河，臣吞私年随时具奏在案伏查，足前黄运两河每年奏办砖埽土石，各工段丈尺细数清单向分四条具奏其咨案清单，另行附片，陈明同治二年前长河臣谭廷襄奏请将运河另案工程暂行停办，并将咨案一并列入，仍分四条，去黄河抢修工段丈尺，钱粮应请汇列清单，一律归入。较四年分试行河运复将另案列入，分作五条并列，现仍照办，以便稽查。另抢砖埽工。豫省南岸并道属，上南、中河、下南三厅计九案。

光绪元年四月初十日

头品顶戴兵部尚书兼都察院右都御使两广总督硕勇巴图鲁臣刘坤一

题为报解河工银两起程日期，事据署两广监运使方濬师详称，案查广东运司衙门递年应解河工银两，先因道路梗塞，奉准暂缓起解，嗣于同治五年奉准工部咨行，以淮水淤塞，撮将已涸旧黄河挑深数尺，再将张福口等处挑浚，引河等工行令。自同治五年起，将额解南河银两按年征解，以期无误，要工等因咨行遵照，当经前任监运使将应解同治五年分河工银一万两交来员将钟瑞领解，又同治八年十一月十三日承准军机大臣，字寄同治八年十月二十日奉。

上谕张之万奏请伤催欠解河银等语，山东、浙江、广东欠解河银并著迅速拨解，以济要需等因钦此。又各前任运使将应解同治六、七、八、九、十、十一、十二等年分河工银各一万两，按年筹拨，给交银号，汇解前赴漕运总督衙门投纳，各在案尚有同治十三年及光绪元年河工银两，现经漕运总督委员安泉来粤守提。兹在于征存同治十三年分监课项下，先行筹银一万两作为同治十三年分应解河银，给交殷实银号志成信等汇兑取具汇单先交来员安泉齐一面由该银号代领，文批于本年二月十一日，附搭轮船起程，俟到清江浦厅同委员支取银两，齐赴漕运总督衙门，投纳所有前项银两，候列入同治十三年分奏销册报详请具题等由前来，臣复核无异。谨题请旨。

光绪二年二月二十七日

山东巡抚文格跪奏，为预筹本年黄河南北两岸防汛经费银两以咨应用，恭折具陈仰祈。圣鉴事窃查东省南岸大堤以及北面金堤、新堤共长数百里，黄河水性湍悍，奔突靡常，汛涨抢防向称吃紧。上年来源甚旺，工程处处堪虞，而北岸新堤临河太近，防守尤难，尚幸在工员弁遇有险工极力抢护，方免无虞。奴才于霜清以收曾饬兖沂曹济道潘骏文、东昌府知府程绳武等分绌查勘各工并以南岸张河口越埝坐湾生险，饬令查看筹办，嗣据潘骏文汇报该处为大坝汲路工关紧要亟应增筑格堤加厢埽坝，方昭慎重。计需工料实银二万余两，为数稍多，未便归入防汛项下动支，又八里庙横堤据程绳武汇报被水冲刷亦应修筑挑水坝，并复还堤案，加筑磨盘鱼鳞等埽，以资堤御，估需实银三万六千五百余两。

光绪五年二年二十四日

山东巡抚臣周恒祺跪奏，为豫筹来年黄河防汛事宜酌提库款以咨应用，并将本年动用经费开单具陈恭折仰祈圣鉴事，窃东省黄河南北两岸，每年经历三汛向委文武员弁，驻工修防，由司库酌拨银两，以备购料之需。近年溜势变迁，下游利津等州县时出险工，次当津贴绅民一律防护，并于三汛时兼顾八里庙黄运口门，以免百密一疏之患。臣因本年用款频繁，多裁撤北岸收支局，将濮范等处工程责成绅民经理其汜庄、杨家井二段，险工则仍以振字二营驻防迫拨队，夏伏汛虽过，秋汛方临，不得不另派委员招募民夫协同修守。臣于伏秋雨汛期内叠饬即委各员督同绅民实力防护应需正杂料物，由南岸随时拨给该绅等知县自卫身家，当能诏真泛事，来岁防汛事宜自当仍令照办，以期节省经费，其汜庄等地方应召派员办理，届时再纠察。酌至南岸工段绵长，胡庄、张河口一节溜势坐湾尤为险要，不能不设立防汛，以顾东南大局。本年因五止赴全队调赴东防护，仅派果毅三营前往接防，人数无多，不敷分布，当经奏明添募夫役，帮同抢筑，应需口粮工价南北两岸共万余两，为常年未有之出款，兼之霜清收直隶冲溃堤工漫水建瓴，而下抢厢堵御人费许多物料，幸节省北岸经费挹彼注，兹借资周转，核计三汛抢险并募夫工价拨给绅民津贴等项共用实银六万三千九百四十二两

光绪六年十二月二十五日

河东河道总督臣李鹤年跪奏为查明光绪五年分豫东黄、运两河办过另抢及咨案埽土石各工段落银数道照旧事分缮清单汇案恭折具陈伏乞圣鉴事，窃照道光十五年九月内拨准部咨奏奉，上谕嗣后每年汇奏清单务道奏完限期，无论奏咨案汇为一册，其比较上三年之数原从清单而出毋庸分为两事，致兹歧异等因钦此。所写光绪五年分豫东二省黄、运两河，各厅办过另抢工程均经臣随时具奏在案伏查，总前黄、运两河每年奏办砖埽土石工段，丈尺细数清单内，分四条具奏，其咨案清单另行附片陈明。同治二年前署河臣谭廷襄奏请将运河另案工程暂行停办，并收咨案一并列入，仍分四条，至黄河抢修工段，丈尺钱粮亦请汇列清单，一律归入，比较上四年分试行河运疏浚另案列入，分作五条并列，现仍照办以便稽查。

光绪六年四月二十三日

部尚书宗室福锟等谨题为销山东省光绪三年修筑黄河南北两岸堤工及采买建闸椿料填补支河缺口挑挖北路运河并办理黄河防汛各工用过银两应准开销，照案据咨改题事，光绪十年十一月二十四日据大学士直隶总督李鸿章将已革前山东布政使李元华呈送册结咨送到部

该臣等查得已革前山东布政使李元华前于光绪三年在山东署巡抚任内修筑濮州、范县、阳谷、寿张、东阿五州县黄河北岸新堤填筑支河缺口，接筑直隶东明县附寨起至河南考城县堤止，黄河南岸新堤以及沮河下游东平、东阿二州县南岸新堤挑挖东平、寿张、东阿、阳谷、聊城、堂邑、博平、清平、临清等九州县，运河淤浅及采买建闸椿料并是年办理黄河南北两岸防汛各工均经该革司先后奏明，所由收支数目业经前山东巡抚周恒祺、任道镕复将动用细数另开清单，奏呈御览。请免造销当经部按照奏到清单核与前抚周恒祺查明，余胜银两拨归防汛经费，原奏尚属相符，是此项用款已归有着，惟请免报销一节，援引未符，碍难率准奏请仍令照例造册，送部等因。于八年七月初二日奏奉，谕旨依议钦此。

此行知遵照亦在案，今据大学士直隶总督李鸿章咨称据该革司已蒙奏派督办，津郡团练并充海防营务处翼长未能回东具禀，将册结呈请就近咨部核销，俟销结后移咨礼户二部，销案等情咨部前来查册。开修筑濮范等五州县黄河北岸新堤计长三万一千五十丈，用银十六万二千两；又添筑支河缺口计长二万一千丈，用银一万七千两；修筑直豫境内黄河南堤计长八千一百丈，用银二万八千四百三十二两；修筑东平、东阿二州县南岸新堤计长七百二十一丈，用银三千两；挑挖东平等九州县北路运河淤浅计长一万八千九百丈，用银二万三千八百余两。

光绪十年十二月十八日

山东巡抚陈士杰跪奏为黄河上下游光绪十年动用防汛经费照例造册报销。圣鉴事窃照东省黄河上游贾庄一带光绪十年共用防汛经费银

八万五千两，前经臣附片奏报，下游河工自东阿起至利津铁门关海口止，两岸一千余里，上年新筑长堤加修民埝以资保卫，当大工告成之际，经臣核算长堤工需约可节省银十八万两。

光绪十一年二月初八日

山东巡抚陈士杰委员东昌府知府程绳武将光绪九十两年挑挖运河修筑埽坝等工动用经费银两，造具册结呈送前来，臣逐加复核，光绪九年原收银二万八千七百六十三两，十年原收银三万六千八百四十三两，内除照例扣存减平银四两，余均全数动用，东省北路运道绵长二百余里，臣督饬各该府县相机挑办，实事求是，每年除此以外别无请拨银两，委系实用实销，并无冒滥情弊，除册结咨送工部核销外，理合附片陈明。

光绪十一年六月初六日

经筵讲官工部尚书，宗室昆冈等谨题为题报东河岁报河道钱粮数目事工料钞出，河东河道总督觉罗成孚题河南、山东二省同治四年分岁报河道钱粮造具册图题报一案，光绪十一年十二月十三日题，十二年三月十三日奉旨该部察核具奏册图并发，钦此。当经臣部片查户部去后今于五月二十四日查核到部，该臣等查得河东河道总度觉罗成孚疏称，豫东二省同治四年分岁报河道钱粮数目造册具题前来。

光绪十二年七月二十四日

陕西巡抚叶伯英再准户部咨郑工需款甚急，令将陕省初二两次捐输银两全数拨接等因。查陕省开办郑工捐输已报初二日两次共收捐生正项银7248两，奴才接准咨拨，当即如数提出拣妥员业于九月十六

日起程，解赴河南藩库交纳，除咨户部备查外，所有起解郑工捐输银数、日期谨附片具陈。圣鉴谨奏户部知道

光绪十四年正月八日

钦差大臣、大学士、直隶总督等伯臣李鸿章跪奏，为遵旨两次代借洋商银郑工急需，恭折仰祈。圣鉴事窃臣钦奉光绪十四年四月十七日电，旨着再借洋款银一百万两，解郑工应用，归还年限并着覆奏等因钦此。除已遵办电奏外，查前因郑工款项不敷，经督办大臣、尚书李鸿藻，署河李鹤年、河南巡抚倪文蔚奏准，先由臣息借商款100万两，臣以向例洋商借款必照西洋金镑或马克核算，其时价低昂无定，往往借时价平，还时价长，致受暗亏，又定限至十年或二十年，归还期远息多，亦不合算。

光绪十四年五月初十日

四川总督刘秉璋跪奏。为遵拨郑工捐输汇解山东交收，以济要需，恭折仰祈。圣鉴事窃臣准户部咨原奏内称山东挑浚河工事关紧要，若不急筹款项，贻误非浅。饬令四川省指拨郑工捐输银八千两，解赴山东应用，一折于光绪十四年五月二十九日奉旨依议，钦此。钦遵到臣，遵即转行去后，兹据布政使崧蕃详称山东挑挖河淤，要工需款吃紧，自应遵照指拨之款如数拨解以济急需，惟由川至东道阻且长，委员解运不免耽延，现于司库郑工捐输项下动拨银八千两，于七月初三日发交元丰九商号承领，饬令汇至山东抚臣衙门交收，以期迅速，所需汇费银两并请在于郑工捐输项下动支给领等情详请奏咨前来，臣复查无异，除分咨外，理合恭折具陈。

光绪十五年

陕甘总督谭钟麟跪奏，为报解郑工捐款及甘各省当商缴二十年税银两汇解河南工次交纳，以济要需，恭折仰祈。圣鉴事窃臣准户部咨豫省河工需款甚急，所有郑工捐项并当商预交税银已收未收令速派员解工应用。

光绪十五年

河东河道总督许振祎跪奏为查敏光绪十五年分豫东黄运两河办过另抢及咨案砖埽土石各工段段银数遵章分缮清单汇案，恭折具陈。

圣鉴事窃查此案各工段落银数清单前河臣吴大澂因去年赶办不及附片奏明，展缓至本年三四月间再行核奏移交兼署河臣河南抚臣倪文蔚办理郑州大工报销并有地方事件又附片奏请续再展缓声明，俟臣到任至五六月间详细汇核具奏，各在案臣复查十五年黄河七厅各工用银总数业经前河臣吴大澂于去岁十一月二十八日核明，一律截清专折奏奉朱批该部知道钦此。溯查道光十五年九月接准部咨奏奉上谕，嗣后每年汇奏清单务遵奏定限期，无论奏咨各案汇为一册，其比较上三年之数原从清单而出毋庸分为两事，致滋歧异等因钦此。所有十五年分豫省黄运各厅各项工程砖埽土石工段丈尺细数清单内向例分四条核奏，其咨案清单另片具陈。自前河臣谭廷襄奏明停办运河另案工程，遂将咨案列入分四条至黄河抢修工段丈尺钱粮亦请汇列清单一律归入比较，四年分试行河运，将另案列入分作五条开列，现仍照办。

光绪十六年六月初一日

尚书衔山东巡抚奴才福润跪奏，为黄河堤埝仍应择要加培，拟请将山东海防捐款挪拨动用，以济要需，恭折仰祈。圣鉴事窃奴才准户、工二部咨议覆山东请款修培堤埝一折，光绪十八年二月二十四日具奏奉旨依议钦此，钦遵咨行到东查部臣原奏工部称分别培修果能确有把握，即多费帑金，朝廷原所不惜但事关民生利害固不敢阻其修培，而工员之浮冒侵欺亦当防其流弊，请饬确切查核撙节办理。户部称部库用款浩繁，各省同一支出实属无可指拨等因，是东省工程紧要，部臣固所深知，特以款项支出筹拨维艰，不得不迟回慎重也。伏查河入东省垂四十年，淤垫情形日甚一日，堤埝虽屡次修培尚不及豫省之高厚，昔日之河岸今有沦入河身者矣。前数年之堤顶今有变为堤底者矣。河槽无容纳之地，全持堤埝以障之，积淤愈厚则高者亦卑，如谓一经修培即可做一劳永逸之计，奴才诚不敢谓确有把握，惟目睹情形险要安危所系，舍加高培厚别无补救之方，洵如部臣所云，事关民生利害不能不急议兴修者也。

光绪十九年正月二十三日

　　河东河道总督许振祎跪奏，为查明光绪十九年分豫东黄运两河办过岁修埽砖土石等工及奏咨各案工程段落银数遵照新章分缮清单汇案，恭折具陈。圣鉴事窃照道光十五年九月内接准部咨奏奉上谕嗣后每年汇奏清单，务遵奏定限期无论奏咨各案汇为一册，其比较上三年之数原从庆三而出毋庸分为两事致滋歧异等因钦此。所有光绪十九年分豫东二省黄运两河各厅办过岁修埽砖土石各工及奏咨各案工程银两均经臣分别具陈在案。溯查从前黄运两河每年奏办埽砖土石工段丈尺细数，清单内向分四条，核奏其咨案清单另行附片具陈。同治二年前署河臣谭廷襄奏请将运河奏案暂行停办，并将咨案一并列入分作四条，同治四年分试行河运复将奏案列入分作五条开列，至黄河抢修工段丈尺钱粮亦请汇列清单一并归入比较上年，经臣奏明停办并将另案抢修工名概请免造，照岁修砖埽工加厢补厢抛护碎石增培土工等款目奏送清单，兹拟分五条开列以便稽查。

光绪十九年十一月十八日

河东河道总督许振祎跪奏，为查明光绪十九年分荥泽县境广武山黄门嘴山根加抛过砖石工程长丈动用银两石方价值银数谨缮清单恭折。圣鉴事窃照黄河南岸荥泽县境广武山黄门嘴山根地居上游，首受出山之水趋向无定实为下游全局利害攸关，曾经前河臣先后奏明修筑柴芯大坝一道以资挑托溜势，伏秋大汛甚为得力，就近饬交上南厅经管修守每年饬拨经费银五千两专作广武山坝工岁修之用，不得与他款牵混。

光绪十九年十一月二十二日

河东河道总督许振祎跪奏，为查明光绪二十年分河防局承办豫省黄河南岸下南河厅属祥符上汛十九堡顺河堰下首土格等处修筑土工并采办碎石拨给两岸七厅加抛碎石坝埽工段用过土石方价银两谨缮清单。圣鉴事窃照豫省黄河两岸各厅岁需经费自臣奏改新章后每年准由司库拨银六十万两垂为定额，内以四十八万两归七厅赴司分次支领，而另提十二万两设立河防局由臣主之委员监办，据实开单报销。历经钦遵办理在案，兹河防局呈据承办工程委员等造具销册，并据核厅查造印册先后呈送，请分别奏咨前来。

光绪二十年十月初六日

河东河道总督许振祎跪奏，为查明光绪二十一年分豫东黄运两河办过岁修埽砖土石等工及奏咨各案工程段落银数遵照新章分缮清单，汇案恭折具陈。圣鉴事窃照道光十五年九月内接准部咨奏奉上谕嗣后每年汇奏清单务遵奏定限期，无论奏咨各案汇为一册，其比较上三年之数原从清单而出毋庸分为两事致滋歧异等因钦此。所有光绪二十一年分豫东二省黄运两河各厅办过岁修埽砖土石各工及奏咨各案工程银两并办理情形均经臣先后分别陈奏在案。溯查从前黄运两河每年奏办埽砖土石工段丈尺细数，清单内向分四条，核奏其咨案清单另行附片具陈。同治二年前署河臣谭廷襄奏请将运河奏案暂行停办，并将咨案一并列入分作四条，同治四年分试行河运复将奏案列入分作五条开列，至黄河抢修工段丈尺钱粮亦请汇列清单一并归入比较，现经臣奏明停办并将另案抢修工名概请免造，兹拟仍分五条开列，以便稽查。岁修埽砖等工豫省黄河南北两岸上南、中河、下南、黄沁、卫粮、祥河、下北七厅共计二十一案，共用银四十二万二千六百八十一两。

光绪二十一年九月十三日